Dr. med. Bernie Siegel

Prognose Hoffnung

Liebe, Medizin und Wunder

Aus dem Englischen
von Charlotte Franke

Ullstein

Besuchen Sie uns im Internet:
www.ullstein-taschenbuch.de

Umwelthinweis:
Dieses Buch wurde auf chlor- und säurefreiem Papier gedruckt.

Ullstein Verlag
Ullstein ist ein Verlag der Ullstein Buchverlage GmbH.
Neuausgabe 2003
2. Auflage 2004

First published by Harper & Row Publishers, New York
Titel des amerikanischen Originals: *Love, Medicine & Miracles*
Übersetzung: Charlotte Franke
Umschlaggestaltung: Petra Soeltzer, Düsseldorf
Titelabbildung: Premium
Druck und Bindearbeiten: Ebner & Spiegel, Ulm
Printed in Germany
ISBN 3-548-36404-7

Dieses Buch widme ich

dem Schöpfungsakt;

meinen Eltern Si und Rose, die mir Liebe und Hoffnung nahegebracht haben;

meiner Frau Bobbie, die mit mir auskommt und mir stets Gelegenheit gibt, von ihr zu lernen und sie zu lieben;

ihren Eltern Merle und Ado für ihren Mut und ihren Humor;

unseren Kindern Jonathan, Jeffrey, Stephen und den Zwillingen Carolyn und Keith, die unser Leben mit Liebe und Schönheit erfüllen;

all meinen außergewöhnlichen Kollegen, Patienten und Freunden, die sich die Zeit genommen haben, mich zu unterrichten, zu unterstützen und zu akzeptieren;

und Victoria Pryor, Carol Cohen, Gary Selden, denen ich für ihre Zuneigung, Zustimmung und Nachsicht danke, auf die ein Arzt angewiesen ist, um ein Buch fertigstellen zu können.

Inhalt

Einige Gedanken nach Erscheinen der ersten Auflage

In dem Jahr seit der allerersten Veröffentlichung dieses Buches in den Vereinigten Staaten haben sich viele Dinge ereignet, die meinen Glauben an unsere Fähigkeit zur Selbstheilung bestärkt haben. Schon erscheinen in der traditionellen Literatur Forschungsberichte, die belegen, wie erfolgreich sich die Psychotherapie darum bemüht, die Menschen das Lieben zu lehren.

Powell und Thorensen vom Mount Zion Hospital in San Francisco ist es gelungen, das Typ-A-Verhalten zu verringern und die Wiederholung von Infarkten bei früheren Patienten mit Erkrankungen der Herzkranzgefäße um die Hälfte zu reduzieren. »Die therapeutische Technik bedeutet eine Herausforderung, denn durch sie sind wir angehalten, rasende Ungeduld und Feindseligkeit in Nachdenklichkeit umzuwandeln – und in Liebe für andere (ein Begriff, der in der heutigen Psychologie nicht gerade üblich ist).« Forester, Kornfeld und Fleiss haben in einer Publikation im *American Journal of Psychiatry* dargelegt, daß die Psychotherapie viel dazu beigetragen hat, auch die *physische* mit der emotionalen Pein bei Patienten zu vermindern, die sich einer Strahlentherapie unterziehen mußten. Im *Journal of Behavioral Medicine* haben Glaser und andere gezeigt, daß bei verzweifelten Patienten Bestrahlungen viel geringere Aussichten auf Erfolg haben als bei Patienten, die nicht so verzweifelt sind.

Wir können nur hoffen, daß immer wieder neue Fragen gestellt werden und die Wissenschaft sich weiterhin in einer neuen Richtung bewegt, in der Bewußtsein und Heilung eng miteinander verbunden sind. Es müssen Mauern eingerissen und Gespräche zwischen Forschern und Ärzten in Gang gesetzt werden. Vielleicht kann das neue Gebiet der Psychoneuroimmunologie dazu beitragen, dieses Ziel zu erreichen. Vor einiger Zeit kam eine sechzigjährige krebskranke Frau in meine Praxis, deren Zwillingsschwester dreißig Jahre zuvor an Krebs gestorben war. In ihrer Familie war ihre Schwester immer die »Kranke« gewesen, und meiner Patientin war es bis zu diesem Zeitpunkt immer gutgegangen. Aber jetzt verspürte sie den Wunsch zu sterben und war an Krebs erkrankt. Wenn unsere Zukunft vorprogrammiert wäre, könnte es dann zu solch einem Unterschied von dreißig Jahren kommen? Nein! Der Zustand unseres Bewußtseins und unsere Krankheit sind nicht voneinander zu trennen.

Wir müssen die ärztliche Ausbildung neu überdenken und fürsorgliche, mitfühlende Ärzte hervorbringen, keine Techniker. Was sich die Menschen am meisten wünschen, ist jemand, der ihnen in ihrer schweren Zeit hilft. In *Out of Solitude* schrieb Henri Nouwen:

> In einer Gesellschaft wie der unseren müssen wir besonderes Gewicht auf Heilung legen. Wir wollen als wahre Profis die Kranken gesund machen . . . Doch leicht geraten wir in Versuchung, unser Können zu mißbrauchen, indem wir einen sicheren Abstand wahren zu dem, was wirklich zählt, und dabei vergessen, daß auf lange Sicht Heilung ohne Anteilnahme mehr schadet als nutzt.
>
> Wenn wir uns ganz ehrlich fragen, welche Personen uns in unserem Leben am meisten bedeuten, stellen wir häufig fest, daß es die Menschen sind, die unsere Schmerzen mit uns geteilt und unsere Wunden mit sanfter, zärtlicher Hand berührt haben, anstatt Ratschläge zu erteilen und Lösungen oder Heilmethoden zu finden. Der Freund, der in Augenblicken der Verzweiflung oder Verwirrung mit uns schweigen kann, der in schmerzlichen Stunden bei uns bleiben, der Nichtwissen, Nichtheilen, Nichtgesundmachen tolerieren kann und mit uns gemeinsam unserer Machtlosigkeit ins Gesicht sieht, dieser Freund sorgt sich wirklich um uns.

Vor einiger Zeit heftete ich im Aufenthaltsraum der Ärzte im Yale New Haven Hospital die statistisch unanfechtbaren Ergebnisse einer Untersuchung ans Schwarze Brett, mit der ein Kardiologe aus San Francisco die positive Wirkung von Gebeten zur Verhinderung erneuter Herzinfarkte bestätigt hatte. Am nächsten Tag stand in großen Buchstaben *Quatsch* auf dem Blatt Papier. Aber es gibt eben doch Anzeichen dafür, daß sich die Ärzte in Zukunft ändern und einer neuen Sicht der Dinge zugänglich zeigen werden.

Im Verlauf dieser Veränderung werden wir damit aufhören, von »gezügeltem Krebs« und »schwachen Aidsviren« zu reden, und uns die Menschen ansehen, die gegen diese Krankheiten ankämpfen. Ich habe als erste Resonanz auf dieses Buch Briefe von Menschen erhalten, die Krebs, Aids, Muskelschwund, multiple Sklerose und anderes überlebt haben, obwohl die Ärzte sie längst aufgegeben hatten. Deshalb halte ich auch an meiner Hoffnung und Überzeugung fest, daß es »keine unheilbaren Krankheiten, sondern nur unheilbare Menschen« gibt. Ich weiß nicht, wie für den einzelnen Menschen die Zukunft aussehen wird, aber ich weiß, daß Grund zur Hoffnung besteht. Aber genauso weiß ich auch, daß viele Menschen heute nicht mehr am Leben sind, weil sie die Voraussagen ihres Arztes erfüllt haben. Mir geht es jedoch nicht darum, irgend jemanden zu bezichtigen, sondern ich möchte mich für das gemeinsame Team mit einer positiven, hoffnungsvollen Einstellung zur Heilung einsetzen.

Auch den Tod sehe ich nicht etwa als ein Versagen an. Die Angst dagegen, Schmerzen aus der Kindheit und falsche Meinungen aufzugeben – das bedeutet für mich Versagen. Je länger ich mit Menschen zusammenarbeite, um so deutlicher wird mir bewußt, wieviel wir der Umgebung verdanken, in der wir aufgewachsen sind – im positiven wie im negativen Sinne. Erst wenn wir uns der Krankheit und dem Leben stellen, können wir Erfolg haben.

William Calderone hatte Erfolg. Als ich dieses Buch schrieb, überwand er Aids. In der Zwischenzeit ist er gestorben. Aber in den Herzen, den Köpfen und im Leben all derjenigen, die ihn gekannt haben, lebt er weiter. »Das Gute hat nie ein Ende«, sagte William Saroyan in *The Human Comedy*. Ein Brief von einem der Freunde Calderones, der im *New York People With AIDS Newsletter* abgedruckt wurde, vermittelt seine Liebe und seinen Einsatz für andere Aidskranke, obwohl gerade diese Anstrengung dazu beigetragen hat, sein Immunsystem zu schwächen. Durch seine Arbeit und seine Liebe ist er unsterblich geworden. »William Calderones Mut und Entschlossenheit sind für uns alle beispielgebend. Möge sein Geist bei uns verweilen, uns dazu anleiten, uns selbst zu lieben – das ist die Grundlage allen Heilens.« Amen.

Hat das zu bedeuten, daß das, worum es hier geht, auf Aids nicht zutrifft? Nein! In der *San Francisco Chronicle* berichtete Katy Butler von drei Männern, die lange Zeit mit Aids gelebt haben. Alle drei haben nach der Diagnose noch viereinhalb bis fünf Jahre überlebt. Damit haben sie bestätigt, was ich fühle. Wenn Menschen mit der Kraft zu überleben alle verschiedene Lebensgeschichten hätten, gäbe es keinen Grund für mich, über sie zu schreiben. Dann gäbe es keine Botschaft zu verkünden, doch die Wahrheit ist, daß sich ihre Lebensgeschichten alle ähnlich sind.

Katy Butler zählt insgesamt zehn Männer auf, die lange Zeit mit Aids gelebt haben. Über drei von ihnen schreibt sie ausführlicher. Sie zitiert Dr. Paul Volberding: »Vielleicht hatten sie Immunsysteme, die besser gegen das Virus gewappnet waren, oder vielleicht übt das Virus nicht bei allen Menschen die gleiche Wirkung aus.« Ich würde sagen, ersteres stimmt, und das ist kein Zufall. Hören Sie, was diese Männer sagen:

»Wenn man mit seiner Sterblichkeit konfrontiert wird, muß man sich überlegen, wie man weiterleben will. Ich könnte zu Hause herumsitzen und auf den Tod warten. Oder ich könnte losziehen und mich durch meinen Kummer und meinen Zorn motivieren lassen. Ich stelle mir die Frage: ›Lebe ich so, wie ich leben möchte, wenn ich nur noch einen Monat zu leben habe?‹«

»Die Menschen müssen wissen, daß sie frei wählen können. Man kann sich darauf konzentrieren, in der Gegenwart zu leben, man kann sich aber auch den Schrecken der Zukunft hingeben und sich von ihnen erdrücken lassen. Wenn man für alles und jedes Aids die Schuld gibt und davon ganz besessen ist, läßt man in seinem Inneren ein Monster entstehen.«

»Ich glaube, daß ich an Aids sterben werde. Ich hatte ein gutes Leben, und ich bedauere nichts. Ich habe mein Testament gemacht und für meine Beerdigung ein Tonband vorbereitet – schöne Gedichte und Country Music ... Für mich war der Tod schon immer ein wunderbares Abenteuer. Ich freue mich darauf.«

Ich rate allen, leben Sie *Ihr* eigenes Leben! Lassen Sie diese wunderbare innere Intelligenz durch Sie sprechen. Der Schlüssel zu Ihrem wahren Wesen liegt in Ihrem Inneren. Auf geheimnisvolle Weise barg die mikroskopisch kleine Eizelle, aus der Sie entstanden sind, das Programm für Ihre physische, intellektuelle, emotionale und seelische Entwicklung in sich. Halten Sie diese Entwicklung nicht auf, damit sie sich voll entfalten, wachsen und gedeihen kann. Folgen Sie Ihrem Glück, und seien Sie so, wie Sie sein wollen. Erklimmen Sie nicht die Leiter des Erfolgs, nur um hinterher festzustellen, daß sie an der falschen Mauer lehnt. Lassen Sie sich nicht von Ihrem Alter in Ihrem menschlichen Wachstum behindern.

Ich hoffe, mein Buch hilft Ihnen, neue Wege und wahre Heilung zu finden. Das Leben ist voller Herausforderungen (oder Schalthebel); nutzen Sie sie, und gehen Sie Ihren Weg.

Vergessen Sie nicht: Liebe heilt. Ich behaupte nicht, daß Liebe alles kuriert, aber sie kann heilen, und der Prozeß des Heilens kann auch zur vollständigen Genesung führen.

Dr. med. Bernie S. Siegel
New Haven, Juni 1987

Einleitung

Vor einigen Jahren baten mich Schwestern aus einem nahe gelegenen Krankenhaus, einmal mit Jonathan zu sprechen, einem Arzt, bei dem Lungenkrebs festgestellt worden war. Bei seiner Einlieferung war er in guter körperlicher Verfassung und bei bester Laune und zu jedem Spaß mit den Schwestern aufgelegt. Aber als er die Diagnose erfuhr, bekam er schreckliche Depressionen und zog sich völlig in sich selbst zurück.

Ich sprach mit ihm über die Beziehung zwischen innerer Einstellung und Krankheit. Wir diskutierten Norman Cousins' Erfahrungen mit dem Verdacht auf Tuberkulose, die er in seinem Buch *Anatomy of an Illness* (deutscher Titel: *Der Arzt in uns selbst*) beschrieben hat.

> Meine erste Erfahrung mit einer niederdrückenden medizinischen Diagnose machte ich im Alter von zehn Jahren, als ich in ein Tuberkulose-Sanatorium geschickt wurde. Ich war überaus zart und hatte Untergewicht, und die Annahme, ich sei von einer schweren Krankheit befallen, schien völlig gerechtfertigt. Später stellte sich heraus, daß die Ärzte normale Kalkablagerungen fälschlicherweise als Tbc-Schatten interpretiert hatten. Damals waren Röntgenaufnahmen noch keine völlig verläßliche Grundlage für eine komplexe Diagnose. Jedenfalls verbrachte ich sechs Monate in dem Sanatorium.
>
> Besonders interessant an diesem frühen Erlebnis war für mich die Erkenntnis, daß sich die Patienten in zwei Gruppen aufteilten: in diejenigen, die davon überzeugt waren, daß sie

die Krankheit überwinden und zu einem normalen Leben zurückkehren würden, und diejenigen, die sich mit einer langwierigen, vielleicht sogar tödlichen Krankheit abgefunden hatten. Diejenigen von uns, die eine optimistische Einstellung hatten, wurden gute Freunde, gingen kreativen Beschäftigungen nach und hatten wenig mit den Patienten zu tun, die das Schlimmste befürchteten und sich damit abgefunden hatten. Wenn neue Patienten im Krankenhaus ankamen, taten wir unser Bestes, sie für unsere Gruppe zu gewinnen, bevor sich die düstere Brigade an die Arbeit machte.

Ich war unwillkürlich von der Tatsache beeindruckt, daß in meiner Gruppe der Anteil der »als geheilt Entlassenen« sehr viel größer war als bei den Kindern der anderen Gruppe. Schon im Alter von zehn Jahren hatte ich einen Hang zum Philosophieren; ich wurde mir der Macht des Geistes bewußt, Krankheit zu überwinden. Das, was ich damals über Hoffnung lernte, trug ganz erheblich zu meiner völligen Genesung bei und hat einen großen Einfluß auf meine Einstellung gehabt, daß das Leben etwas sehr Kostbares ist.

Jonathan sagte zu mir: »Das kenne ich. Ich hatte selber Tuberkulose. Man sagte mir damals, daß ich zwei Jahre lang im Sanatorium bleiben müßte. Ich habe behauptet: ›Nein, zu Weihnachten werde ich wieder zu Hause bei meiner Familie sein.‹ Und tatsächlich wurde ich sechs Monate später, am 23. Dezember, entlassen.«

»Genauso geht es bei Krebs«, versicherte ich ihm, aber zwei Wochen später war er tot. Seine Frau dankte mir für meine Bemühungen und erzählte mir, daß ihr Mann nicht gesund werden wollte, weil sein Leben und seine Arbeit ihren Sinn verloren hatten.

Sir William Osler, der hervorragende kanadische Arzt und Historiker der Medizin, hat gesagt, daß Tuberkulose mehr damit zu tun habe, was im Kopf des Patienten als was in seinen Lungen vor sich gehe. Diese Meinung teilte er mit Hippokrates, der festgestellt hat, es sei ihm lieber, zu erfahren, was für eine Art Mensch eine bestimmte Krankheit habe, anstatt welche

Art von Krankheit ein bestimmter Mensch habe. Louis Pasteur und Claude Bernard, zwei große Biologen des 19. Jahrhunderts, haben sich ihr ganzes Leben lang gestritten, worauf es bei einer Erkrankung mehr ankomme – auf den »Boden«, den menschlichen Körper, oder auf den Krankheitserreger. Erst als er im Sterben lag, gab Pasteur zu, daß Bernard recht gehabt hatte. »Es ist der Boden, auf den es ankommt«, erklärte er.

Trotz aller Einsichten dieser berühmten Ärzte konzentriert sich die Medizin bis heute noch immer auf die Krankheit, eine Orientierung, die zum Mißerfolg führen muß. Die Ärzte handeln noch immer so, als würde sich die Krankheit der Menschen bemächtigen, anstatt einzusehen, daß sich die Menschen der Krankheit bemächtigen – indem sie für die Samen der Krankheiten empfänglich sind, denen wir uns ständig aussetzen. Von einigen Ärzten abgesehen, die schon immer eine eigenständige Meinung vertraten, hat sich die Schulmedizin kaum je mit Menschen befaßt, die *nicht* krank werden. Die meisten Ärzte kümmern sich nicht darum, in welcher Weise die Lebenseinstellung eines Patienten die Quantität und Qualität seines Lebens bestimmt.

Patienten unterscheiden sich gewaltig voneinander. Manche sind zu nahezu allem bereit, nur nicht dazu, ihr Leben so zu ändern, daß sich ihre Heilungschancen erhöhen. Wenn ich ihnen die Entscheidung zwischen einer Operation und einer Änderung ihres Lebensstils überlasse, sagen acht von zehn: »Operieren Sie. Das tut nicht so weh. Dann brauche ich mir nur für die eine Woche, während ich im Krankenhaus liege, einen Babysitter zu besorgen.« Das andere Extrem sind die außergewöhnlichen Patienten oder Überlebenden, wie ich sie nenne. Sie weigern sich, an der Niederlage teilzuhaben – wie eine Frau zum Beispiel, die bei mir in Behandlung war, eine blinde Diabetikerin mit Krebs, die nun schon länger lebt, als es allen statistischen Prognosen entspricht, und die ihre meiste Zeit damit verbringt, per Telefon *andere* Patienten aufzumundern. Sie gehört zu den außergewöhnlichen Patienten, die mir beigebracht haben, daß der Geist geradezu drastischen Einfluß auf den Körper ausüben kann und daß die Fähigkeit zu lieben durch körperliche Krankheiten keineswegs gemindert wird.

Freuds Theorie, daß unserem Selbsterhaltungstrieb eine Art Todesinstinkt entgegenstehe, ist von vielen Psychologen zurückgewiesen worden. Allerdings wissen wir alle, daß viele Menschen ihr Leben so führen, als wären sie nur darauf aus, es zu verkürzen. Außergewöhnliche Patienten haben den Druck, die Konflikte und die Gewohnheiten überwunden, die andere dazu verleiten, nach diesem bewußten oder unbewußten »Todeswunsch« zu handeln. Statt dessen sind ihre Gedanken und ihre Handlungen dem Zweck des Lebens förderlich. Ich persönlich glaube, daß wir biologische Mechanismen zum *Leben* und *Sterben* in uns bergen. Die wissenschaftlichen Arbeiten anderer Ärzte und meine eigene tägliche klinische Erfahrung haben mich davon überzeugt, daß der geistige Zustand den Zustand des Körpers verändert, und zwar auf dem Weg über das zentrale Nervensystem, das endokrine System und das Immunsystem. Seelischer Frieden sendet dem Körper die Botschaft *Lebe!*, während ihm Depressionen, Angst und ungelöste Konflikte eine Botschaft *Stirb!* vermitteln. Jede Heilung ist wissenschaftlich begründet, selbst wenn die Wissenschaft noch nicht zu erklären vermag, wie diese unerwarteten »Wunder« vor sich gehen.

Außergewöhnliche Patienten manifestieren den Willen zum Leben auf besonders machtvolle Weise. Sie nehmen ihr Leben selbst in die Hand, auch wenn sie früher nie dazu fähig waren, und sie arbeiten hart an ihrer Gesundheit und an ihrem seelischen Frieden. Sie verlassen sich nicht darauf, daß die Ärzte die Initiative ergreifen, sondern sie benutzen sie als Teil eines Teams, stellen die höchsten Forderungen an Technik, Hilfsmittel, Interesse und Offenheit. Wenn sie nicht zufrieden sind, wechseln sie den Arzt.

Aber außergewöhnliche Patienten sind auch voller Liebe, sie verstehen die Schwierigkeiten, denen sich ein Arzt gegenübersieht. In den meisten Fällen rate ich unzufriedenen Patienten, ihren Arzt einfach in den Arm zu nehmen. Gewöhnlich bringt das den Arzt dazu, bereitwilliger auf die Bedürfnisse des Patienten zu reagieren, weil er ihn dadurch als Individuum wahrnimmt und dann auch als Individuum *behandelt*, nicht als Krankheit. Man wird ein bißchen »verrückt«, wie ich es nenne. Eine Patientin von mir wollte meinen Rat befolgen, als sie wieder zu ihrem Arzt ging, brachte es dann aber nicht über sich, ihn in den Arm zu nehmen. »Statt dessen«, erzählte sie mir, »habe ich ihn so liebevoll angesehen, wie ich nur konnte. Und wissen Sie was? Er setzte sich hin, sagte mir, daß ich mich mehr bewegen und abnehmen müßte, und dann nahm *er mich* in den Arm!« Wenn sich jedoch herausstellt, daß diese Methode nicht funktioniert, ist es an der Zeit, sich einen anderen Arzt zu suchen, denn ich kenne Patienten, die durch ihre Beziehung zu ihrem Arzt buchstäblich getötet wurden.

Jeder kann ein außergewöhnlicher Patient sein, und am besten fängt man damit an, noch bevor man krank wird. Viele Menschen nutzen ihre Lebenskraft nicht aus, bis sie von einer fast tödlich endenden Krankheit zu einer »Sinnesänderung« gezwungen werden. Doch es muß nicht immer ein Erwachen in letzter Minute sein. Diese Kraft des Geistes steht uns immer zur Verfügung, und sie hat mehr Bewegungsraum, bevor eine Katastrophe droht. Bei diesem Prozeß ist keine Verbindung zu irgendeiner Religion oder einem psychologischen System erforderlich. Da in meiner Praxis Krebserkrankungen am häufigsten vorkommen, betreffen die meisten Erfahrungen, die ich hier wiedergebe, auch diese Krankheit, aber dasselbe Prinzip läßt sich auch auf alle anderen Krankheiten anwenden.

Das fundamentale Problem, dem sich die meisten Patienten gegenübersehen, ist die Unfähigkeit, sich selbst zu lieben, nachdem sie in einigen entscheidenden Abschnitten ihres Lebens von anderen keine Liebe erfahren haben. Diese Zeit liegt fast immer in der Kindheit, in der unsere charakteristischen Verhaltensweisen, auf Streß zu reagieren, durch unsere Beziehung zu unseren Eltern geformt werden. Als Erwachsene wiederholen wir diese Reaktionen und tragen so dazu bei, uns selbst für Krankheiten empfänglich zu machen, und unsere Persönlichkeit bestimmt häufig die spezifische Art einer gegebenen Krankheit. Die Fähigkeit, sich selbst zu lieben, verbunden mit der Fähigkeit, das Leben zu lieben, zu akzeptieren, daß es nicht ewig währt, befähigt einen auch, die Qualität des Lebens zu steigern. Als Arzt muß ich dafür sorgen, daß die Menschen Zeit gewinnen, um sich selbst heilen zu können. Ich bemühe mich, ihnen dabei zu helfen, wieder gesund zu werden, und herauszufinden, warum sie krank geworden sind. Erst dann können sie sich wirklich heilen, anstatt nur irgendeine Krankheit abzubremsen oder zu beheben.

Dieses Buch ist ein Leitfaden für eine solche tiefgreifende Veränderung und zugleich ein Bericht über meine eigene Umerziehung durch meine Patienten. Ich will versuchen, Ihnen zu zeigen, wie Sie mit Hilfe Ihres eigenen Lebenswillens um Ihre Gesundheit kämpfen können. Das Buch soll Ihnen nicht nur raten, was zu tun ist – das ist eine ganze Menge. Vielmehr soll es Sie zu dem Teil Ihrer selbst führen, der Ihnen den besten Rat erteilen und dann auch den Willen aufbringen kann, diesem Rat zu folgen. Ich hoffe, weiter zu Ihnen vorzudringen als bis zu Ihrem rationalen Verstand, denn Wunder werden nicht vom kühlen Intellekt erzeugt. Wunder geschehen nur, wenn man sein wahres Ich findet und dem folgt, was man als seinen wesenseigenen Lebensweg empfindet.

Wenn Sie an einer lebensgefährlichen Krankheit leiden, dann rettet Ihnen diese Veränderung, von der ich spreche, vielleicht das Leben oder verlängert es weit über alle medizinischen Erwartungen hinaus. Zumindest aber wird sie Ihnen dazu verhelfen, aus der Ihnen verbliebenen Zeit mehr zu machen, als Sie je für möglich gehalten haben. Wenn Sie nur eine kleine Unpäßlichkeit haben oder wenn Sie überhaupt nicht krank sind, sondern Ihr Leben wirklich genießen, bereitet Ihnen das, was ich von meinen außergewöhnlichen Patienten gelernt habe, vielleicht ein wenig Freude und hilft Ihnen dabei, in Zukunft Krankheiten zu vermeiden.

Wenn Sie Arzt sind, hoffe ich, daß Ihnen dieses Buch einige Strategien aufzeigt, die Sie vielleicht schon lange benötigt hätten, Techniken, die Ihnen in Ihrer Ausbildung nicht beigebracht wurden. Ärzte sind sich selten bewußt, wie anders sie mit Krebspatienten – im Vergleich zu ihren übrigen Patienten – sprechen. Einem Patienten, der einen Herzanfall hatte, raten wir, wie er seinen Lebensstil ändern muß – Diät, Leibesübungen und so weiter –, und machen ihm dadurch Hoffnung, daß er selbst dazu beitragen kann, gesund zu werden. Aber wenn derselbe Patient Make-up auflegen, eine Perücke aufsetzen und eine Woche später mit den Worten wiederkommen würde: »Ich habe Krebs«, dann würden die meisten Ärzte antworten: »Wenn diese Behandlungsmethoden nichts helfen, dann gibt es nichts, was ich noch für Sie tun kann.« Wir müssen lernen, den Patienten die Möglichkeit zu geben, sich an der Heilung *jeder* Krankheit zu beteiligen.

Ich will hier nicht etwa behaupten: »Ich bin ein besserer Arzt als Sie.« Ich versuche nur zu erklären, warum ich mir immer wie ein Versager vorkam, bis mir meine Patienten beibrachten, daß zur Medizin mehr gehört als Pillen und Skalpelle. Ich weiß, daß Ihre Praxis überfüllt ist von Menschen, die Ihre Energie verbrauchen und die krank sind. Ich weiß, was Ärzte verspüren. Wir haben alle dieselben Probleme, die sich von denen anderer Menschen in keiner Weise unterscheiden, und dann noch ein zusätzliches, das uns während unserer medizinischen Ausbildung eingetrichtert wurde: die Rolle des Lebensrettungsmechanikers, wodurch Krankheit und Tod gleichbedeutend mit unserem Versagen werden. Niemand lebt ewig. Daher ist nicht der Tod das entscheidende Problem, sondern das Leben. Der Tod bedeutet nicht, zu versagen. Versagen heißt, sich den Herausforderungen des Lebens zu entziehen. In diesem Buch möchte ich Ihnen die ganz besonderen Patienten vorstellen, die Ihnen zu neuer Energie verhelfen können, Menschen, die gesund werden, selbst wenn sie es eigentlich gar nicht dürften. Ich möchte Ihnen zeigen, wie Sie von Ihren erfolgreichen Patienten lernen und Ihren anderen Patienten dabei helfen können, den »Wunsch zu leben« in sich wiederzuerwecken. Durch diesen Prozeß werden Sie sich selbst heilen und somit auch mehr Erfolg haben bei der Heilung anderer.

Das Wort »unmöglich« müssen wir aus unserem Vokabular streichen. David Ben-Gurion hat einmal in einem anderen Zusammenhang gesagt: »Wer nicht an Wunder glaubt, ist kein Realist.« Und wenn wir erkennen, daß uns Begriffe wie »unerwartete Remission« gleich »Spontanheilung« oder »Wunder« in die Irre führen und verwirren, werden wir ebenfalls dazulernen. Denn solche Begriffe unterstellen, daß ein Patient Glück haben muß, um geheilt zu werden, doch diese Heilerfolge beruhen auf harter Arbeit. Heilung ist kein Gottesakt. Was die eine Generation als Wunder ansieht, gilt oft für eine andere als wissenschaftliche Tatsache. Verschließen Sie Ihre Augen nicht vor Handlungen oder Ereignissen, die nicht immer meßbar sind. Sie kommen durch eine innere Energie zustande, die für uns alle verfügbar ist. Daher bevorzuge ich Begriffe wie »kreative« oder »selbstinduzierte« Heilung, weil sie die aktive Rolle des Patienten hervorheben. Ich möchte Ihnen zeigen, wie außergewöhnliche Patienten an sich arbeiten, um sich selbst zu heilen.

Dr. med. Bernie S. Siegel
New Haven, April 1986

»Natürlich nicht«, Kostoglotow wunderte sich sogar über den Einwurf, »ich will damit ja nur sagen, daß wir nicht wie Kaninchen den Ärzten Glauben schenken sollen. Ich lese hier gerade ein Buch«, er hob ein großformatiges, aufgeschlagenes Buch vom Fensterbrett. »Abrikosow und Strukow, *Lehrbuch der pathologischen Anatomie*. Darin steht, daß die Entwicklung einer Geschwulst in ihrem Zusammenhang mit dem zentralen Nervensystem noch sehr wenig erforscht ist. Dieser Zusammenhang ist aber bemerkenswert! Da heißt es sogar schwarz auf weiß« – er suchte die Stelle –, »daß es eine spontane Genesung gibt, wenn auch in seltenen Fällen! Begreift ihr, was das bedeutet? Nicht Heilung, sondern Genesung! Na?«

Eine Bewegung ging durch das Zimmer. Als sei aus dem aufgeschlagenen Buch wie ein regenbogenfarbener Schmetterling die spontane Genesung aufgeflogen, jeder hielt ihr Stirn und Wangen hin, damit sie ihn wohltätig im Flug anrühre.

»Spontan, unabhängig von äußeren Einflüssen«, Kostoglotow hatte das Buch fortgelegt und beide Arme ausgebreitet, das eine Bein hatte er noch immer angezogen. »Das bedeutet, aus unerklärlichen Gründen geht die Geschwulst plötzlich zurück! Sie wird immer kleiner und verschwindet schließlich! Nun?«

Alle hörten mit offenem Mund, schweigend, diesem Märchen zu. *Ihre* Geschwulst, diese bösartige Geschwulst, die ihr ganzes Leben zerstörte – sollte von selbst zurückgehen, verschwinden, nicht mehr sein?

Schweigend hielten alle dem Schmetterling das Gesicht hin, nur der widerspenstige Poddujew knarrte mit seinem Bett und sagte mit heiserer, hoffnungsloser Stimme: »Dafür muß man sicher . . . ein reines Gewissen haben.«

Alexander Solschenizyn, *Krebsstation*

I
Den Körper wahrnehmen

Eine neue Philosophie, eine Lebensart, gibt es nicht umsonst. Man muß teuer dafür bezahlen und erringt sie nur mit viel Geduld und großem Bemühen.

Fjodor Dostojewski

Prognose Hoffnung entspricht den Fakten bis auf die Änderung von Namen, Orten und individuellen Charaktereigenschaften zur Wahrung des Zusammenhangs und zum Schutz der Privatsphäre hier geschilderter Personen.

1

Der privilegierte Zuhörer

In der medizinischen Ausbildung kommt der außergewöhnliche Patient nicht vor. Ich bin ihm erst nach langen unglücklichen Jahren der Suche und Seelenkämpfe innerhalb meines Berufes begegnet. Ich hatte keine Vorlesungen über Liebe und Heilen und darüber, wie ich mit Patienten reden muß oder warum ich Arzt geworden bin. Ich habe während meiner Ausbildung keine Heilung erfahren, und trotzdem wurde von mir erwartet, daß ich andere heile.

Zu Beginn der siebziger Jahre, nachdem ich schon über zehn Jahre als Arzt tätig gewesen war, empfand ich meine Arbeit als sehr schmerzhaft. Und das lag nicht etwa daran, daß ich ausgebrannt gewesen wäre – mit den nie endenden Problemen der intensiven Arbeit und den ständigen Entscheidungen über Leben und Tod wurde ich fertig. Aber ich hatte gelernt, daran zu glauben, daß meine Arbeit auf mechanische Weise etwas mit den Menschen tat, damit sie sich besser fühlten, damit ihr Leben gerettet wurde. So jedenfalls wird der Erfolg eines Arztes definiert. Aber da die Menschen häufig nicht gerade gesünder werden und da am Ende doch alle sterben, kam ich mir mehr und mehr wie ein Versager vor. Ich hatte das Gefühl, daß es irgendeine Möglichkeit geben müßte, den »hoffnungslosen« Fällen zu helfen, wenn ich mehr sein könnte als nur ein Techniker. Aber bevor ich wußte, wie ich es anstellen mußte, vergingen viele Jahre.

Anfangs hatte ich mich täglich darauf gefreut, neuen Problemen gegenüberzustehen. Es war eine aufregende Herausforderung, und es wurde mir nie langweilig. Aber nach einigen Jahren wurden die Herausforderungen monoton. Ich wünschte mir einen leichten Tag, an dem alles nach Plan lief und ich nur Routinefälle zu behandeln hatte. Aber es gab keine »normalen« Tage. Erst später war ich fähig, Notfälle und sogar das gelegentliche Versagen der Krankenhausroutine als eine besondere Gelegenheit zu erkennen, den Menschen zu helfen.

Wir Ärzte sind nicht vollkommen. Wir bemühen uns immer, unser Bestes zu geben. Trotzdem kommt es zu Komplikationen, die entmutigend sind, die uns aber helfen, mit beiden Füßen auf der Erde zu bleiben, und uns davon abhalten, uns selbst als Götter anzusehen. Ein Fall ziemlich am Anfang meiner beruflichen Karriere erschütterte mein Vertrauen in meine Fähigkeiten am allermeisten: Ich hatte ein junges Mädchen operiert, und dabei war ein Gesichtsnerv verletzt worden. Als ich sah, wie sie erwachte und ihr halbes Gesicht gelähmt war, wäre ich am liebsten für alle Zeiten im Erdboden versunken. Chirurg zu werden, um anderen Menschen zu helfen, und dann am Ende jemanden vor sich zu sehen, der verstümmelt ist, war eine ungeheuer niederschmetternde Erfahrung. Unglücklicherweise wußte ich damals noch nicht, daß niemandem damit geholfen war, wenn ich die typische Reaktion eines Arztes an den Tag legte, nachdem etwas schiefgegangen war, nämlich meinen Kummer zu verbergen.

Der Druck ließ niemals nach. Wenn ein Patient mit schweren Blutungen in den Operationssaal gebracht wurde, herrschte unter dem Personal immer Streß und Panik – bis der Chirurg den Raum betrat. Von jetzt an hatte ich den Knoten im Magen, und alle andern entspannten sich. Ich konnte meinen Job an niemanden abgeben. Ich konnte mich nur auf mich selbst zurückziehen, um Zuversicht zu gewinnen. Immer wenn ich mit einer Operation begann, brach mir der Schweiß aus, aber dann, wenn ich alles unter Kontrolle hatte, kühlte ich mich wieder ab, obgleich die Lampen noch genauso heiß waren wie zuvor. Ich fühlte mich damals immer schrecklich allein, verlangte mir stets absolute Vollkommenheit ab. Der Streß verfolgte mich bis nach Hause. Vor einer schwierigen Operation durchlebte ich sie tagelang wieder und wieder in Gedanken und betete, daß sie auch tatsächlich so erfolgreich verlaufen würde, wie ich sie mir vorstellte. Danach, wenn alles gutgegangen war, wachte ich mitten in der Nacht plötzlich auf und bezweifelte die Richtigkeit meiner Entscheidungen. Heute, nachdem mich meine Patienten viele Jahre erzogen haben, kann ich jede Entscheidung treffen, beherzigen und hinter mich bringen in dem Wissen, daß ich mein Bestes gebe. Genauso wie sich ein Geistlicher allein fühlt, wenn er nie gelernt hat, mit Gott zu reden, so fühlt man sich auch als Arzt allein, wenn man nicht lernt, mit den Patienten zu reden.

Zu den schlimmsten Dingen gehört, daß man als Arzt so wenig Zeit für seine Familie hat. Der Sportler geht nach dem Spiel unter die Dusche und dann nach Hause, aber für einen Arzt hat der Arbeitstag nie ein Ende. Ich mußte mich erst daran gewöhnen, daß es eine besondere Vergünstigung war, ein Wochenende zu Hause verbringen zu können, und nicht etwas, worauf ich mich verlassen konnte. Und ich hatte ständig ein schlechtes Gewissen in doppelter Hinsicht: Wenn ich mich für ein paar Stunden davonstahl, hatte ich das Gefühl, meine Patienten zu vernachlässigen, und bei den sechzehn Stunden Arbeit pro Tag hatte ich das Gefühl, meine Frau und meine Kinder zu vernachlässigen. Ich wußte einfach nicht, wie ich damit fertig werden sollte. Kam ich abends endlich nach Hause, war ich meistens viel zu müde, um mich meiner Familie zu widmen. Einmal war ich so erschöpft, daß ich unseren Babysitter automatisch ins Krankenhaus fuhr, anstatt das Mädchen heimzubringen.

Aber auch zu Hause hatte ich keine Ruhe. Ständig fragten mich die Kinder: »Hast du heute nacht Bereitschaftsdienst?« Wenn ich Bereitschaftsdienst hatte, waren alle nervös und warteten, daß jeden Augenblick das Telefon klingelte. Für die meisten Menschen ist das Klingeln des Telefons ein angenehmes Geräusch. Für uns bedeutete es Angst und Trennung.

Zu den härtesten Proben, auf die ein Arzt gestellt wird, gehört die Tatsache, daß der Tod sehr viel häufiger mitten in der Nacht eintritt als zu jeder anderen Tageszeit – etwas, was ich heute viel besser verstehe als früher. Man kann sich einfach nicht gegen eine Anwandlung von Ärger wehren, wenn ein Patient, der tagelang im Koma gelegen hat, ausgerechnet um zwei Uhr nachts stirbt und der Arzt und die Familie geweckt werden müssen, um die traurige Nachricht entgegenzunehmen. Dann fragen wir uns: »Warum kann der Tod nicht ein bißchen mehr Respekt vor dem Leben haben?« Aber darüber sprechen wir nur selten. Wir haben immer nur ein schlechtes Gewissen. Und dann kommt noch dazu, daß man um sieben Uhr früh im Operationssaal stehen muß, wach und munter, auch wenn man Familienprobleme hat und zwei- oder dreimal nachts geweckt wurde.

Am Neujahrstag 1974 begann ich, ein Tagebuch zu führen. Zuerst tat ich es, um meiner Verzweiflung Ausdruck zu verleihen. »Manchmal hat man den Eindruck, als würde die ganze Welt an Krebs sterben«, schrieb ich eines Abends. »Jeder Bauch, den man öffnet, scheint davon voll zu sein.« Und ein anderes Mal: »Der Magen dreht sich einem um, und Entsetzen breitet sich aus, wenn man in die Zukunft blickt. In wie viele Gesichter mußt du noch sehen und sagen: ›Tut mir leid, es handelt sich um einen inoperablen Tumor!‹«

Ich erinnere mich noch gut an Flora, eine meiner Patientinnen aus jener Zeit. Ihr Ehemann war kurz zuvor gestorben, und jetzt lag sie selbst im Krankenhaus und starb an Blasenkrebs, der sich auch durch zwei Operationen nicht hatte aufhalten lassen. Jeder Tag, den sie im Krankenhaus verbrachte, war eine Qual für sie, da ihre Ersparnisse aufgezehrt wurden, die sie ihren Enkelinnen vermachen wollte. Sie wollte ihr Leben verlängern, aber gleichzeitig wollte sie, daß es zu Ende war, damit nicht noch mehr von dem Geld für ihren alten Körper verschwendet wurde. »Woher nehme ich nur die Kraft, um all diesen Menschen helfen zu können?« fragte ich mich.

Indem ich immer wieder in meinem Tagebuch blätterte, wurde mir allmählich klar, daß ich meine Einstellung gegenüber den medizinischen Praktiken ändern mußte. Während dieser ganzen Zeit überlegte ich mir allen Ernstes, ob ich nicht einen anderen Beruf ergreifen sollte. Ich zog in Erwägung, Lehrer zu werden – oder Tierarzt, weil ein Tierarzt seine Patienten in den Arm nehmen kann. Ich konnte mich nicht entscheiden, aber mir wurde klar, daß die alternativen Möglichkeiten, die ich in Betracht zog, meistens mit Menschen zu tun hatten. Sogar beim Malen, einem Hobby von mir, galt mein Interesse ausschließlich Porträts.

Am Ende ging mir ein Licht auf. Ich war Arzt und hatte tagaus, tagein mit meinen vielen Patienten und ihren Familien zu tun, mit all den anderen Ärzten und Krankenschwestern, und suchte trotzdem noch nach Menschen. Die ganze Zeit hatte ich mich mit Fällen, Krankenkarten, Krankheiten, Arzneimitteln, Pflegern, Krankenschwestern und Prognosen abgegeben, aber nicht mit Menschen. Ich hatte meine Patienten nur als Maschinen angesehen, die ich reparieren sollte. Ich fing an, meine Mitarbeiter auf eine völlig andere, neue Weise sprechen zu hören. Ich erinnere mich noch daran, wie ich damals auf einer Tagung für Kinderärzte einen Vortrag hielt. Viele kamen zu spät und erklärten, daß bei ihnen gerade ein »interessanter Fall« – ein Kind, das kurz vor einem diabetischen Koma stand – eingeliefert worden sei. Voller Entsetzen wurde mir bewußt, wie sehr diese Einstellung die Ärzte von ihrem »Fall« trennte – von einem sehr kranken ängstlichen Kind und seinen verzweifelten Eltern.

Mir wurde klar, daß ich, wie sehr ich auch dagegen angekämpft hatte, genau dieselbe Abwehrhaltung gegen Schmerz und Versagen einnahm. Weil ich meinen Patienten Schmerzen zufügte, zog ich mich von ihnen zurück, wenn sie mich am meisten brauchten. Das erlebte ich besonders deutlich, als ich im August 1974 von einem langen Urlaub zurückkam. Ein paar Tage reagierte ich nur als Mensch. Und dann begann ich zu spüren, wie meine Gefühle langsam erlahmten und sich die professionelle Tünche wieder ausbreitete. Aber ich wollte unbedingt festhalten an dieser Sensibilität, denn Kälte verhindert nicht wirklich Schmerzen. Sie verdrängt sie nur. Ich war immer der Meinung, ein gewisses Maß an Distanz sei notwendig, aber bei vielen Ärzten geht sie einfach zu weit. Allzuoft macht der Druck, dem wir unterliegen, unser angeborenes Mitgefühl zunichte. Das sogenannte losgelöste Interesse, das man uns beibringt, ist absurd. Statt dessen sollte man uns lieber ein vernünftiges Interesse beibringen, das den Ausdruck von Gefühlen zuläßt, ohne die Fähigkeit, Entscheidungen zu treffen, zu schmälern.

Ich kämpfte noch immer mit mir, ob ich Arzt und Chirurg bleiben sollte oder ob ich auf meine Kenntnisse, die ich mir in so vielen Jahren angeeignet hatte, verzichten und mich auf einem anderen Gebiet spezialisieren sollte. Ich dachte an Psychiatrie, durch die ich den Menschen würde helfen können, ohne andauernd an ihnen herumzuschneiden. Dann verhalf mir einer meiner Krebspatienten, der Konzertpianist Mark, zu der Erkenntnis, daß ich auch ohne meinen Beruf zu ändern glücklich sein konnte. Als sich sein Zustand verbesserte, rieten ihm seine Freunde, wieder Konzerte zu geben, aber er sagte, er wisse genau, daß er nicht mehr auf das Podium gehöre. Er hatte festgestellt, daß er viel glücklicher war, wenn er zu Hause, für sich allein, Klavier spielte. Er tat weiterhin, was ihm Spaß machte, aber er hatte den Kontext geändert und sich seinen eigenen Bedürfnissen angepaßt. Mir wurde klar, daß ich seinem Beispiel folgen mußte.

Ich bemühte mich, »hinter meinem Schreibtisch hervorzukommen« und die Tür zu meinem Herzen und zu meiner Praxis offenzuhalten. Jetzt steht mein Schreibtisch buchstäblich an der Wand, damit ich mich mit meinen Patienten auf derselben Seite befinde. Ein Mann vom Telefondienst, ein Tischler und ein Medizinstudent meinten, daß in meiner Praxis alles verkehrt sei, weil der Schreibtisch nicht mehr, wie sonst überall, in der Mitte stehe. Ich habe ihnen erklärt, daß ich meinen Patienten gern direkt und ohne ein Hindernis dazwischen gegenübersitzen möchte, anstatt mich wie ein Fachmann gegenüber Versagern zu verhalten.

Ich ermutigte meine Patienten, mich mit meinem Vornamen anzureden. Zuerst war es ziemlich beängstigend, nur Bernie und nicht mehr Dr. Siegel zu sein – und die anderen als Menschen zu betrachten und nicht als Etiketten. Es bedeutete, daß ich mich selbst gern haben und mir mit dem, was ich tat, Anerkennung erringen mußte, nicht aber mit dem, was ich während des Studiums gelernt hatte. Aber es hat sich gelohnt. Auf diese Weise läßt sich die Schranke zwischen Arzt und Patient ausräumen.

Der veränderte Platz des Schreibtischs und die Anrede mit meinem Vornamen waren nur die äußeren Symptome für eine weitaus größere Veränderung. Ich beging die größte Sünde, die ein Arzt begehen kann: Ich »ließ mich« auf meine Patienten »ein«. Und erst jetzt wurde mir so richtig klar, was es bedeutet, Krebs zu haben und die Angst zu erleben, die in keinem Augenblick vergeht, auch nicht, wenn man mit seinem Arzt redet, das Geschirr abwäscht, mit den Kindern spielt, arbeitet, schläft oder liebt. Und wie schwer es ist, mit diesem Wissen zu leben!

Ich schirmte mich nicht länger ab gegen die Traurigkeit, die ich tagtäglich mit ansehen mußte. Eines Tages, als ich Visite machte, kam ich zu einem Patienten, der, vollgestopft mit Medikamenten, mit völlig ausdruckslosem Gesicht auf seinem Bett lag und sich nur darauf konzentrierte, seinen Urin zu halten; die wunderbare Aussicht und das Sonnenlicht in dem Fenster direkt vor ihm nahm er gar nicht wahr. Er lag in einem See aus Traubensaft und Gallenflüssigkeit, und ich merkte, daß ich auf die merkwürdige Verfärbung des Lakens starrte. Der Kontrast von Schönheit und Leiden überwältigte mich.

Aber schon bald stellte ich fest, daß mir meine Patienten Kraft gaben. Wenn ich einen Mann und eine Frau vor mir sah – er mit einem schweren Herzleiden und sie mit fortgeschrittenem Brustkrebs –, die beide darum bemüht waren, zu überleben, um einander helfen zu können, schien mein eigenes Gefühl von Hilflosigkeit irgendwie geringer zu werden. Die Zuneigung einer Patientin, die beide Arme gebrochen hatte und schreckliche Schmerzen aushalten mußte, sich dabei aber meinetwegen Sorgen machte, weil ich noch so spät abends arbeitete, ließ meine Müdigkeit verfliegen. Oder als ich zu einem Patienten, der im Sterben lag, sagte: »Bis später«, und er lächelnd antwortete: »Hoffentlich«, da hatte ich nicht mehr das Gefühl, versagt zu haben, weil ich sah, daß die Angst vor dem Tod seinen Geist nicht überwunden hatte. Ich begann damit, meine Patienten in den Arm zu nehmen, weil ich glaubte, daß sie von mir Zuversicht benötigten. Später stellte ich fest, daß ich sie in den Arm nehmen mußte, um weitermachen zu können. Und selbst wenn sie an Beatmungsgeräten angeschlossen waren, streckten meine Patienten die Arme nach mir aus, um mich anzufassen oder um mir einen Kuß zu geben, und brachten damit meine Schuldgefühle, meine Müdigkeit und meine Verzweiflung zum Verschwinden. Sie retteten mich.

Angesichts ihres großen Muts wünschte ich mir wieder und wieder, ihnen ihren Weg erleichtern zu können. Ich begann zu spüren, daß meine medizinischen Methoden, mit denen ich das Leben zu verlängern und die Krankheit zu heilen versuchte und die zu den höchsten Zielen unserer Zivilisation gehören, manchmal grausamer waren als die Methoden von Naturvölkern, bei denen eine schwere Krankheit möglichst schnell durch den Tod beendet wird. Es heißt, niemand könne sich seinen eigenen Tod wirklich vorstellen, aber ich bin davon überzeugt, daß manche Menschen es vermögen, wenn sie die Last der bleibenden Stunden, Tage oder Monate abwägen müssen. Ältere Menschen fragen sich oft, warum sie so lange leben mußten, nur um noch eine solche sich hinziehende Qual und Erniedrigung ertragen zu müssen. Ich finde, wir sollten fähig sein, mehr zu tun, wir sollten einen Menschen gehen lassen, ihm helfen, sein Leben leicht zu beenden, wenn jeder Tag nur noch Leiden und Schmerzen bringt. (Damit meine ich natürliche Methoden des Loslassens, die uns allen zur Verfügung stehen, wenn wir den Tod nicht als Versagen ansehen.)

Das Bedürfnis nach Zuneigung zum Ausgleich für unseren medizinischen Heroismus habe ich niemals stärker empfunden als beim Tod von Stephen, einem Freund meines Kollegen. Nach einem schweren Herzanfall wurde er, mit einem Schlauch in allen Körperöffnungen, auf einem Bett festgeschnallt. Der angerichtete Schaden war so groß, daß »keine Wiederbelebungsorder« ausgegeben wurde. Er weinte vor Schmerzen und Angst, aber niemand wollte es verantworten, ihm ein schmerzstillendes Mittel zu geben, weil alle fürchteten, daß die Medikamente das Unvermeidliche beschleunigen würden und es wie Euthanasie aussehen könnte. Schließlich mußte mein Kollege selbst etwas unternehmen, obwohl sein Freund der Patient eines anderen Arztes war. Er spritzte ihm Nembutal. Mit Hilfe dieses Medikaments konnte sich Stephen entspannen und seinen Körper auf friedliche Weise verlassen. Er hauchte ein leises »Danke« und war innerhalb von fünf Minuten entschlafen. Es wäre für ihn besser gewesen, auf der

Straße zu liegen als in einem Krankenhaus. Dann wäre das Ende schneller eingetreten und für alle Beteiligten nicht so schwer gewesen. Wie können wir behaupten, daß wir das Leben verlängern, wenn ein Mensch praktisch zu einem Ventil zwischen einlaufenden intravenösen Flüssigkeiten und auslaufendem Urin reduziert ist? Dadurch verlängern wir das Sterben nur. In einem Editorial im *Journal of the American Medical Association* mit dem Titel »Nicht in meiner Dienstzeit« wird das Dilemma angesprochen, in dem sich ein Arzt befindet, wenn er nur das Sterben verlängert, aber nicht das Leben.

Das Wort »Hospital« kommt von dem lateinischen Wort für »Gast«, aber diese Institution ist nur selten wirklich gastfreundlich. Fürsorge oder Heilung findet dort nur selten statt – ganz im Gegensatz zu medizinischer Versorgung. Ich habe mich oft gefragt, warum die Architekten nicht wenigstens die Decken hübsch gestalten können, da die Patienten ja die ganze Zeit dagegenstarren. Zwar gibt es in jedem Raum ein Fernsehgerät, aber welche Musik, welches kreative, meditative oder humorvolle Video steht zur Verfügung, um eine heilende Atmosphäre herzustellen? Wieviel Freiheit bleibt den Patienten, um ihre Identität zu wahren?

Vor einiger Zeit erklärte mir Sam, ein Patient, der sich von einer Bruchoperation bemerkenswert schnell erholt hatte, in einem Brief, wie ihm eine freiere Umgebung dabei geholfen hatte:

> Was mich jedoch *wirklich* beschäftigt hat, war die Frage, warum ich so ein verhaltener, kooperativer, beispielhaft »guter Patient« war. Ich meine, sonst mache ich fast immer deutlich, wer ich bin, wo ich auch hinkomme. Ich schlage Wellen, nur um einen Wirbel zu machen.
>
> Ich habe viel darüber nachgedacht, und die einzige Erklärung, die ich gefunden habe, war, daß dieses Krankenhaus so gar nicht autoritär ist (niemand trug eine Uniform, was mir wirklich komisch vorkam), und das Personal war so *echt*, daß ich gar nichts hatte, wogegen ich rebellieren konnte. Und ich glaube, daß meine schnelle Heilung, mein *nicht* vorhandenes Gefühl von Hilflosigkeit und Abhängigkeit,

mir das Gefühl vermittelt hat, daß ich sowieso alles im Griff hatte und daß gar keine Notwendigkeit bestand, eine große Schau abzuziehen.

Wenn jemand im Krankenhaus liegt, wird das Pflegepersonal Teil der Familie dieser bestimmten Person, denn es sieht den Patienten häufiger und hat mehr mit ihm zu tun als jeder andere. Wir müssen uns dieser Verantwortung stellen und dem Kranken dieselbe liebevolle Unterstützung gewähren, die wir auch von seiner Familie erwarten. Denn die Familie kann in den wenigen Stunden der Besuchszeit nicht alles allein schaffen. Ich muß an einen meiner Patienten denken, der Dickdarmkrebs hatte und bei dem sich die Metastasen in der Lunge und im Gehirn ausgebreitet hatten. Er lehnte jede medizinische Behandlung ab, damit er auf seiner Veranda in der Sonne sitzen und sterben konnte, während er dem Gezwitscher der Vögel lauschte. Warum können Krankenhäuser nicht auch Wärme ausstrahlen?

Indem ich es zuließ, daß ich möglichst genauso starke Schmerzen und genausoviel Angst verspürte wie meine Patienten, begann ich zu begreifen, daß die Medizin einen Aspekt hat, der wichtiger ist als alle technischen Prozeduren zusammengenommen. Ich erfuhr dadurch, daß ich viel mehr anzubieten hatte als chirurgische Eingriffe und daß ich auch den Sterbenden und denjenigen helfen konnte, die ihnen nahestanden. Ich kam zu dem Schluß, daß der *einzig* wahre Grund dafür, diesen Beruf weiter auszuüben, darin lag, den Menschen meine Freundschaft anzubieten, um ihnen in dem Augenblick, in dem sie es am meisten benötigen, beizustehen. Mein Kollege Dick Selzer, der ein genauso großartiger Essayist wie Arzt ist, hat in *Mortal Lessons* geschrieben:

> Ich weiß nicht mehr, wann ich begriff, daß es ebendiese Hölle ist, durch die wir gehen, die uns die Kraft und die Möglichkeit gibt, füreinander zu sorgen. Ein Arzt schlüpft nicht aus der Gebärmutter seiner Mutter, in Zuneigung und Liebe gehüllt wie in die Feuchtigkeit seiner Geburt. Diese Gefühle entwickeln sich sehr viel später – es sind die zahllosen Wun-

den, die er verbunden hat, all die Entzündungen und Geschwüre und Aushöhlungen, die er berührt hat, um sie zu heilen. Zu Beginn ist es ein kaum hörbares Flüstern wie aus vielen Mündern. Und dann, ganz allmählich, wird es immer mehr, immer lauter und löst sich aus dem zuckenden Fleisch – am Ende ein *Ruf*, ein durchdringender Ton wie der Schrei eines einsamen Vogels, der darauf hindeutet, daß aus der Resonanz zwischen dem Kranken und demjenigen, der sich um ihn kümmert, vielleicht dieselbe tiefe Verbindlichkeit hervorgeht, die religiöse Menschen göttliche Liebe nennen.

Ein guter Geist übernimmt die Führung

Im Juni 1978 änderte ich meine medizinischen Praktiken infolge einer unverhofften Erfahrung, die ich bei einem Lehrseminar machte. Der Onkologe O. Carl Simonton und die Psychologin Stephanie Matthews (seine damalige Ehefrau) hielten am Elmcrest Institute in Portland, Connecticut, einen Workshop über psychologische Faktoren, Streß und Krebs ab. Die Simontons haben in der westlichen Hemisphäre als erste die Techniken gegen den Krebs angewandt, bei denen die Phantasie eine Rolle spielt. Zusammen mit James L. Creighton haben sie ihre Methoden in *Getting Well Again* (deutscher Titel: *Wieder gesund werden*) dargelegt. Ihre ersten Ergebnisse mit »unheilbaren« Krebspatienten hatten die Simontons bereits veröffentlicht. Von den ersten 159 Patienten mit einer Lebenserwartung von höchstens einem Jahr waren 19 Prozent völlig geheilt, und bei weiteren 22 Prozent bildete sich die Krankheit allmählich zurück. Und die Patienten, die am Ende doch an ihrer Krankheit starben, hatten fast alle doppelt so lange überlebt, wie es prognostiziert worden war.

Als ich mich in den ersten beiden Workshop-Sitzungen unter den Teilnehmern umsah, stellte ich erstaunt und verärgert fest, daß ich der einzige anwesende »Körperarzt« war. Unter den 75 Teilnehmern gab es einen Psychiater und einen ganzheitlichen Heilpraktiker, aber außer mir keinen einzigen praktizierenden Arzt. Die Teilnehmer setzten sich vor allem aus

Sozialarbeitern, Patienten und Psychologen zusammen. Noch wütender wurde ich, als mir viele der Teilnehmer sagten, daß sie die Techniken, um die es hier ging, bereits kannten, denn in meiner ganzen medizinischen Ausbildung hatte ich noch nie auch nur andeutungsweise etwas von diesen Dingen erfahren. Ich, der studierte Doktor, einer der »Götter in Weiß«, hatte keine Ahnung, was im Kopf vor sich ging. Über den Geist-Körper-Zusammenhang gab es eine eigene Literatur, streng getrennt von der medizinischen, so daß sie den Fachleuten auf anderen Gebieten nicht bekannt war. Zum ersten Mal wurde mir klar, um wieviel weiter die Theologie, die Psychologie und die holistische Medizin in dieser Hinsicht waren.

Ich mußte an die Berichte über die Gesundheit der Ärzte denken. Sie haben größere Probleme mit Drogen und Alkohol und eine höhere Selbstmordrate als ihre Patienten. Sie haben weniger Hoffnung als ihre Patienten, und sie sterben früher, wenn sie erst einmal über fünfundsechzig sind. Kein Wunder, daß viele Menschen nur zögernd einen Arzt aufsuchen. Würden Sie Ihr Auto einem Mechaniker übergeben, der es nicht einmal fertigbringt, sein eigenes Auto in Gang zu setzen?

Die Simontons machten uns mit der Meditation vertraut. Schließlich führten sie uns durch gelenkte Meditation zu dem Punkt, wo wir einen guten Geist im Inneren finden und kennenlernen konnten. Ich habe dieser Übung all die Skepsis entgegengebracht, die von einem medizinischen Techniker erwartet wird. Trotzdem habe ich mich hingesetzt, die Augen zugemacht und die Anweisungen befolgt. Ich glaubte nicht, daß dabei irgend etwas herauskommen würde, aber wenn doch, dann erwartete ich, Jesus oder Moses zu sehen. Denn wer sonst würde es wohl wagen, im Kopf eines Arztes zu erscheinen?

Aber statt dessen begegnete ich George, einem jungen Mann mit Bart und langen Haaren, der in ein fließendes weißes Gewand gehüllt war und eine Kappe auf dem Kopf trug. Es war für mich ein unglaubliches Erwachen, denn ich hatte nicht erwartet, daß überhaupt etwas geschehen würde. Die Simontons hatten uns gelehrt, mit der Person, die wir aus unserem Unterbewußten heraufbeschworen hatten, in Kommunikation zu treten, und ich stellte fest, daß das Gespräch mit George einem Schachspiel mit mir selbst ähnelte, bei dem ich jedoch nie wußte, welchen Zug mein anderes Ich als nächstes tun würde.

George war spontan, er kannte meine Gefühle und war ein ausgezeichneter Ratgeber. Er gab mir ehrliche Antworten, von denen mir einige ganz und gar nicht gefielen. Ich spielte noch immer mit dem Gedanken, den Beruf zu wechseln. Als ich es ihm sagte, erklärte er mir, daß ich zu stolz sei, die hart erworbenen technischen Fertigkeiten eines Arztes aufzugeben und auf einem anderen Gebiet ganz von vorn anzufangen. Er sagte mir, ich könne Besseres leisten, wenn ich ein guter Arzt und Chirurg bliebe, mich aber *selbst* änderte, um meinen Patienten dabei zu helfen, ihre geistigen Kräfte gegen die Krankheit zu mobilisieren. Ich könne die Fürsorge und Hilfe eines Geistlichen oder eines Psychiaters mit den Hilfsmitteln und dem Können eines Mediziners kombinieren. Ich könne »Klerurgie« praktizieren – ein Begriff, den meine Frau aus »Klerus« und »Chirurgie« geprägt hat. Im Krankenhaus könne ich für die Studenten, das Personal und sogar für andere Ärzte ein Beispiel abgeben. »Du kannst im Krankenhaus überall hingehen«, sagte George. »Ein Buchhalter oder ein Therapeut kann das nicht. Du kannst den Patienten medizinische Behandlungen mit Liebe oder Tod-und-Sterbe-Beratung anbieten, und zwar so, wie es jemand, der kein Arzt ist, nie tun kann.«

Ich schätze, man könnte George als »meditativ ausgelöste Einsicht aus meinem Unterbewußtsein« oder so ähnlich bezeichnen, falls man ihm einen intellektuellen Stempel geben will. Ich weiß nur, daß er mir seit seinem ersten Auftreten ein unschätzbarer Begleiter geworden ist. Mein Leben ist jetzt viel leichter, weil er die schwere Arbeit für mich verrichtet.

George hat mir auch dabei geholfen, in der Medizin Dinge zu entdecken, die ich bis dahin immer vermißt hatte. Ich erkannte, daß beim Heilen Ausnahmen *nicht* die Regel bestätigen. Wenn das »Wunder« geschieht und eine Krebserkrankung ein für allemal geheilt ist, dann besitzt diese Heilung Gültigkeit. Und wenn der eine Patient gesund werden kann, besteht kein Grund, warum andere nicht auch gesund werden können. Mir wurde klar, daß die Medizin immer nur ihre Mißerfolge untersucht hat, anstatt aus ihren Erfolgen zu lernen. Wir sollten den außergewöhnlichen Patienten größere Aufmerksamkeit schenken, all denen, die unverhofft gesund werden, anstatt immer nur auf all diejenigen zu starren, die nach dem üblichen Muster sterben. Wie René Dubos sagte: »Manchmal verdrängt das, was leichter meßbar ist, das Wichtigste.«

Ich begann zu erkennen, wie verzerrt meine eigene Denkweise war, weil ich mich immer nur auf Statistiken verließ. Vor langer Zeit hatte ich Jim, einen Patienten mit Darmkrebs, operiert. Seiner Familie teilte ich mit, daß er höchstens noch sechs Monate leben würde – das war noch in der Zeit, als ich immer Voraussagen anstellte, wie lange die einzelnen Patienten noch leben würden –, aber Jim strafte mich Lügen. Er kam danach mehrmals zu mir, und jedesmal, wenn er meine Praxis betrat, dachte ich: »Aha! Jetzt ist es also schließlich doch wieder soweit«, aber es handelte sich immer nur um geringfügige Probleme, die nichts mit Krebs zu tun hatten. Ich schlug ihm jedesmal eine weiterführende Behandlung vor, um seine Krebserkrankung zu bekämpfen, aber er lehnte es jedesmal ab. Er war viel zu sehr mit dem Leben beschäftigt und hatte keine Zeit für meine Therapien, die sich auf Statistiken stützten. Inzwischen ist Jim seit über zehn Jahren wieder völlig gesund.

Das andere Extrem sind Patienten wie Irving, ein Finanzberater, der die Ersparnisse seiner Klienten zur Lebensversicherung aufgrund von Statistiken anlegte. Er hatte Leberkrebs, als er zu mir kam. Sein Onkologe sagte ihm, wie seine Chancen aufgrund der Statistik stünden, und von diesem Augenblick an weigerte er sich, weiter um sein Leben zu kämpfen. Er sagte: »Ich habe mein ganzes Leben lang Voraussagen gemacht, die sich auf Statistiken gestützt haben. Jetzt geht aus der Statistik hervor, daß ich sterben muß. Wenn ich jetzt nicht sterbe, ergibt mein ganzes Leben keinen Sinn.« Und er ging nach Hause und starb.

Ein Problem der Statistiken im Zusammenhang mit Krebs liegt darin, daß die selbstinduzierten Heilungen meistens nicht in die medizinische Literatur eingehen. In den Berichten über

Krebs des Dick- und Mastdarms sind in der Zeit von 1900 bis 1966 nur sieben derartige Fälle beschrieben, obgleich es natürlich viel mehr gewesen sein müssen. Jemand, der gegen alle Erwartungen gesund wird, kommt nicht wieder zum Arzt. Falls er es aber doch tut, nehmen viele Ärzte ganz einfach an, daß sie sich bei der Diagnose geirrt haben. Außerdem erachten die meisten Ärzte solche Fälle als viel zu »mystisch« für die Veröffentlichung in einer Fachzeitschrift oder als nicht auf andere Patienten, auf die »hoffnungslosen« Fälle, übertragbar.

Seit ich meine Einstellung in bezug auf diese besonderen Ereignisse geändert habe, höre ich jedoch überall, wo ich hinkomme, von solchen »wunderbaren« Heilungen. Wenn die Menschen merken, daß ich über diese Dinge Bescheid weiß, haben sie das Gefühl, daß sie mit mir darüber reden können. Zum Beispiel überreichte mir nach einem Vortrag in einer Kirche ein Mann eine Karte und flüsterte: »Lesen Sie sie später«, und ging schnell weg. Auf der Karte stand in Handschrift:

> Vor ungefähr zehn Jahren hat Ihr Kollege meinen Vater operiert und einen Teil seines Magens entfernt. Damals stellten Sie fest, daß sein gesamtes Lymphdrüsensystem von Krebs befallen war. Sie rieten mir als dem ältesten Sohn, die anderen Familienangehörigen über den Zustand meines Vaters zu informieren. Ich entschloß mich, es nicht zu tun. Am vergangenen Sonntag haben wir meinen Vater mit einer wunderbaren Geburtstagsparty überrascht. Er wurde 85, und meine achtzigjährige Mutter saß lächelnd an seiner Seite!

Ich suchte die Unterlagen heraus, und tatsächlich hatten wir die Krankheit dieses Mannes vor über zehn Jahren als lebensgefährlich angesehen. Er hatte Krebs an der Bauchspeicheldrüse und Metastasen in den Lymphknoten. Ich sah mir die pathologischen Aufnahmen an, und ein Irrtum in der Diagnose war nirgends zu erkennen. Jeder Arzt hätte in diesem Fall auf »einen langsam wachsenden Tumor« getippt. Inzwischen ist der alte Herr 90 Jahre alt. Sein Tumor muß wahrlich sehr langsam wachsen. Bei derartigen Fällen müssen die Ärzte lernen, zu dem Patienten zu eilen und ihn zu fragen, warum er nicht wie erwartet gestorben ist. Andernfalls werden Selbstheilungen niemals in die medizinische Literatur eingehen, und wir werden auch nie daraus lernen, daß es sich nicht um einen reinen Glücksfall handelt, um einen diagnostischen Irrtum oder gar um langsam wachsende Tumore oder besonders gezügelten Krebs.

Eine Gruppe für Patienten, die gegen die Regeln verstoßen

Nach meiner Erfahrung mit den Simontons begann ich, unterstützt von meiner Frau Bobbie und Marcia Eager, meiner damaligen Sprechstundenhilfe, eine Therapiegruppe aufzubauen, die ich ECaP nannte, kurz für *Exceptional Cancer Patients* (außergewöhnliche Krebspatienten). Die Gruppe sollte den Teilnehmern helfen, all ihre Kräfte gegen ihre Krankheit zu mobilisieren. Dazu verwendeten wir das damals frisch veröffentlichte Buch *Getting Well Again* der Simontons und verschickten an die hundert Briefe an Patienten. Wir boten ihnen unsere Hilfe an, durch die Techniken der ECaP-Gruppe ein besseres und längeres Leben zu erlangen. Wir erwarteten mehrere hundert Antworten. Wir glaubten, daß jeder, der diesen Brief erhielt, weiteren Krebspatienten davon erzählen und sie zu dem geplanten Treffen mitbringen würde. Schließlich will doch jeder leben, dachte ich. Reisen nicht viele Patienten bis ans Ende der Welt, um sich irgendwelchen alternativen Behandlungsmethoden zu unterziehen, auch wenn sie nur einen winzigen Hoffnungsschimmer bieten? Ich wurde schon ganz nervös, wenn ich mir überlegte, wie ich mit der riesigen Menschenmenge umgehen sollte, die zu uns kommen würde.

Es kamen ganze zwölf Personen.

Damals erfuhr ich aus erster Hand, wie Patienten in Wirklichkeit beschaffen sind. Ich stellte fest, daß es drei verschiedene Arten gibt.

Ungefähr 15 bis 20 Prozent aller Patienten wollen sterben, ob unbewußt oder auch bewußt. Sie sehen die Krebserkrankung oder andere schwere Leiden als eine Möglichkeit an, ihren

Problemen durch Tod oder Krankheit zu entkommen. Das sind die Patienten, bei denen keinerlei Anzeichen von Streß zu erkennen sind, wenn sie von der Diagnose erfahren. Während sich der Arzt bemüht, sie wieder auf die Beine zu stellen, weigern sie sich und versuchen zu sterben. Wenn man sie fragt, wie es ihnen geht, sagen sie: »Gut.« Oder, was ihnen Sorgen macht: »Nichts.«

Dies wurde mir zum ersten Mal in aller Deutlichkeit klar, als ich eines Abends zufällig anwesend war, während einer meiner Kollegen mit Harold, einem Patienten mittleren Alters, der Dickdarmkrebs hatte, und dessen Frau die Therapie besprach. Ich spürte seinen Widerstand gegen jeden Vorschlag, der gemacht wurde. Schließlich mischte ich mich ein und sagte: »Ich glaube, Sie wollen gar nicht leben.«

Seine Frau war außer sich. Aber Harold sagte: »Einen Augenblick mal. Er hat völlig recht. Mein Vater ist neunzig und senil und in einem Pflegeheim, und ich möchte nicht, daß es mir so geht wie meinem Vater. Deshalb finde ich es völlig in Ordnung, wenn ich jetzt an Krebs sterbe.«

Dadurch standen wir vor einem völlig neuen Problem. Jetzt war es vor allem wichtig, ihn davon zu überzeugen, daß er sein Leben und den Tod in den Griff bekommen konnte, ihm klarzumachen, daß er nicht viele gute Jahre wegzuwerfen brauchte, nur um der Möglichkeit eines unerfreulichen Endes aus dem Weg zu gehen. Man muß nicht neunzig und senil werden, wenn man die Versuche anderer abwehrt, einem das Leben – das heißt das Sterben – künstlich zu verlängern. Wir diskutierten mehrere Tage lang über diese Fragen, und nachdem sich herausgestellt hatte, wie Harold wirklich zum Leben stand, war er fähig, sich seiner Krebsbehandlung zu unterziehen, und heute geht es ihm wieder gut.

Nicht lange danach erzählte mir ein Freund, der Psychiater ist, eine Geschichte, durch die mir klar wurde, wie stark der Todeswunsch sein kann. Er erzählte mir von einem seiner Patienten, der unter starken Depressionen litt und der eines Tages zu ihm kam und über das ganze Gesicht strahlte. Der Therapeut fragte, was denn geschehen sei, und der Patient erwiderte: »Ich brauche Sie nicht mehr. Ich habe jetzt Krebs.«

Wenn ich von solchen Dingen höre, frage ich mich manchmal, wozu unser Bemühen um ein langes Leben eigentlich gut sein soll, wenn sich so viele Menschen derart miserabel und hilflos fühlen, daß sie gar nicht mehr leben wollen.

Wir müssen uns vergegenwärtigen, wie schlecht sich die meisten Menschen fühlen, und uns neue Ziele stecken. Was bedeutet Heilung? Geht es dabei um eine Lebertransplantation oder die Genesung von einer Krankheit, oder bedeutet Heilung nicht vielmehr, daß die Menschen dazu gebracht werden, Frieden zu schließen und das Leben voll auszuschöpfen? Ich kenne Patienten, die an allen vier Extremitäten gelähmt sind und trotzdem auf die Frage, wie es ihnen geht, »gut« antworten, einfach, weil sie gelernt haben, zu lieben und etwas von sich an andere abzugeben. Sie verleugnen ihre physischen Grenzen nicht, sondern sie überschreiten sie.

In der Mitte des Spektrums aller Patienten liegt die Mehrheit – etwa 60 bis 70 Prozent. Sie sind wie Schauspieler, die eine Rolle proben. Sie produzieren sich nur, um den Arzt zufriedenzustellen. Sie benehmen sich so, wie es der Arzt ihrer Annahme nach von ihnen erwartet, und hoffen, daß er ihnen dann die ganze Arbeit abnimmt und die Medizin nicht allzu schlecht schmeckt. Voller Vertrauen schlucken sie ihre Tabletten und erscheinen pünktlich zu jedem Termin. Sie tun, was ihnen gesagt wird – außer der Arzt schlägt ihnen vor, ihren Lebensstil radikal zu ändern –, aber es würde ihnen nie einfallen, die Entscheidungen des Arztes in Frage zu stellen oder von allein etwas für sich zu tun, was sich »richtig anfühlt«. Das sind diejenigen, die sich, wenn sie die Entscheidung treffen müßten, lieber operieren lassen würden, anstatt selbst aktiv etwas zu ihrer Gesundung beizutragen.

Das andere Extrem sind die 15 bis 20 Prozent außergewöhnlicher Patienten. Sie bedienen sich keiner Rolle, sie sind einfach sie selbst. Sie weigern sich, die Rolle des Opfers zu spielen. Wer sich als Opfer fühlt und verhält, kann sich selbst nicht helfen, da ihm alles nur *angetan* wird.

Ich erhalte viele Briefe von Gruppen, die sich *Aid to Cancer Victims*, »Hilfe für Krebsopfer«, oder so ähnlich nennen. Als erstes rate ich ihnen immer, den Namen der Gruppe zu ändern, denn ein Opfer hat keine Kontrolle über sich und kann folglich auch nicht seinen Lebensstil ändern. In unserer Gesellschaft werden Patienten automatisch als Opfer eingestuft. Vor einigen Jahren trat Herbert Howe, ein früherer Krebspatient und Autor des Buches *Do Not Go Gentle,* in dem ABC-Fernsehprogramm *Good Morning, America* auf und berichtete davon, wie seine Krankheit verschwand, nachdem er die üblichen medizinischen Behandlungsmethoden aufgegeben und mit Leibesübungen begonnen hatte, um seinen Zorn abzureagieren. Obwohl er nun gar nicht mehr krebskrank war, wurde er auf dem Bildschirm als »Krebsopfer« vorgestellt.

Außergewöhnliche Patienten weigern sich, ein Opfer zu sein. Sie arbeiten an sich selbst und werden geradezu Spezialisten, was ihre eigene Pflege betrifft. Sie wollen die Behandlung, die ihnen der Arzt verschreibt, verstehen und daran beteiligt sein. Sie fordern Achtung und würdevolle Behandlung, egal, welchen Verlauf die Krankheit nimmt.

Um außergewöhnlich zu sein, braucht man Mut. Ich erinnere mich an eine Frau, die der Aufforderung, in die Röntgenabteilung zu gehen, widersprach. »Nein. Diese Sache hat man mir noch nicht erklärt«, sagte sie. Und als man sie belehrte: »Aber Sie können heute nacht sterben, wenn Sie die Aufnahme nicht machen lassen«, erwiderte sie: »Dann sterbe ich eben heute nacht, aber ich werde mein Zimmer nicht verlassen.« Augenblicklich kam jemand, um ihr zu erklären, worum es bei der Röntgenaufnahme ging. Kathryn und Cornelius Ryan haben die Haltung eines außergewöhnlichen Patienten in ihrem Buch *A Private Battle* wiedergegeben. In dem Bericht über Cornelius Ryans Kampf mit Prostata-Krebs, an dem er schließlich 1974 starb, schreibt sie: »Er verlöschte wie ein müder Löwe, nicht wie ein verschrecktes Lamm.« Es war die Müdigkeit, die ihn am Ende dazu brachte, loszulassen. Angst spielte dabei keine entscheidende Rolle.

Außergewöhnliche Patienten wollen über jedes Detail ihrer Röntgenbilder Bescheid wissen. Sie wollen erfahren, was die verschiedenen Zahlen auf dem Auswertungsbogen ihrer Labortests zu bedeuten haben. Wenn sich der Arzt dieses intensive Interesse zunutze macht, anstatt es abzulehnen, weil er

»zu beschäftigt« ist, verbessert er die Chancen des Patienten auf drastische Weise.

Ärzte müssen sich darüber im klaren sein, daß die Patienten, die ihnen schwierig und unkooperativ erscheinen, die größte Chance haben, wieder gesund zu werden. In einer Untersuchung, an der fünfunddreißig Frauen mit metastatischem Brustkrebs beteiligt waren, stellte der Psychologe Leonard Derogatis fest, daß die Patientinnen, die am längsten weiterlebten, nur äußerst lose Beziehungen zu ihren Ärzten unterhielten – jedenfalls von der Warte der Ärzte aus gesehen. Sie stellten viele Fragen und brachten ihre Gefühle frei zum Ausdruck. Und die Psychologin Sandra Levy vom *National Cancer Institute* hat gezeigt, daß schwerkranke Patientinnen mit Brustkrebs, die starke Depressionen, Angst und Feindseligkeit zeigten, länger am Leben blieben als die Patientinnen, die davon nur wenig zu erkennen gaben. Levy und andere Forscher haben auch festgestellt, daß aggressive, »schlechte« Patienten gewöhnlich mehr Killer-T-Zellen – weiße Zellen, die die Krebszellen suchen und zerstören – aufweisen als sanfte »gute« Patienten. Eine Forschergruppe in London unter der Leitung von Keith Pettingale hat vor kurzem eine zehnjährige Überlebensquote bei 75 Prozent der Krebspatienten festgestellt, die »kämpferisch« auf die Diagnose reagierten, im Vergleich zu nur 22 Prozent innerhalb der Gruppe von Patienten, die mit »stoischer Gelassenheit« oder Gefühlen der Hilflosigkeit oder Hoffnungslosigkeit reagierten.

Um herauszufinden, ob Ihre gegenwärtige Lebenseinstellung der eines außergewöhnlichen Patienten entspricht, stellen Sie sich folgende Frage, bevor Sie weiterlesen: Wollen Sie hundert Jahre alt werden? In der ECaP-Gruppe haben wir festgestellt, daß sich die Fähigkeit, ein außergewöhnlicher Patient zu sein, durch ein sofortiges, von innen heraus kommendes »Ja!«, ohne Wenn und Aber, feststellen läßt. Die meisten Menschen antworten: »Nun, ja, wenn Sie mir garantieren können, daß ich einigermaßen gesund bleibe.« Aber Menschen, die zu außergewöhnlichen Patienten werden, wissen genau, daß das Leben nicht durch derartige Garantien gesichert ist. Sie nehmen bereitwillig alle damit verbundenen Risiken und Herausforderungen auf sich. Solange sie leben, haben sie das Gefühl, ihr Schicksal selbst zu bestimmen, und sind zufrieden, wenn sie ein bißchen Glück für sich selbst erhalten und anderen ein wenig Glück geben. Sie halten einen *inneren Platz für andere* bereit. Sie fürchten sich nicht vor der Zukunft oder äußeren Einflüssen. Sie wissen, daß das Glück von innen heraus kommt.

Wenn ich bitte, über diese Frage durch Heben der Hand abzustimmen, erhalte ich bei normalen, durchschnittlichen Zuhörern immer die gleiche Resonanz – ungefähr 15 bis 20 Prozent reagieren positiv. Bei Ärzten heißt es weit seltener: »Ja!« Medizinstudenten sind nicht ganz so hoffnungslos. Die Lebensskepsis wird uns regelrecht eingeimpft. Es ist eine Tragödie, daß so wenig Ärzte genügend Selbstvertrauen besitzen, um andere zu motivieren, an die Zukunft zu glauben und sich um sich selbst zu kümmern. Die Menschen, die im Gesundheitswesen beschäftigt sind, haben sich so daran gewöhnt, nur Krankheiten und Behinderungen zu sehen, daß sie selten eine positive Einstellung haben. Wenn ich zu Holistikern spreche oder in eine rustikale ländliche Gegend komme, in der Menschen leben, die auf sich selbst angewiesen sind, gehen fast alle Hände in die Höhe. Diese Menschen blicken voller Zuversicht in die Zukunft, sie wissen, daß Achtung und Liebe in jedem Lebensalter verfügbar sind.

Ich finde, daß alle Ärzte während ihrer Ausbildung auch mit sogenannten unheilbaren Krankheiten und deren Therapie bekannt gemacht werden sollten. Man sollte ihnen beibringen, in diesem Fall keine Medikamente oder Operationen in Erwägung zu ziehen, sondern zu diesen »unheilbar« Kranken einfach hinzugehen und ihnen Beistand zu leisten. Dann würden die Ärzte nämlich erfahren, daß sie diesen Menschen helfen können, wenn sie sie schlicht berühren und mit ihnen beten oder auf irgendeiner emotionalen Ebene mit ihnen kommunizieren. Es wäre auch eine Hilfe, einmal im Jahr für Menschen, die eine schwere Krankheit überlebt haben, Partys zu geben, damit die Ärzte diese »erfolgreichen« Patienten, denen sie geholfen haben, wieder gesund zu werden, besser kennenlernen und mit ihnen reden können.

Voneinander lernen

Die Ansprüche der außergewöhnlichen und der gewöhnlichen Patienten entsprechen ganz genau den unterschiedlichen Methoden, wie sie die Ärzte in der griechischen Antike bei freien Bürgern und bei Sklaven angewandt haben und die Platon in den Büchern der Gesetze folgendermaßen darlegt:

> Du kannst aber auch folgende Beobachtung machen: Unter den Kranken in den Städten gibt es Sklaven und Freie, und da sind es nun doch in der Regel die Sklaven, die zumeist die Sklaven behandeln, wobei sie entweder Hausbesuche machen oder sie in ihrem Sprechzimmer empfangen; aber keiner von den Ärzten dieser Art gibt irgendeine Erklärung über die jeweilige Krankheit eines dieser Haussklaven ab und nimmt auch keine entgegen, sondern er verordnet ihm das, was ihm aufgrund seiner Erfahrung richtig scheint, als wäre er genau im Bild, eigenmächtig wie ein Tyrann; dann läuft er weg und begibt sich zu einem andern kranken Knecht und entlastet so seinen Herrn in der Besorgung der Kranken. Der freie Arzt dagegen behandelt in der Regel die Krankheiten der Freien und beobachtet sie und geht ihrem Wesen bis zu ihren ersten Symptomen nach und bespricht sich gemeinsam mit dem Kranken und dessen Freunden, und indem er sich einerseits von den Kranken orientieren läßt und andererseits dem Patienten, soweit er es vermag, selber seine Ratschläge erteilt, macht er ihm keinerlei Vorschriften, bevor er ihn irgendwie von seiner Ansicht überzeugt hat.
>
> ... wenn einer von den Ärzten, die die Heilkunst nur mit Hilfe ihrer Erfahrungen und ohne wissenschaftliche Grundlage betreiben, einmal auf einen freien Arzt trifft, während sich dieser gerade mit einem ebenfalls freien Kranken unterhält und dabei ein beinahe philosophisches Gespräch führt, indem er die Krankheit an ihrer Wurzel erfassen will und so auf die leibliche Natur im allgemeinen zurückgeht, würde er sogleich in ein lautes Gelächter ausbrechen und nichts weiter sagen als ebendie Worte, die in solchen Fällen

> die meisten sogenannten Ärzte bereit haben: »Du Dummkopf« – sagte er –, »du behandelst ja deinen Kranken gar nicht, sondern gibst ihm Belehrungen wie einem, der nicht gesund werden, sondern der ein Arzt werden will.«

Außergewöhnliche Patienten wollen aber in der Tat belehrt werden, sie wollen ihr eigener »Arzt« werden. Eine der wichtigsten Forderungen, die sie an ihren Arzt stellen, ist die, daß er die Rolle des Lehrers übernehme.

Zu Beginn meiner grundlegenden Veränderung fingen die Menschen an, mir Dinge zu erzählen, die ich noch nie zuvor gehört hatte. Ich erfuhr, wie sich manche Ärzte in ihrer Praxis benehmen. Sie schreien. Sie lassen Patienten zwei Stunden warten und weigern sich, auch nur fünf Minuten mit ihnen zu sprechen. Eine Patientin erzählte mir, daß ihr früherer Arzt, wenn es um die Art der Behandlung ging, immer brüllte: »In dieser Küche gibt es nur einen einzigen Koch, verdammt noch mal.« Ein anderer Arzt beschimpfte mich, weil ich seiner Patientin, einer krebskranken Bibliothekarin, Bücher gegeben hatte. Er erklärte: »Wenn Sie wollen, daß ich Ihnen noch mehr Patienten schicke, müssen Sie sich zuerst mit mir absprechen.« Ich antwortete, es sei mir neu, daß Geist und Körper seiner Patienten ihm gehörten. Ein Patient erzählte mir, wie er beim Betreten einer Praxis auf dem Schreibtisch des Arztes ein Schild mit der Aufschrift vorgefunden habe: *Kompromisse bedeuten, daß wir es auf meine Weise tun.* Ich rate jedem, der ein solches Schild sieht, sofort kehrtzumachen und schleunigst das Weite zu suchen.

Zuerst ärgerte ich mich rasend über andere Ärzte. Meine Wut wurde noch größer, als ich erfuhr, wie oft Mitglieder der ECaP-Gruppe zuvor ihren Zorn unterdrückt hatten, aber innerhalb der Gruppe konnte ich unbeschadet meiner Entrüstung Luft machen. Später überwand ich diese Gefühle, als mir klar wurde, welche Seelennot viele Ärzte schweigend ertragen. Heute ist mir klar, wie sich die Probleme des Arztes zum Vorteil des Patienten wenden können. Es ist eine Grunderkenntnis, daß nur der wahrhaft helfen und trösten kann, der selbst Schwierigkeiten, Not und Trauer kennt.

Als ich in der ersten ECaP-Gruppe damit begann, meine Patienten zu unterrichten, war ich über das Ergebnis wirklich erstaunt. Ich konnte mit eigenen Augen sehen, wie sich Menschen, deren Zustand bis dahin stabil geblieben war oder sich ständig verschlechtert hatte, plötzlich besser zu fühlen begannen. Anfangs fand ich es ziemlich beunruhigend. Ich hatte das Gefühl, daß es irgendwie nicht legitim war, wenn es ihnen jetzt plötzlich besserging. Ihre Fortschritte standen in keinem offensichtlichen Zusammenhang mit irgendwelchen Medikamenten, Bestrahlungen oder anderen traditionellen Behandlungsmethoden. Ich kam mir vor wie ein Scharlatan, ein Schwindler, und schlug damals tatsächlich vor, die Gruppe wieder aufzulösen.

Nun war die Reihe an meinen Patienten, mir zu erklären, was eigentlich vor sich ging. »Es geht uns besser«, bedeuteten sie mir, »weil Sie uns Hoffnung geben und uns beigebracht haben, wie wir unser Leben in den Griff bekommen. Sie können das nicht verstehen, denn Sie sind Arzt. Setzen Sie sich hin, und haben Sie Geduld.« Das tat ich, und dann wurden sie *meine* Lehrer.

Zu diesem Zeitpunkt machten wir spontan einen Satz aus dem Buch der Simontons zu unserem Motto: »Angesichts der Ungewißheit kann Hoffnung nicht schaden.« Einige Ärzte haben ihren Patienten geraten, sich von mir fernzuhalten, damit sie sich keine »falschen Hoffnungen« machen. Ich bin der Meinung, daß das nichts mit der Behandlung von Krankheiten zu tun hat. Hoffnung ist nicht statistisch meßbar. Hoffnung ist ein psychologischer Vorgang! Die Vorstellung von falschen Hoffnungen und distanziertem Interesse müssen aus dem medizinischen Vokabular verschwinden, weil sie für die Ärzte wie für die Patienten destruktiv sind.

Wenn ich mit Medizinstudenten oder anderen Ärzten zusammenarbeite, frage ich sie immer nach einer Definition für falsche Hoffnungen. Dann räuspern sie sich und scharren verlegen mit den Füßen, aber eine Antwort haben sie nie parat. Ich versuche, ihnen klarzumachen, daß für die meisten Ärzte »falsche Hoffnungen zu machen« nichts anderes bedeutet als die Mitteilung an den Patienten, er brauche sich nicht gemäß der Statistik zu verhalten. Wenn nach der Statistik neun von zehn Menschen an einer bestimmten Krankheit sterben müssen, macht man offenbar bereits »falsche Hoffnungen«, wenn man nicht *allen zehn* Patienten sagt, daß sie wahrscheinlich sterben werden. Ich ziehe es vor, jedem einzelnen zu sagen, daß er vielleicht der eine ist, der überleben wird, denn Hoffnung spielt sich ja in Wirklichkeit im Kopf des Patienten ab.

Shlomo Breznitz, Psychologe an der hebräischen Universität in Jerusalem, hat vor kurzem bewiesen, daß positive und negative Erwartungen gegenteilige Wirkungen auf den Spiegel von Cortisol und Prolaktin im Blut haben, zwei Hormonen, die eine wichtige Rolle bei der Aktivierung des Immunsystems spielen. Breznitz schickte mehrere Gruppen israelischer Soldaten auf einen anstrengenden, vierzig Kilometer langen Marsch, gab den verschiedenen Gruppen aber unterschiedliche Informationen mit auf den Weg. Den einen sagte er, daß sie sechzig Kilometer marschieren müßten, hielt sie dann aber bei vierzig auf; den anderen teilte er mit, daß sie einen dreißig Kilometer langen Marsch vor sich hätten, und ließ sie dann am Ende wissen, sie müßten noch weitere zehn zurücklegen. Manche durften die Kilometerschilder sehen, und manche bekamen überhaupt keinen Hinweis darauf, wie weit sie schon gegangen waren und wie groß die Strecke war, die sie noch vor sich hatten. Breznitz stellte fest, daß die Soldaten mit den genauesten Informationen den Marsch am besten überstanden, daß jedoch die Hormonspiegel, die auf Streß zurückgehen, stets die *Schätzungen* der Soldaten wiedergaben und nicht die tatsächliche Entfernung.

Selbst wenn das, was man sich am meisten erhofft – nämlich die völlige Heilung –, nicht eintritt, kann es die Hoffnung an sich schon einem Kranken ermöglichen, noch viele Dinge im Leben zu vollbringen. Wer die Hoffnung aufgibt, entschließt sich zu sterben. Ich weiß, daß manche Menschen heute noch leben, weil ich ihnen Hoffnung gegeben habe und ihnen gesagt habe, daß sie nicht sterben müssen.

Sobald ich von meinen außergewöhnlichen Patienten zu lernen begann, nahm ich in meiner medizinischen Praxis drastische Veränderungen vor. Und am Ende konnte ich mit

Überzeugung den Entschluß fassen, Arzt zu bleiben, damit ich direkte und lang anhaltende Beziehungen zu Patienten unterhalten konnte. Aber ich erweiterte meine Rolle – ich war nicht mehr nur ein Mechaniker, sondern übernahm auch die Funktion eines Priesters, Lehrers und Heilers. Ich betrachtete die Patienten als Individuen mit eigener Entscheidungsfähigkeit und eigenen Rechten. Wir wurden ein Team.

Ein Jahr bevor ich mit der ECaP-Gruppe zu arbeiten begann, hatte ich mir den Kopf kahlscheren lassen. Viele meiner Mitarbeiter glaubten damals, daß ich dadurch mein Mitgefühl mit all denen zum Ausdruck bringen wollte, die ihre Haare bei der Chemotherapie verlieren. Aber damit hatte es eigentlich gar nichts zu tun. Erst später wurde mir klar, daß ich ein Symbol schaffen wollte – das Bloßlegen meiner Gefühle, meiner Geistigkeit und meiner Liebe. Eine Schwester machte mich sogar darauf aufmerksam, daß das Kahlscheren des Kopfes zu den üblichen Vorbereitungen für eine Gehirnoperation gehört.

Die Reaktionen waren oft sehr vielsagend. Viele Leute fingen an, völlig anders mit mir zu reden – als sei ich irgendwie behindert. Bereitwillig teilten sie ihre Schmerzen mit mir. Manche Ärzte waren wütend auf mich, weil ich anders war als sie – ein Grund mehr für mich, mein neues Aussehen beizubehalten.

Die Motive für meinen kahlgeschorenen Kopf wurden mir bei einem Workshop mit Elisabeth Kübler-Ross erst richtig klar. Zu ihren Techniken gehört auch, daß die Teilnehmer Aspekte ihres Lebens aufzeichnen. Ich malte ein Bild mit einem Berg, auf dessen Spitze Schnee lag, mit weißer Zeichenkreide auf weißem Papier. Unten war ein See mit einem Fisch, der sich außerhalb des Wassers befand. Das bedeutete, daß etwas verborgen wurde (Weiß auf Weiß) und daß sich das spirituelle Symbol (der Fisch) nicht am richtigen Platz befand. Mir wurde klar, daß ich meine Liebe und meine Spiritualität zeigen wollte, nicht meinen Kopf. In jener Nacht hatte ich einen wunderbaren Traum, ich sah mich mit dichtbehaartem Haupt. Nach dem Workshop erzählte ich meiner Familie, daß ich wüßte, warum ich meinen Kopf kahlgeschoren hatte und meine Haare nicht wieder wachsen lassen konnte, aber unsere Tochter Carolyn sagte: »Nein. So ist es leichter, dich im Kino zu finden.« So kommt es also zu großen Entscheidungen! Mein Kopf bleibt kahl, auch wenn sich Carolyn gelegentlich im Kino neben andere Männer mit Glatze setzt.

Auf diesen Zeitpunkt führe ich den Beginn meiner wahren Karriere als Heilender zurück, denn jetzt erst erkannte ich die volle Bedeutung meiner Arbeit, die im wesentlichen darin besteht, den Patienten eine neue Lebensweise nahezubringen – und zwar nicht als Lehre von einer höheren Warte aus, sondern vielmehr mit dem Wissen, daß *wir lehren, was wir lernen möchten*. Ärzte müssen Lehrer sein und gleichzeitig von ihren Patienten lernen. Dieses Bemühen, meine Patienten etwas zu lehren, war meine Rettung, und ich glaube, daß ich selbst von der ECaP-Gruppe am meisten profitiert habe.

Ich wurde, wie Bobbie es ausdrückte, ein »privilegierter Zuhörer«. Ich bekam alle möglichen Dinge zu hören, die meine Patienten anderen Ärzten nicht sagen konnten, denn sie hätten sie für zu emotional oder für zu absonderlich gehalten. Die Patienten erzählten mir von ihren Träumen, ihren Vorahnungen und Selbstdiagnosen und auch von den unorthodoxen Dingen, die sie gern in ihre Therapie einfügen würden, von dem Zusammentreffen sogenannter Zufälle, das anscheinend unbedeutenden Ereignissen Bedeutung verleiht, von ihren Gefühlen der Liebe oder der Angst oder des Zorns, von den Augenblicken, in denen sie sterben wollen.

Vor einigen Jahren zum Beispiel kam eine Frau namens Mary zu mir, nachdem sie mit einem meiner Kollegen gesprochen hatte. Sie fragte: »Sind Sie der Arzt, der Visionen und so was hat?« Als ich dies bestätigte, sagte sie: »Gut. Ich möchte Ihnen etwas erzählen. Die ganze Zeit ist irgend jemand bei mir. Er trägt eine weiße Robe und eine purpurrote Schärpe, und er hat schlechte Zähne. Er ist immer im selben Zimmer mit mir.«

»Und wie heißt er?« fragte ich. »Was sagt er?«

»Ich bringe es nicht fertig, mit ihm zu reden.«

Mary hatte Angst, ihrer Familie oder ihrem Arzt von ihrem ständigen Begleiter zu erzählen, weil sie fürchtete, daß man sie für verrückt halten würde, aber da sie mich auch für ein bißchen komisch hielt, konnte sie es mir erzählen. Diese Art von

Offenheit ist für einen Arzt von großem Vorteil. Wie können wir erwarten, Menschen zu helfen, die uns nicht *alles* erzählen, was ihnen Sorgen macht? Welch eine Erleichterung war es für diese Frau, als sie feststellte, daß ihr Begleiter vielleicht nur die spontane Version meines eigenen guten Geistes George war!

Kurz nachdem wir die ECaP-Gruppe gegründet hatten, erzählten mir einige Mitglieder, daß andere Ärzte das, was ich tat, für völlig verrückt hielten. Inzwischen war ich jedoch so glücklich über die Fortschritte, die unsere Mitglieder machten, daß ich mich nicht darum kümmerte. Ich erklärte ihnen: »So lange es *euch* gutgeht, brauche ich mir wegen meines guten Rufs keine Sorgen zu machen.«

Einer der Gründe für das Mißtrauen anderer Ärzte meinen Methoden gegenüber ist sicher, daß sie selbst keine privilegierten Zuhörer geworden sind. Manchmal versuchen sie, meine Arbeit zu überprüfen, indem sie einen Patienten fragen: »Was geht in Ihrem Leben vor?« Und wenn der Patient antwortet: »Nichts«, fragen sie: »Wie fühlen Sie sich?« Und wenn der Patient antwortet: »Gut«, dann fragen sie sich, wovon ich eigentlich rede.

Weil mir so viele Patienten ihre innersten Gedanken vorgetragen haben, kann ich jetzt zu anderen sagen: »Das kenne ich. Ich weiß, was in Ihrem Leben schiefläuft.« Oft kann ich aufgrund der Symptome und der Natur einer Krankheit genau abschätzen, was für emotionale Schwierigkeiten der betreffende Kranke hat. Dann schüttet er mir seine wahren Gefühle aus. Nach einer Notoperation, bei der ein ziemlich großer Teil des Darms entfernt werden mußte, sagte mir vor kurzem eine Therapeutin der Jungschen Schule: »Ich bin froh, daß Sie mein Arzt sind. Ich habe eine Analyse hinter mir. Ich konnte mit dem Schrott nichts anfangen, der dabei herauskam. Und ich schaffe es einfach nicht, den ganzen Mist, mit dem ich es in meinem Leben zu tun habe, zu verdauen.« Einem anderen Arzt wäre ein Zusammenhang mit ihren Gefühlen vielleicht gar nicht in den Sinn gekommen, aber für uns war es kein Zufall, daß sich ihre Krankheit auf den Darm konzentrierte.

Nach meinen ersten Erfahrungen mit der ECaP-Gruppe war ich ungeheuer erregt. Ich glaubte, daß ich brandneuen Dingen auf der Spur war, die die ganze Medizin über Nacht revolutioneren müßten. Ich habe einige Aufsätze über diese Erfahrungen geschrieben, aber die medizinischen Zeitschriften schickten sie alle an mich zurück. Die Herausgeber erklärten, das Thema sei zwar sehr interessant, rieten mir aber, meine Artikel an psychologische Zeitschriften zu schicken. Aber die Psychologen benötigten diese Informationen nicht. Sie haben die Rolle, die der menschliche Geist bei Krankheiten spielt, längst akzeptiert. Damals stieß ich auch auf einen Artikel von Wallace C. Ellerbroek, einem früheren Chirurgen, der inzwischen aber als Psychiater tätig war. Ursprünglich hatte diese Arbeit die Rolle, die der menschliche Geist bei Krebserkrankungen spielt, zum Thema, aber es gelang Ellerbroek sieben Jahre lang nicht, sie zu veröffentlichen. Erst als er Akne als Ausgangspunkt wählte, wurde die Arbeit in einer bedeutenden Zeitschrift abgedruckt.

Als nächstes bemühte ich mich, meine Erfahrungen bei medizinischen Tagungen vorzubringen. Die Reaktion war entschiedene Skepsis, wenn nicht gar Zorn. Jede Diskussion verwandelte sich in eine Schlacht der Geister, wurde zu einem Machtkampf mittels statistischer Daten. Selten war jemand bereit zu sagen: »Nun, vielleicht ist ja was dran. Ich werde es probieren.« Obwohl heute schon mehr als genug wissenschaftliche Daten für den Einsatz von Psychotherapie bei der Behandlung von Krebs und anderen Erkrankungen plädieren, gelangte ich zu der Überzeugung, daß vorgefaßte Meinungen nur höchst selten durch Statistiken umzustoßen sind. Zahlen lassen sich manipulieren, um Dinge, die schiefliegen, geradezubiegen. Deshalb halte ich mich jetzt lieber an individuelle Erfahrungen, anstatt mich mit statistischen Zahlen abzugeben. Um den menschlichen Geist zu ändern, muß man häufig erst zum Herzen sprechen . . . und zuhören. Glauben ist eine Frage des Vertrauens, nicht der Logik.

Heute erhalte ich Unterstützung, und die Denkweise beginnt, sich allmählich zu ändern. In Yale und auch andernorts werden Untersuchungen durchgeführt. Wenn sich die Politik ändert, die in der Medizin vertreten wird, ändert sich auch die Ausbildung, und es werden neue Wege erforscht.

2

Heilung in Partnerschaft

Mr. Wright, der 1957 bei dem Psychologen Bruno Klopfer in Behandlung war, hatte ein weit fortgeschrittenes Lymphosarkom. Alle bekannten Behandlungsmethoden hatten nichts genützt. Die Tumore, so groß wie Orangen, waren über den ganzen Hals, die Achselhöhlen, die Leistengegend, die Brust und den Bauch verteilt. Milz und Leber waren enorm vergrößert. Der Lymphkanal in seinem Brustkorb war zugeschwollen, und aus seiner Brust mußten jeden Tag ein bis zwei Liter einer milchigen Flüssigkeit abgesaugt werden. Er mußte mit Sauerstoff versorgt werden, und das einzige Medikament, das er erhielt, war ein schmerzstillendes Sedativum.

Trotz seines schlechten Zustands hatte Mr. Wright noch immer Hoffnung. Er hatte von einem neuen Medikament namens Krebiozen gehört, das in der Klinik, in der er lag, getestet werden sollte. Aber er qualifizierte sich nicht für dieses Testprogramm, denn es sollten daran nur Patienten mit einer Lebenserwartung von wenigstens drei und vorzugsweise sechs Monaten beteiligt sein. Wright bat Dr. Klopfer jedoch so sehr, daß dieser beschloß, ihm am Freitag eine Injektion zu geben, in dem festen Glauben, daß er bis Montag tot sein würde und daß das Krebiozen dann einem anderen Patienten verabreicht werden könnte. Aber Klopfer erlebte eine Überraschung:

> Er hatte Fieber, als ich ihn verließ, rang nach Luft, war absolut bettlägerig. Und kurz darauf spazierte er in der Station herum, unterhielt sich wohlgelaunt mit den Krankenschwestern und munterte alle auf, mit denen er sprach. Ich lief so-

fort los, um mir die anderen Patienten anzusehen ... Bei keinem ließ sich eine Veränderung, auch keine Veränderung zum Schlimmeren, feststellen. Nur bei Mr. Wright diese wunderbare Besserung. Die Tumore waren dahingeschmolzen wie Schneebälle auf einem heißen Stein und hatten in wenigen Tagen die Hälfte ihrer ursprünglichen Größe verloren! Das heißt, daß sie sich viel schneller zurückgebildet hatten als die meisten Tumore unter starker Bestrahlung. Aber wir wußten, daß seine Tumore auf Strahlung gar nicht mehr ansprachen. Außerdem war er mit nichts anderem behandelt worden als mit diesem einen unwirksamen »Schuß«.

Dieses Phänomen verlangte nach einer Erklärung, aber das war nicht das einzige – es forderte uns geradezu auf, uns zu öffnen und daraus zu lernen, anstatt nach Erklärungen zu suchen. Wir gaben ihm diese Injektionen also, wie geplant, dreimal wöchentlich, zu seiner großen Freude ... und konnten ihn bereits nach zehn Tagen von seinem »Totenbett« entlassen, denn innerhalb dieser kurzen Zeit waren praktisch alle Anzeichen seiner Krankheit verschwunden. So unglaublich es klingen mag – dieser »totgesagte« Patient, der bereits an eine Beatmungsmaschine angeschlossen gewesen war, atmete jetz nicht nur völlig normal und war aktiv, er reiste sogar in seinem eigenen Flugzeug ab und flog, ohne sich auf irgendeine Weise unbehaglich zu fühlen, in über dreitausend Meter Höhe davon.

... Innerhalb der nächsten zwei Monate erschienen in den Zeitungen strittige Berichte, daß die klinischen Versuche erfolglos verlaufen seien ... Dadurch fühlte sich Mr. Wright ziemlich irritiert ... Er besaß ... einen kühlen und logischen Verstand, und er glaubte nun nicht mehr an seine Chance ... Nachdem er zwei Monate praktisch völlig gesund gewesen war, fiel er wieder in seinen früheren Zustand zurück und wurde düster und mißmutig.

Aber Klopfer sah die Gelegenheit gekommen, herauszufinden, was tatsächlich geschehen war – er wollte wissen, wie die Quacksalber zu ihren gut dokumentierten Heilerfolgen gelangen, wie er es ausdrückte. (Erinnern Sie sich – Heilungen werden auf wissenschaftlicher Basis erzielt...) Er sagte zu Wright, das Krebiozen sei tatsächlich so vielversprechend, wie man angenommen hatte, und daß nur die erste Lieferung allzu schnell in den Flaschen schlecht geworden sei. Er erzählte ihm von einem neuen, doppelt so starken Produkt, das am nächsten Tag eintreffen sollte.

> Diese Neuigkeit war für ihn wie eine Offenbarung, und krank, wie er war, wurde Mr. Wright wieder sein altes optimistisches Selbst, völlig versessen darauf, es noch einmal zu versuchen. Während sich das Eintreffen der »Lieferung« um einige Tage verzögerte, glaubte er felsenfest daran, gerettet zu sein. Und als ich ihm mitteilte, daß wir nun mit den Injektionen beginnen würden, geriet er geradezu in Ekstase, und sein Glauben war durch nichts zu erschüttern.
> Mit großem Trara ... gab ich ihm die erste Injektion des doppelt wirksamen, neuen Präparats – das aus *reinem Wasser und sonst nichts bestand.* Das Ergebnis dieses Experiments war für uns ganz erstaunlich, obgleich wir es eigentlich schon vermutet haben mußten, denn sonst hätten wir uns wohl gar nicht erst darauf eingelassen.
> Die Genesung von dieser zweiten Phase des »Beinahe-Endstadiums« war sogar noch dramatischer als die erste. Die Tumore schmolzen direkt dahin, die Flüssigkeit in der Brust verschwand von selbst, er konnte ambulant behandelt werden und begann, sogar wieder sein Flugzeug zu steuern. Zu diesem Zeitpunkt gab er ein Bild völliger Gesundheit ab. Die Injektionen mit purem Wasser wurden fortgesetzt, da sie solche Wunder bewirkten. Über zwei Monate lang blieb er ohne Symptome. Dann brachte die Presse die endgültigen Testergebnisse: »Die landesweiten Tests zeigen, daß Krebiozen zur Behandlung von Krebs wertlos ist.«
> Wenige Tage darauf wurde Mr. Wright *in extremis* im Krankenhaus eingeliefert; er hatte den Glauben und jede Hoffnung verloren und starb, bevor zwei Tage um waren.

Eine der besten Methoden, etwas geschehen zu lassen, ist die Voraussage. Der Placebo-Effekt – die Tatsache, daß sich bei etwa einem Viertel bis zu einem Drittel der Patienten der Zustand bessert, wenn sie nur *glauben*, daß sie eine wirksames Medikament einnehmen, selbst wenn es tatsächlich keine wirksamen Stoffe enthält –, wird heute von den meisten Ärzten als gültig angesehen, nachdem das medizinische Establishment zwanzig Jahre lang die Nase gerümpft hat.

Dr. Howard Brody von der Michigan State University versichert, daß eine positive Placebo-Reaktion eintritt, wenn drei Faktoren vorhanden sind: Die Bedeutung der Krankheitserfahrung für den Patienten nimmt eine positive Wende; der Patient wird von einer fürsorglichen Gruppe unterstützt; und das Gefühl des Patienten, die Krankheit meistern und unter Kontrolle bringen zu können, wird verstärkt. Fast alle sogenannten primitiven Stämme verwenden den Placebo-Effekt mittels Ritualen, die das Vertrauen in die heilende Kraft fördern, sei sie nun als externer Gott oder als innere Energie definiert. Die Glaubensheilung stützt sich auf den Glauben des Patienten an eine höhere Macht und die Fähigkeit des Heilers, zu dieser Macht Zugang zu haben. Manchmal genügt schon ein einfacher Gegenstand oder eine Reliquie. Für einen Gläubigen genügt schon eine Flasche Wasser mit der Aufschrift *Lourdes*, um heilende Kräfte zu vermitteln, auch wenn es sich dabei nur um einfaches Leitungswasser handelt. Auf diese Weise haben sich Anhänger der Christlichen Wissenschaft manchmal erfolgreich selbst geheilt, weil sie gelernt haben, geistigen Frieden zu finden und sich einer höheren Macht anzuvertrauen. Aus diesem Grund ist es auch so wichtig, daß ein Arzt als guter »Techniker« gilt und die Fähigkeit besitzt, Vertrauen zu wekken. Hoffnung und Vertrauen erlauben es dem Patienten »loszulassen«, eine Voraussetzung für das Schwinden von Streß und oft der Schlüssel zur Gesundung.

Leider kommt der Frieden häufig erst, wenn der Tod nahe ist. Erst dann können sich die Menschen gehenlassen. Mir begegnen immer wieder Patienten, die sich noch kurz vor dem Tod Sorgen wegen der Stromrechnung machen oder der Frage, ob die Kinder abends zu spät heimkommen könnten. Wenn ich dann zu ihnen sage: »Vergessen Sie das einfach alles, und machen Sie sich einen schönen Tag – vielleicht ist es

Ihr letzter«, stelle ich am nächsten Morgen manchmal fest, daß es ihnen bessergeht und sie ein kräftiges Frühstück zu sich nehmen. Frage ich sie dann, was passiert ist, heißt es: »Ich habe nur Ihren Rat befolgt.«

Hoffnung durch Vertrauen

Die »primitive« Medizin ist tatsächlich im Einsatz psychischer Kräfte viel weiter entwickelt als unsere, vielleicht weil sie weniger Medikamente besitzt, die ohne Hilfe des Placebo-Effekts wirken. Robert Müller, stellvertretender Generalsekretär der Vereinten Nationen, berichtete von einem afrikanischen Delegierten, der von einem New Yorker Arzt erfahren hatte, daß er Krebs habe und innerhalb eines Jahres sterben werde. Der Delegierte erzählte Müller und seinen anderen Freunden, er wolle nach Hause gehen, um dort zu sterben, werde aber seine Verwandten bitten, sie über die Beerdigung zu informieren, so daß sie daran teilnehmen könnten. Achtzehn Monate vergingen. Müller, der nichts von dem Delegierten gehört hatte, nahm an, daß er tot sei, und rief im Heimatort des Mannes an, um Genaueres zu erfahren. Er war äußerst überrascht, als er die Stimme des Mannes selbst vernahm, die sich ziemlich gesund anhörte.

Kurz nach seiner Rückkehr in die Heimat, erzählte der Delegierte, hatte der Medizinmann ihn aufgesucht und festgestellt: »Du siehst deprimiert aus.« Und als er den Grund erfuhr, forderte er den Kranken auf, am nächsten Tag in seine Hütte zu kommen.

Der Medizinmann begann seine Therapie mit einer einfachen symbolischen Geste. Er schöpfte mit einer Tasse aus einem großen Kessel eine Flüssigkeit und erklärte: »Diese Tasse verkörpert den Teil deines Gehirns, den du benutzt. Der Kessel den restlichen Teil. Ich werde dir beibringen, wie du den Rest benutzen mußt.« Der Mann lebt heute noch, und es geht ihm gut.

Ich will damit nun keineswegs sagen, daß die westliche technologische Medizin abgelegt und durch frühere Methoden ersetzt werden soll, ich möchte nur anregen, daß wir uns den heilenden Talenten, die in uns stecken, öffnen. Immer wieder machen uns die Psychologen darauf aufmerksam, daß die meisten von uns nur etwa 10 Prozent der Gehirnkapazität benutzen. Benutzen wir also auch, wie es uns der Medizinmann geraten hat, die restlichen 90 Prozent. Die Wissenschaft lehrt uns, daß wir sehen müssen, um glauben zu können, aber wir müssen auch glauben, um sehen zu können. Wir müssen für die Möglichkeiten, die die Wissenschaft bisher noch nicht erklären kann, offen sein, oder sie werden uns entgehen. Es ist absurd, Behandlungen, die zum Erfolg führen, nicht zu verwenden, nur weil wir sie uns nicht erklären können.

Das entscheidende für alle Ärzte, die daran interessiert sind, ihren Patienten wahrhaft zu helfen, ist Aufgeschlossenheit. Viele Jahre lang hat Dr. William S. Sadler, einer der führenden Gegner der Medikamentenmedizin aus der Zeit um die Jahrhundertwende, »geistige Heilungen« untersucht, wie sie damals genannt wurden. In der Einleitung zu einer Artikelserie im *Ladies' Home Journal* im August 1911 schrieb er:

> Ich hielt früher eine populäre Vorlesung, in der ich darlegte, wie unsinnig diese »Heilungen« sind, aber dann stellte ich fest, daß ich niemals bei jemandem aus den psychischen Reihen einen Gesinnungswandel bewirkte. Und die ganze Zeit wurden Patienten, die ich nicht geheilt hatte und die ich auch nicht heilen konnte, durch diese Methoden geheilt.

Sadler war aufgeschlossen, er erforschte das Thema gründlich und war dann überzeugt, daß die geistige Macht zwar kein Allheilmittel war, aber immerhin ein lohnenswerter Weg für Pharmazie, Chirurgie und Hygiene.

Der Placebo-Effekt hängt vom Vertrauen eines Patienten in den Arzt ab. Ich bin zu der Überzeugung gelangt, daß diese Beziehung am Ende wichtiger ist als jede Medizin oder jede andere Prozedur. Der Psychiater Jerome Frank von der Johns Hopkins University hat bei einer Untersuchung von 98 Patienten, die wegen einer Netzhautablösung operiert worden waren, für diese Überzeugung Beweise gefunden. Frank prüfte vor der Operation die Unabhängigkeit, den Optimismus und den Glauben der betreffenden Patienten in ihre Ärzte und stellte fest, daß diejenigen, die größeres Vertrauen besaßen, schneller gesund wurden als die anderen.

Um eine Beziehung des Vertrauens herzustellen, müssen Arzt und Patient sich gegenseitig über ihre Ansichten informieren. Das Vertrauen eines Arztes in eine bestimmte Behandlung kann durch die unausgesprochene Ablehnung eines Patienten zunichte gemacht werden. Aus diesem Grund sehe ich mir die Bilder und Träume der Patienten genau an, um unbewußte Gefühle gegenüber der Therapie kennenzulernen. Denn sonst passiert es vielleicht, daß ich eine Behandlung wähle, die ich zwar für großartig halte, die dann aber zu allen möglichen Nebenwirkungen führt und schließlich abgebrochen werden muß. Es könnte nämlich sein, daß der Patient diese Behandlungsmethode von Anfang an nicht wollte, aber nicht den Mut hatte, es mir zu sagen, oder daß er sie vielleicht von Anfang an auf einer Ebene seines Unbewußten abgelehnt hat. Wenn ich jedoch ein Bild betrachte, auf dem zu sehen ist, daß der Patient die Behandlung als giftig oder gefährlich ansieht, dann kann ich an dieser Stelle ansetzen. Ich kann versuchen, die Einstellung des Patienten in bezug auf die Behandlung zu ändern, oder wir können gemeinsam eine andere therapeutische Methode wählen. Andererseits kann ein positives Bild, das von einem ängstlichen Patienten stammt, dazu beitragen, Ängste aufzufangen und somit die Fortsetzung der Therapie zu gewährleisten.

Der Glaube des Arztes und der Glaube des Patienten beeinflussen sich gegenseitig, aber der Körper des Patienten reagiert auf seinen eigenen Glauben, nicht auf den des Arztes. Ärzte neigen dazu, logischer, statistischer und starrer zu sein und weniger Hoffnung zu zeigen als ihre Patienten. Wenn Ärzten keine sinnvollen Behandlungsmethoden mehr einfallen, neigen sie dazu, aufzugeben. Doch es muß ihnen klar werden, daß ihr mangelnder Glaube an die heilende Fähigkeit des Patienten diese Fähigkeit selbst stark einschränken kann. Wir sollten niemals sagen: »Es gibt nichts, was ich noch für Sie tun könnte.« Es gibt immer noch etwas, das wir tun können, und wenn wir uns nur hinsetzen und reden und dem Patienten dabei helfen, zu hoffen und zu beten.

Welche Einstellung die Ärzte üblicherweise einnehmen, zeigt sich deutlich in der Erfahrung von Stephanie, einem Mitglied unserer ECaP-Gruppe. Nach der Krebsdiagnose erläuterte ihr Arzt ihr den weiteren Verlauf ihres Lebens ganz im Sinne der üblichen Statistiken und mit der Prognose eines baldigen Todes. Sie fragte ihn, was sie tun könne, und er erklärte: »Sie können nur noch hoffen und beten.« Sie fragte ihn: »Wie soll ich das tun – hoffen und beten?« Und er erwiderte: »Das weiß ich auch nicht. Das fällt nicht in mein Gebiet.« Ihre ECaP-Erfahrung lehrte sie, zu hoffen und zu beten, und Stephanie konnte den Verlauf ihrer Krankheit ändern, sie hat alle Erwartungen übertroffen, und heute macht sich ihr Arzt Notizen über ihren Erfolg. In Stephanies Worten verschrieb dieser Arzt, als er Hoffnung und Gebete erwähnte, »mir, *ohne es auch nur zu wissen*, das einzige Medikament, das mir helfen konnte«.

Die gegenteilige Wirkung kann jedoch tödlich sein. Frances, eine Frau über achtzig, kam zu mir, nachdem sie das Vertrauen in ihren früheren Arzt verloren hatte, weil er eine negative Einstellung hatte. Sie war wegen sich ständig wiederholender Krankheiten verzweifelt und wollte von ihm Gewißheit, aber er fragte: »Wie lange wollen Sie eigentlich leben?« Sie war klug genug, zu erkennen, was ihr eine solche Einstellung antun würde, und ging nicht mehr zu ihm.

Ich erinnere mich an einen Mann, der nicht soviel Glück hatte. Als Ellen, ein Mitglied der ECaP-Gruppe, einmal ihren Mann Ray anrief, der mit Krebs im Krankenhaus lag, um zu erfahren, wie er sich fühle, sagte er: »Gut.« Eine Viertelstunde später kam sie ins Krankenhaus, um ihn zu besuchen, und er war tot. In der Zwischenzeit hatte Ray, der schon mehrere Male im Krankenhaus gelegen hatte, seinen Arzt gefragt, wann er entlassen werden könne. Der Arzt erwiderte: »Das weiß ich nicht. Ich glaube nicht, daß Sie es diesmal schaffen.« Nur wenige Minuten später starb Ray.

Wenn Ärzte eine Prognose stellen, wieviel Zeit einem Patienten noch bleibt, begehen sie einen schrecklichen Fehler.

Denn eine solche Prognose ist eine sich selbst erfüllende Prophezeiung. Davor sollte man sich als Arzt hüten, auch wenn viele Patienten immer wieder danach fragen. »Wie lange? Wie lange?« Sie möchten, daß jemand anderer die Grenzen ihres Lebens absteckt, anstatt selbst etwas zu diesem Ziel beizutragen. Passive Menschen, die ihre Ärzte gern haben, sterben oft genau nach Plan, als wollten sie ihnen helfen, recht zu behalten.

Die Ärzte müssen endlich damit aufhören, immer nur an Statistiken zu glauben. Statistiken sind wichtig, wenn man für eine ganz bestimmte Krankheit die beste Therapie auswählt, aber nachdem diese Entscheidung getroffen ist, gelten sie für den einzelnen Menschen nicht mehr. Alle Patienten müssen davon überzeugt werden, daß sie gesund werden *können*, egal, wie schlecht die Chancen stehen.

Außergewöhnliche Patienten besitzen die Fähigkeit, die Statistiken auf die Seite zu schieben und zu sagen: »Ich kann überleben« – auch wenn ihr Arzt nicht so klug ist, sich entsprechend zu verhalten. Denken Sie nur an den Mut, den jemand benötigt, der eine bestimmte Krebserkrankung besiegt, die vor ihm noch nie jemand überlebt hat. Zu diesem Mut verhalf William Calderon, dem ersten dokumentarisch belegten Aids-Überlebenden, seine Fähigkeit zur Hoffnung. Bei Calderon wurde im Dezember 1982 Aids festgestellt. Seine Ärzte sagten ihm, daß er wahrscheinlich nur noch sechs Monate zu leben habe. Verständlicherweise war er niedergeschlagen und hoffnungslos. Fast unmittelbar darauf trat das Kaposi-Sarkom bei ihm auf, eine Krebserkrankung, von der Aids häufig begleitet ist, und begann, sich mit ziemlicher Schnelligkeit über die ganze Haut und den Verdauungstrakt zu verbreiten.

Kurz danach kam Judith Skutch, die gemeinsam mit dem Astronauten Edgar Mitchell das Institute of Noetic Sciences gegründet hat und jetzt Präsidentin der Foundation for Inner Peace ist, zu ihrem regelmäßigen Termin in Calderons Friseursalon. Als sie seine Augen sah und bemerkte, daß er geweint hatte, fragte sie ihn nach dem Grund. Und ihre nächsten Worte retteten ihm buchstäblich das Leben. Sie sagte: »William, Sie müssen nicht sterben. Sie können gesund werden.«

Frau Skutch erzählte ihm von der Arbeit der Simontons mit Krebspatienten. Die unerschütterliche Liebe und Unterstützung, die sie und Calderons Lebensgefährte ihm entgegenbrachten, verhalfen ihm zu dem Glauben, überleben zu können. Er verrichtete weiter die Arbeit, die ihm Spaß machte, und überließ sich nicht einfach seinem Leiden. Statt dessen meditierte er und benutzte seine Phantasie, um die Krankheit zu bekämpfen. Er bemühte sich darum, die angespannten Beziehungen zu seiner Familie zu glätten, und fand geistigen Frieden, indem er Menschen verzieh, die ihn verletzt hatten. Er tat seinem Körper Gutes, machte Gymnastik und nahm nahrhaftes Essen mit viel Vitaminen zu sich. Und von diesem Zeitpunkt an wies sein Immunsystem eine gesteigerte Reaktion auf, und seine Tumore begannen zu schrumpfen. Zwei Jahre nach der Diagnose zeigte Calderon keinerlei Anzeichen für eine Aids-Erkrankung.

Außergewöhnliche Patienten ärgern sich oft über den vom Arzt angekündigten Untergang. Als Linda, eine Krankenschwester, Chemotherapie ablehnte, bekam sie von ihrem Arzt zu hören: »Das wird Ihnen noch leid tun. In sechs Monaten werden Sie mit Sicherheit wieder hier hereingekrochen kommen.« Linda dachte nach. »Dieser Bastard! Ich werde nicht sterben. Und wenn es nur ist, um ihm zu zeigen, daß er im Unrecht ist.« Sie lebte über fünf Jahre weiter, ohne sich dieser Behandlung zu unterziehen, und dann entschloß sie sich doch dazu, um noch länger leben zu können.

Ich besitze die Kopie eines Briefes, den eine junge Frau namens Louise an einen »Rock-'n'-Roll-Doktor« geschrieben hat, der in seiner Radioshow Musik mit medizinischen Ratschlägen vermischte und mit dem sie sich anfreundete, als sie im Krankenhaus lag. Als junges Mädchen hatte Louise Eierstockkrebs bekommen, dessen Metastasen bis in die Lungen und den Unterleib reichten. Ihr Onkologe »gab« ihr noch sechs bis zwölf Monate, wenn sie sich einer Chemotherapie unterzog. Sie erklärte ihm, nur Gott könne entscheiden, wann ihre Zeit abgelaufen sei, und begann, ihr Leben selbst in die Hand zu nehmen. Sie ging von zu Hause fort, weil es ihr dort zu anstrengend war, nahm sich eine eigene Wohnung und benutzte ihre letzten zehn Dollar für eine Zeitungsannonce, um andere Krebspatienten zu suchen, die Hilfe benötigten. Einmal hatte ihr Onkologe ihr jede weitere Behandlung verweigert, weil sie schon »zu weit fortgeschritten« sei, aber sechs Monate, nachdem sie ihren eigenen Weg eingeschlagen hatte, waren ihre Tumore samt und sonders verschwunden. Ihr Arzt brachte es nicht einmal fertig, den Befund laut auszusprechen, sondern überreichte ihr mit Tränen in den Augen ein Rezeptblatt, auf dem stand: »Ihr Krebs ist weg.« An dem Tag, an dem sie eigentlich schon hätte tot sein sollen, schickte ihm Louise zum Spaß eine Nachricht mit der Frage: »Wo soll ich denn den Sarg hinschicken?«

Der »Rock-'n'-Roll-Doktor« schrieb mir, um mir zu sagen, daß er zwischen Louises »wundersamer« Genesung und ihrem geistigen Wachstum bestimmt keinen Zusammenhang hergestellt hätte, wenn er nicht einen meiner Vorträge über außergewöhnliche Patienten gehört hätte. Nun ergab es für ihn einen Sinn, und sie kamen beide zu einem unserer ECaP-Treffen, um ihre Erfahrungen mit uns zu teilen.

Louise beschloß, zu lieben und zu geben und sich den geistigen und psychologischen Veränderungen zu unterziehen, wie sie für Menschen mit selbstinduzierten Heilungen typisch sind. Dazu gehört sehr viel Kraft, wenn einem die Stimme der offiziellen Autorität immer wieder sagt, daß man eigentlich sterben müsse. Das Problem ist, daß außergewöhnliche Patienten eine Minderheit darstellen. Wenn acht von zehn Patienten nicht überleben, ist es leicht, die zwei zu ignorieren, die es tun.

Ich bemühe mich immer, solche Fälle zu publizieren, damit mit der Zeit immer mehr Ärzte auf die außergewöhnlichen unter ihren Patienten aufmerksam werden. Dann werden sie auch sehen, daß Heilung kein Zufall ist. Wenn man diese Heilungen nur als »spontane Remissionen« definiert, dann können die Ärzte nichts daraus lernen, und dann werden die einzelnen Fälle auch nicht genauer untersucht. Die Heilung ist ein kreativer Akt – und es ist dazu genauso harte Arbeit und Hingabe nötig wie bei allen anderen Formen der Kreativität.

Ich erhalte von Ärzten oft Briefe über Patienten, die ich

überwiesen habe. Wenn ein Arzt am Zustand eines Patienten erstaunliche Besserungen feststellt und darüber berichtet, dann erwähnt er fast nie die Einstellung und den Lebensstil des Betreffenden. Wenn ich dann aber nachfrage, stelle ich fest, daß der Patient *immer* irgendwelche drastischen Veränderungen durchgemacht hat und zu einer liebevolleren und akzeptierenden Lebenshaltung gelangt ist. Aber nur selten erzählt der Patient einem Arzt davon, der nicht dafür aufgeschlossen ist.

Unerwartete Heilungen kommen häufig genug vor, so daß die Ärzte lernen müssen, immer und zu jedem Zeitpunkt Hoffnung zu vermitteln, auch wenn es so aussieht, als sei das Ende nicht mehr weit. Patienten suchen nicht nach den Resultaten einer medizinischen Gallup-Umfrage. Sie suchen eine erfolgsorientierte Beziehung. Sie suchen jemanden, der zu ihnen sagt: »Gib nicht auf, du kannst es schaffen, wir werden dir helfen« – solange der Patient am Leben bleiben will. Es steht uns nicht an, darüber zu urteilen, ob ein anderer Mensch weiterleben soll. Solange meine Patienten so leben, daß ihr Leben für *sie selbst* von Wert ist, bin ich für sie da, um ihnen beim Weiterleben zu helfen.

Aber wenn ein Patient beschlossen hat, daß es für ihn Zeit zum Sterben ist, sehe ich keinen Grund, warum ich ihm dabei nicht auch helfen sollte. Ich kann ihm dabei helfen, Konflikte zu lösen, die nur seine Energie verbrauchen, in dem Wissen, daß diese psychische Befreiung am Ende vielleicht doch Heilung bedeutet. Während das Akzeptieren des Todes also den Menschen keineswegs die Hoffnung nehmen muß, ist die Voraussage, daß sie an dem und dem Tag sterben werden, destruktiv und hat keinen Platz in der medizinischen Praxis. Paradoxerweise kann die Vorbereitung auf den Tod den Sinn des Lebens fördern. An einem Freitag sah eine meiner Krebspatientinnen wirklich schlecht aus und sagte mir, daß sie sterben wolle. Ich erwiderte: »Sagen Sie Ihren Kindern und Ihren Eltern, was Sie fühlen, dann ist alles in Ordnung. Die haben keine Ahnung, wie schlecht es Ihnen geht.« Als ich am Montag ins Krankenhaus zurückkam, sah sie großartig aus; sie trug ihre Perücke und hatte Make-up aufgelegt. Ich fragte: »Was ist passiert?« Sie meinte: »Ich habe meinen Eltern erzählt, wie ich mich fühle, und auch meinen Kindern, und dann fühlte ich mich plötzlich so toll, daß ich gar nicht mehr sterben wollte.« Und sie wurde aus dem Krankenhaus entlassen.

Obwohl Optimismus prinzipiell wichtig ist, sollte niemals ein Teil der Diagnose verheimlicht werden. Die Wahrheit läßt sich immer auch mit Hoffnung übermitteln, denn niemand weiß, wie die Zukunft aussieht. Mehr noch, ich kann jetzt Krankheiten akzeptieren und meine wichtigste Aufgabe darin sehen, den Patienten dabei zu helfen, mit sich Frieden zu schließen. Das rückt die physischen Probleme in eine andere Perspektive. Gesund zu werden ist nicht das einzige Ziel. Noch wichtiger ist es, zu lernen, ohne Furcht zu leben, mit dem Leben Frieden zu schließen und am Ende auch mit dem Tod. Erst dann ist Heilung möglich, und man fühlt sich nicht mehr dem Versagen ausgeliefert (in der irrigen Annahme, alle physischen Probleme seien lösbar und man brauche niemals zu sterben).

Vor zwanzig Jahren war »wohlmeinender Betrug« gang und gäbe. Seither hat sich die Einstellung völlig geändert. Eine Untersuchung, die 1979 von Dr. Dennis Novack und seinen Mitarbeitern durchgeführt und im *Journal of the American Medical Association* veröffentlicht wurde, ergab, daß 97 Prozent der Ärzte es vorzogen, ihren Krebspatienten die Diagnose mitzuteilen, im Vergleich zu den 90 Prozent, die es entsprechend einer früheren Untersuchung zwanzig Jahre davor getan haben würden.

Zum Glück ist den Ärzten inzwischen klargeworden, daß die Patienten es gewöhnlich sowieso wissen. Unbewußt und auch bewußt wissen Patienten, was in ihrem Körper vor sich geht. Bill, ein Patient von mir und selbst Arzt, hatte Schwierigkeiten beim Schlucken. Er sagte, er wisse, daß er Krebs habe, denn sein Vater habe Speiseröhren- und Magenkrebs gehabt, als er exakt genauso alt gewesen sei wie er zu dem Zeitpunkt. Nur ein Symptom, und er *wußte* es. Natürlich versuchten ihn alle zu beruhigen, aber die Untersuchungen bestätigten seine Diagnose.

Lügen und Ausflüchte treiben die Familien in einem Augenblick auseinander, in dem sie angesichts der Krise zusammenhalten sollten. Oft heißt es dann: »Sagt es Mutter nicht. Sie wird damit nicht fertig.« Wenn ich die Mutter aber frage, was ihrer Meinung nach mit ihr los sei, sagt sie: »Ich glaube, es ist Krebs.« Und wenn das Wort einmal ausgesprochen ist, können wir darüber reden, was diese Krankheit für die Familie bedeutet – eine Herausforderung oder ein Todesurteil. Täuschung zerstört das Vertrauen. Wenn der Arzt zögert und das Wort »Krebs« nicht ausspricht oder nach einem Vorwand sucht, dann übersetzt das der Patient in Gedanken sofort mit: »Der Arzt wird nicht fertig damit. Es besteht keine Hoffnung.«

Zu viele Ärzte sind inzwischen von der gutgemeinten Täuschung zu brutaler Ehrlichkeit übergegangen, die ebenfalls mehr Schlimmes anrichtet als Gutes tut. Ich habe vor einiger Zeit einen schmerzlichen Brief von der Frau eines Patienten erhalten, die mir schrieb, daß ihr Mann seinen zweiten Termin mit mir nicht einhalten könne, weil er Selbstmord begangen habe.

> Es war zwei Tage, nachdem man ihm – mit skrupelloser Brutalität – mitgeteilt hatte, daß er niemals wieder würde Tennis spielen, Boot fahren und auch nie wieder würde arbeiten können – alles Dinge, die er gern tat, besonders die ersten beiden.
> Er hatte immer volles Vertrauen zu seinen Ärzten, zwar glaubte er nicht, daß sie die Heilung beeinflussen könnten, aber daß sie ihr Bestes tun würden. Aber sie – und vor allem sein Onkologe – waren nicht fähig, ihr Bestes zu tun.

Es hilft viel mehr, wenn man zugibt, daß die Situation ernst ist, den Patienten aber daran erinnert, daß es so etwas wie eine »unheilbare« Krankheit nicht gibt, die noch nie jemand überlebt hat, auch wenn er schon an der Schwelle zum Tod stand.

Wenn es einem Arzt gelingt, Hoffnung zu säen, dann beginnt der Heilungsprozeß manchmal schon, bevor die Behandlung überhaupt begonnen hat. Ich erinnere mich an eine meiner Patientinnen, deren Radiologe ihr sagte, daß die Medikamente offenbar positiv wirkten. »Wenn Sie auf mein Krankenblatt sehen«, erwiderte sie, »werden Sie feststellen, daß ich mit der Chemotherapie noch gar nicht begonnen habe. Das muß an diesem Doktor mit der Glatze liegen.«

Dr. Alexandra Levine, eine kalifornische Onkologin, erhielt vor kurzem ein Stipendium, um die psychosozialen Aspekte von Krebserkrankungen zu untersuchen. Sie hatte das Stipendium beantragt, weil sie eine ähnliche Erfahrung gemacht hatte. In ihre Praxis war ein Mann mit einer ausgedehnten Lymphknotengeschwulst gekommen. Die Frau des Patienten hatte darauf bestanden, daß er zu ihr ging, bevor sie den weiten Weg nach Westdeutschland antraten, um es dort mit einer »Wunderkur« zu versuchen. Als Dr. Levine die Angst in den Augen des Mannes sah, bemühte sie sich erst einmal eine ganze Stunde lang darum, ihn zu beruhigen und ihm Vertrauen einzuflößen. Als er eine Woche später zurückkam, waren seine Tumore um über die Hälfte geschrumpft. Sie sagte: »Ich wünschte, ich hätte vergangene Woche mit Ihrer Behandlung begonnen.« »Das haben Sie ja getan«, erwiderte er.

Hoffnung ist vor allem eine Folge des Vertrauens, das der Patient in den Heilenden hat. Dieses Band wird auf unterschiedliche Weise geschmiedet. Einige wesentliche Dinge sind dafür notwendig – Zuneigung, die Fähigkeit, den anderen zu akzeptieren, Verfügbarkeit und die Bereitschaft, Informationen zu liefern. Aus diesem Grund sind vor einer Operation Besuche des Operationsteams so wichtig. Sie helfen dem Patienten nicht nur durch den chirurgischen Eingriff, sondern sie beschleunigen auch die Genesung. Eine Untersuchung unter der Leitung von Dr. Lawrence Egbert an der Harvard University, die in Dr. Herbert Bensons *The Mind/Body Effect* beschrieben ist, ergab, daß Patienten, die am Abend vor der Operation von ihrem Anästhesisten aufgesucht werden und auch andere Erklärungen und Zusicherungen erhalten, im Vergleich zu einer anderen Gruppe von Patienten, denen diese Behandlung nicht zuteil wurde, nur halb soviel Schmerzmittel benötigten. Außerdem konnten sie im Durchschnitt zweieinhalb Tage früher aus dem Krankenhaus entlassen werden als die Kontrollgruppe.

Sinn für Humor ist ebenfalls eine große Hilfe. Ich lache oft zusammen mit »sterbenden« Patienten, wenn ich sie in ihrem Zimmer besuche. Das Krankenpersonal, das uns dabei zuhört, glaubt dann, daß wir vor der Realität die Augen verschließen. Aber das stimmt nicht. Wir sind eben noch am Leben und damit fähig, zu lachen. Das Krankenhauspersonal muß sich darüber klar werden, daß die Menschen nicht »leben« oder »sterben« – sondern daß sie lebendig oder tot sind. Solange sie lebendig sind, müssen wir sie auch entsprechend behandeln. Ich finde das Wort »todkrank« schrecklich. Es bedeutet doch nichts anderes, als daß wir diesen Menschen so behandeln, als wäre er schon tot. Untersuchungen haben ergeben, daß Ärzte und Schwestern meistens länger brauchen, um auf das Klingeln eines »todkranken« Patienten zu reagieren als auf das Klingeln eines anderen, dem dieser Stempel nicht aufgedrückt wurde. Dieses Wort drückt eher einen geistigen Zustand aus als einen physischen, und es verringert die Zuneigung und die Fähigkeit des Krankenhauspersonals, dem Patienten die notwendige Fürsorge zuteil werden zu lassen. Außerdem werden sie dadurch mit ihrer eigenen Sterblichkeit konfrontiert.

Es ist für die Patienten auch wichtig, zu wissen, daß sie vor ihrem Arzt ihren Zorn zeigen können, ohne dadurch die Beziehung zu ihm zu verletzen. Ich kenne viele Menschen, die sich über einen ihrer Ärzte beklagt haben, gleichzeitig aber darauf bedacht waren, daß er nicht davon erfuhr, weil sie Angst vor seiner Rache hatten. Unterdrückter Zorn schadet dem Patienten; der Arzt muß diesen Zorn mit seinem Patienten teilen, damit sie ein Team bilden können, um gemeinsam die Heilung herbeizuführen. Wie brüchig muß diese Verbindung für den Patienten sein, wenn er der Annahme ist, daß sein Arzt nicht fähig ist, Kritik sachlich hinzunehmen! Ich bin froh, wenn mir meine Patienten ihren Zorn zeigen, denn das bedeutet für mich, daß sie sich bei mir sicher fühlen, daß wir eine gute Beziehung haben und daß sie leben wollen.

Mein Vater mußte sich vor ein paar Jahren einer Operation unterziehen und wurde mit recht dürftigen Instruktionen nach Hause geschickt, wie ich fand. Als Folge davon traten Komplikationen auf. Ich schrieb an die Ärzte, den Chirurgen und den Internisten, und äußerte meine Meinung dazu. Von dem Chirurgen bekam ich einen Brief, in dem er mich für alles verantwortlich machte. Der Internist schrieb mir: »Vielen Dank. Es ist nötig, daß wir hin und wieder einen solchen Brief erhalten, weil er uns hilft, uns noch mehr anzustrengen, um unser Bestes zu geben.« Ich gab meinem Vater den Rat: »Such dir einen neuen Chirurgen, und behalte deinen Internisten.«

Unbewußte Wahrnehmung

Die Einstellung des Arztes ist wegen ihrer Wirkung auf den Patienten für den Erfolg der Behandlung oft von entscheidender Bedeutung. Zu den wichtigsten Faktoren gehört auch, daß der Patient das Gefühl hat, die ungeteilte Aufmerksamkeit des Arztes zu erhalten. Ich erinnere mich, wie ich vor Jahren einmal mit einem Patienten mit einer Lumbalanästhesie in einem Operationssaal war. Als das Operationsteam die ganze Zeit nur über Sport redete, fragte er vorwurfsvoll: »Will mir denn niemand etwas über meine Operation sagen?« Man stelle sich vor, wie absurd es jemandem vorkommen muß, wenn er wegen einer schweren Krebserkrankung operiert wird und dabei mitanhören muß, wie sich ein Techniker Sorgen wegen eines Hockeyspiels macht oder wie sich eine Ärztin darüber beklagt, daß sie zu spät zu ihrem Friseurtermin kommt. Nur Einfühlungsvermögen kann die für die Heilung nötige menschliche Nähe herstellen. Wenn sich der Arzt nur für eine Minute und ein paar Worte ans Bett setzt, hat der Patient das Gefühl, daß es fünf oder zehn Minuten waren. Bleibt der Arzt aber an der Tür stehen, dann kommt dem Patienten der Besuch, auch wenn er genauso lange dauert, nur wie fünfzehn Sekunden vor.

Die menschliche Haltung zählt sogar, wenn der Patient bewußtlos ist, schläft, im Koma liegt oder unter Narkose steht. Milton Erickson, der große Psychiater und Hypnotherapeut, hat Anfang der fünfziger Jahre gezeigt, daß Patienten während der Narkose Stimmen, die ihnen bekannt waren und für sie Bedeutung hatten, hörten und auch verstanden. Ein Arzt für Geburtshilfe aus Baltimore erzählte mir, daß einmal vor Jahren, als man bei einer Entbindung von Äther zu einer leichten Narkose überging, im Verhalten der Patientin eine feine Veränderung festzustellen war. Um dieses Phänomen später untersuchen zu können, ließ er einen Gerichtsstenografen in den Operationssaal kommen, der alles mitschrieb, was während des Kaiserschnitts gesagt wurde. Er stellte fest, daß die Patientin das Gesagte unter Hypnose Wort für Wort wiederholen konnte.

Neuere Arbeiten haben diese unbewußte Wahrnehmung bestätigt. Henry Bennett, Psychologe an der University of California Medical School in Davis, spielte Patienten, die unter Narkose standen, ein Band vor und forderte sie auf, ihm ein Zeichen zu geben, wenn sie die Nachricht verstanden hatten – indem sie sich während eines Interviews nach der Operation ans Ohr griffen. Fast alle folgten dieser Aufforderung, ohne es selbst zu bemerken, aber niemand konnte sich bewußt an die Botschaft erinnern. In anderen Versuchen forderte Dr. Bennett bewußtlose Patienten auf, ihre eine Hand wärmer zu machen als die andere, und sie taten es sofort. Und bei einer weiteren Patientengruppe führten nichthypnotische Aufforderungen vor der Operation, das Blut aus dem Bereich der Hüfte fließen zu lassen, zur 50prozentigen Reduzierung des Blutverlusts während der Operation. Wir besitzen unglaubliche Mechanismen, mit denen wir eine Chemotherapie gegen Krebs lenken oder Blut umleiten und einen Tumor zum Absterben bringen können.

Ich habe mir seit Jahren die Fähigkeit bewußtloser Patienten, mitzuhören, zunutze gemacht. Ich spreche mit Menschen, die im Koma liegen, um ihnen mitzuteilen, wie es medizinisch um sie bestellt ist. Einmal erklärte ich einer Frau, die schon drei Jahre lang ohne ein Anzeichen von Besserung im Koma gelegen hatte, daß ihre Familie die Erlaubnis erteilt habe, sie aufzugeben, und daß sie als Mutter nicht versagt haben würde, wenn sie nun stürbe. Ich sagte ihr, ihre Familie werde sie vermissen, aber es sei alles in Ordnung, wenn sie sich jetzt aufgäbe. Fünfzehn Minuten später war sie tot. Wenn ich ein Zimmer betrete, in dem ein Patient schläft, dann melde ich mich einfach leise an und lasse ihn von seiner unbewußten Wahrnehmung wecken, falls er in diesem Augenblick mit mir sprechen möchte. Wenn er nicht aufwacht und es auch keine ernsten Probleme gibt, gehe ich später noch einmal zu ihm.

Mehrere Chirurgen haben jetzt damit begonnen, die Kräfte des narkotisierten Geistes dazu zu verwenden, Komplikationen zu verhindern. Nach einer Operation im unteren Rückenteil haben viele Patienten Probleme beim Urinieren und benötigen wegen einer Verkrampfung der Beckenmuskeln häufig einen Katheter. Eine Forschergruppe sagte zu den Patienten auf dem Operationstisch, daß sie fähig sein würden, nach der Operation ihre wichtigsten Muskeln zu entspannen. Keiner dieser Patienten benötigte einen Katheter.

Im Operationssaal bleibe ich mit den Patienten in ständiger Kommunikation und informiere sie darüber, was vor sich geht, und ich habe dabei festgestellt, daß genau das den Unterschied zwischen Leben und Tod ausmachen kann. Wenn man Patienten bei dem Auftreten von Herzrhythmusstörungen während der Operation gut zuredet, so lassen sich diese Unregelmäßigkeiten beheben, und auch einen zu schnellen Puls kann man auf diese Weise normalisieren. Vor kurzem habe ich einen sehr kräftigen jungen Mann operiert, der wie ein Football-Spieler gebaut war. Seine Größe verursachte einige technische Probleme, und während wir sie lösten, sah ich hinauf zum Monitor und bemerkte, daß sein Puls auf 130 gestiegen war. Ich wußte, daß er vor der Operation Angst gehabt hatte, und sagte zu ihm: »Victor, wir haben hier nur ein paar technische Schwierigkeiten, weil du so ein großer Kerl bist, aber mit der Operation selbst haben wir überhaupt keine Probleme. Nur der Teil, bei dem wir jetzt sind, ist ein wenig schwierig. Es geht dir gut. Du brauchst keine Angst zu haben. Ich möchte, daß dein Puls auf 83 zurückgeht.« Schon nach wenigen Minuten ging sein Puls ohne irgendwelche Medikamente auf genau 83 herunter und blieb dort. Viele Narkoseärzte, die von solchen Vorfällen gehört haben, sprechen jetzt mit ihren Patienten während der Narkose und versuchen, sie zu beruhigen. Mitteilungen, die Angst verursachen, erhöhen das Risiko eines Herzstillstands.

Einmal, als ich gerade an einem jungen, sehr fettleibigen

Mann eine schwierige Notoperation im Unterbauch durchgeführt hatte, setzte sein Herzschlag plötzlich aus, als wir ihn gerade aus dem Saal schieben wollten. Alle Wiederbelebungsversuche halfen nichts. Der Anästhesist hatte ihn aufgegeben und war schon an der Tür, als ich ganz laut sagte: »Deine Zeit ist noch nicht gekommen, Harry. Komm zurück.« In diesem Augenblick setzte das Kardiogramm wieder ein, und am Ende erholte sich der Mann wieder völlig. Natürlich kann ich es nicht beweisen, aber ich bin sicher, daß die verbale Botschaft viel dazu beigetragen hat. Ich weiß, daß dieses Erlebnis alle Mitglieder des Operationsteams, die anwesend waren, überzeugt hat, und mit Sicherheit gibt es *keinen* Grund, *nicht* mit einem Patienten auf jede mögliche Art und Weise zu kommunizieren.

Ganz besonders wichtig ist es, negative Botschaften zu vermeiden, denn der bewußte Abwehrmechanismus eines Patienten, der unter Narkose steht, funktioniert nicht. Vor kurzem schickte mir Tim, ein Medizinstudent, einen Brief, in dem er die Operationsmethoden eines Chirurgen beschrieb:

> Ich hörte den Chirurgen in so scharfem Ton sprechen, wie ich es nur gegenüber Medizinstudenten für möglich gehalten hätte. »Diese Dame«, erklärte er, »erzählt mir, daß sie holistisch sei! Hoooolistisch, haha! Sie ist so holistisch, daß der Höhepunkt ihres Lebens wahrscheinlich darin bestand, daß sie sich ein Buch über die Beobachtung von Vögeln gekauft hat!« Bald darauf hörte ich: »Sie ist so holistisch, daß sie glaubt, Strahlung tut weh. Dabei ist sie sogar noch häßlicher als die Sekretärin in den Beverly Hillbillies.« Und so ging es immer weiter, eine Beleidigung nach der anderen, als wäre sie viele tausend Meilen und nicht nur einen Meter von ihm entfernt unter Vollnarkose. »Sie sagt, sie habe zu wenig Blutzucker. Ha! Sie ist wirklich eine *komische* Frau.«
> Und dann verkündete er: »Sehen Sie sich das an. Das ist Krebs. Überall Krebs, definitiv bösartig.« Er zog ein Stück Gewebe heraus, als würde er sich ein Stück seines Lieblingskuchens abschneiden.
> Ich brauche Ihnen wohl nicht zu sagen, daß sie frierend,

weinend und mit starken Schmerzen aus der Narkose erwachte.

Tim freundete sich mit der Frau an, während sie sich weiteren Tests und schließlich einer Brustamputation unterziehen mußte, und spielte ihr eines meiner ECaP-Bänder vor. Seine Liebe half ihr, ihre Behandlung besser unter Kontrolle zu bekommen, so daß ihre Schmerzen etwas nachließen. Sie lehnte eine Strahlen- und auch eine Chemotherapie ab, weil sie beides für giftig hielt, und entschied sich für die holistische Methode, an die sie fest glaubte. Tim schrieb in seinem Brief, daß es noch zu früh sei, um sagen zu können, wie ihre Krankheit ausgehen würde, aber er traf sie kurz nach ihrer Entlassung aus dem Krankenhaus, und sie war voller Leben, voller Energie und voller Liebe.

Sie klärte auch ein Geheimnis auf, das Tim tagelang zu schaffen gemacht hatte. Derselbe Chirurg, der sich so beleidigend über sie geäußert hatte, führte bei ihr auch die Brustamputation durch – aber diesmal war er sehr fürsorglich und behutsam. Tim schrieb:

> Warum besuchte er sie in ihrem Krankenzimmer und rief sie später zu Hause an? Warum war er der einzige aus dem Krankenhaus, der ihr bei ihren Entscheidungen half, weitere Untersuchungen abzulehnen, und ihr riet, »nach Hause zu gehen, sich auszuruhen und gesund zu werden«?
> Anscheinend hat sie ihn an dem Morgen vor der Operation, als er ihr seinen fünfzehn Sekunden dauernden voroperativen Besuch abstattete, einfach in den Arm genommen – eine völlig neue Erfahrung für ihn (wenigstens seitens seiner Patienten). Zuerst war er konsterniert, wußte nicht, wie er reagieren sollte. Aber dann umarmte er sie auch, und sie hielten sich eng umschlungen.
> Manchmal ist nicht klar, wer der Patient und wer der Arzt ist. Ich weiß nicht, ob einer von beiden ihren Krebs geheilt hat, aber bestimmt haben sie einander geholfen.

Ich achte immer darauf, daß das Operationsteam nicht irgend etwas sagt, was es nicht äußern würde, wenn der Patient wach wäre. Wenn der Chirurg eine witzige Bemerkung macht – etwa: »Wenn der je wieder hier rauskommt, dann bestimmt nur mit den Füßen voran« –, dann braucht es niemanden zu wundern, daß der Patient weinend im Krankenzimmer aufwacht. Man kann dem Patienten die Diagnose ehrlich mitteilen, ihm aber trotz allem positive Gedanken in bezug auf die künftige Behandlung vermitteln. Eine einfache Erklärung wie zum Beispiel: »Sie werden sich wohl fühlen, wenn Sie aufwachen, durstig und hungrig« – bei fettleibigen Patienten in abgeänderter Form –, wird für die Genesung förderlich sein. Selbst der Wunsch, eine Zigarette zu rauchen, kann durch einen Hinweis am Ende der Operation reduziert werden. Und ich zögere auch nicht, den Patienten darum zu bitten, nicht zu bluten, wenn es die Umstände verlangen. Es ist bekannt, daß Yogis ebenso wie Menschen, die unter Hypnose stehen, ihre Blutungen kontrollieren können; ganz ähnlich scheint die verbale Aufforderung während der Narkose zu funktionieren. Manchmal frage ich mich, ob Unterweisungen während der Narkose nicht auch gelegentlich als eine Art Psychotherapie verwendet werden könnten.

Die klinische Umgebung beeinflußt die Einstellung des Arztes wie die des Patienten. Ich fürchte, daß uns eine unserer wichtigsten Kraftquellen verlorengegangen ist – eine Verbindung zu Gott und Natur –, als die Krankenhausplaner die Fenster wegließen. Der Anblick der Außenwelt erinnert uns an unsere Verbindung zum Leben und hilft uns dabei, weiterzuleben. Neuere Forschungen in einem Krankenhaus in Pennsylvania haben gezeigt, daß Patienten, deren Zimmer auf einen offenen Hof, auf einen Baum und den Himmel führten, schneller gesund wurden als Patienten, die nur einen Ausblick auf eine Mauer hatten. In *Mortal Lessons* hat Dick Selzer sehr überzeugend vom Standpunkt des Arztes aus über diesen Effekt geschrieben:

> Es ist noch gar nicht so lange her, daß Operationssäle Fenster hatten. Das war trotz der Fliegen, die sich gelegentlich

durch die Gitter zu zwängen vermochten und unsere Sterilität bedrohten, eine gute Sache und ein Segen. Bei diesem abenteuerlichen Insekt, das sich von dem hinreißenden Schauspiel angezogen fühlte, genügte ein kurzer Schlag und presto! Die Tür zur nächsten Welt sprang auf. Aber für uns, die weiterkämpften, gab es die Segnungen des Himmels, den Applaus und das Heraufziehen eines Gewitters. Mit Donnerkrachen fand eine göttliche Konsultation statt! Und in der Nacht, bei Notfällen, gab es all den Pomp, die ewigen Sterne am Himmel, um das Ego des Chirurgen zum Schrumpfen zu bringen. Es war noch nie zum Schaden des Patienten, wenn der Himmel seinem Arzt über die Schulter geblickt hat. Ich befürchte sehr, daß wir durch das Zumauern unserer Fenster weitaus mehr verloren haben als den Wind – wir haben die Verbindung zum Himmel unterbrochen.

Fensterlose Räume sind wie ein Dschungel, in dem man den Himmel nicht sieht. Weil es keinen Himmel zu sehen gibt, gibt es auch keine große Vision Gottes. Statt dessen gibt es die zahllosen fragmentarischen Geister, die hinter Blättern und aus Bächen hervorlugen. Das eine ist nicht besser und nicht schlechter als das andere. Trotzdem: Ein Mann hat das Recht, seinen Tempel selbst zu wählen. Meiner liegt draußen in der weiten Ebene und ragt hinauf in den Himmel. Oder in einem Operationssaal mit vielen Fenstern, hinter deren Scheiben Kühe grasen und Sterne funkeln.

Um diese himmlische Verbindung wiederherzustellen, verwende ich Musik, deren heilende Wirkung seit biblischen Zeiten bekannt ist. Im Zeitalter der Propheten spielten die Harfenspieler besondere Musikstücke, um die Menschen in einen geistigen Zustand zu versetzen, in dem, wie man annahm, außergewöhnliche übersinnliche Kräfte aktiviert werden, wie schon der Prophet Elisa verkündete: »Und es trug sich zu, daß die Musikanten spielten und die Hand des Herrn über ihn kam.« David spielte für König Saul, um ihm über seine Depressionen und seine Paranoia hinwegzuhelfen.

Musik öffnet geistige Türen und Tore. Als ich zum ersten Mal mit einem Kassettenrecorder in den OP kam, betrachteten die anderen ihn als ein Explosionsrisiko. Aber wir ließen ihn auf Batterien laufen, und danach gefiel die Sache den Schwestern und Narkoseärzten so gut, daß sie, wenn ich meine Musik mal vergaß, danach fragten. Heute gibt es in New Haven in fast allen Operationssälen Kassettenrecorder.

Eine Studie, die vor einiger Zeit am Pacific Medical Center des Presbyterian Hospital in San Francisco durchgeführt wurde, hat gezeigt, daß bei Kindern und Erwachsenen die Angst, der Streß und die Schmerzen während der traumatischen Prozedur einer Herzkatheteruntersuchung durch Musik gemildert wurden. Kleine Kinder reagierten am besten auf Kinderlieder, *Peter und der Wolf* oder auf Lieder aus der *Sesamstraße*. Ältere Kinder und Teenager wurden bei Rockmusik ruhiger, während Erwachsene andere Musik bevorzugten.

Allerdings haben die Fachleute für Biokinästhesie herausgefunden, daß laute Rockmusik den Körper schwächen kann, daher würde ich sie nicht im Operationssaal spielen. Die Musik soll dazu dienen, den Patienten wie das Operationsteam zu beruhigen, und ihnen dabei helfen, mit dem Streß fertig zu werden. Im Operationssaal soll sie alle darauf aufmerksam machen, daß sie es mit einem lebenden Menschen zu tun haben, der ihrer Hilfe bedarf. Sie soll dem Personal dabei helfen, mit diesem Menschen umzugehen, als sei er wach, sie jedoch nicht von der Operation ablenken. Ich finde, daß sich spirituelle Musik und barocke Largos, wie sie in *Superlearning* von Sheila Ostrander und Lynn Schroeder empfohlen werden, für diesen Zweck am besten eignen. Ich ermutige Patienten, Musikaufnahmen zu verwenden, die sie als besonders entspannend oder wohltuend empfinden, um dem Krankenhaus eine heilende Atmosphäre zu verleihen. In besonderen Fällen folge ich auch den Empfehlungen von *The Healing Energies of Music* von Hal Lingerman. Daniel Kobialkas Versionen klassischer Stücke eignen sich ebenfalls sehr gut.

Ich habe im Lauf der Zeit herausgefunden, welche Musik angemessen ist, und ändere sie entsprechend der chirurgischen Situation. Oft mache ich auch den Studenten zum Spaß weis, ich hätte eine ganz spezielle Musik zum Zweck der Eindämmung von Blutungen. Manchmal führt die Reaktion des Patienten zu einer unerwarteten Komik. Ich liebe spirituelle Musik, und eines Nachmittags, als ich einen Mann unter Lumbalanästhesie operierte, spielte ich *Amazing Grace* dazu. Der Kopf des Patienten fuhr in die Höhe, und er fragte: »Stimmt was nicht?« Wir mußten alle lachen und sagten, doch, alles sei in Ordnung. »Hören Sie«, sagte er, »ich bin Ire, und wenn sie mir das Lied *When Irish Eyes are Smiling* vorsingen, fühle ich mich bestimmt besser.« Wir taten ihm den Gefallen, und er genoß die Darbietung. Ein anderer Patient meinte, als er direkt vor der Operation Harfenmusik anhörte: »Wie gut, daß ich das höre, solange ich noch wach bin. Sonst wäre ich vielleicht nachher zu dieser Musik aufgewacht und hätte bestimmt nicht gewußt, wo ich bin.« An einem anderen Tag fing ein Patient, der unter einer Lokalnarkose stand, plötzlich zu lachen an und sagte: »Sehr passend«, während ich einen großen gutartigen Tumor aus seinem Körper entfernte. Im Hintergrund sang Frank Sinatra: »*Why Not Take All of Me*« (deutsch etwa: Warum nicht gleich alles von mir nehmen).

Gemeinsame Kontrolle

Die Teilnahme am Entscheidungsprozeß bestimmt die Qualität der Arzt-Patient-Beziehung mehr als jeder andere Faktor. Der außergewöhnliche Patient möchte die Verantwortung für sein Leben und die Behandlung mitübernehmen, und die Ärzte, die diese Einstellung unterstützen, können ihren Patienten dadurch helfen, schneller gesund zu werden.

Der Wert dieser Teilnahme wurde in zwei neueren Untersuchungen an Kindern bestätigt. An der University of Wisconsin Medical School hat Dr. Charlene Kavanagh eine Gruppe Kinder mit schweren Verbrennungen, denen die übliche Pflege zuteil wurde, mit anderen Kindern verglichen, denen man beibrachte, ihre Verbände selbst zu wechseln. Die Kinder, die eine aktive Rolle übernahmen, benötigten weniger Medikamente und wiesen weniger Komplikationen auf. In Palo Alto in Kalifornien erklärte man einigen asthmatischen Kindern Einzelheiten über ihre Krankheit und die Medikamente, die sie erhielten. Sie wurden aufgefordert, selbst zu entscheiden, wann sie Medikamente benötigten. Diese Kinder versäumten weitaus weniger Schulstunden als andere, und sie kamen weitaus seltener in die Notaufnahme des Krankenhauses, im Durchschnitt nur einmal alle sechs Monate im Vergleich zu einmal pro Monat in der Vergangenheit.

Mehr noch, geteilte Verantwortung erhöht die Zusammenarbeit und vermindert die Ressentiments, die häufig zu falschen Behandlungsmethoden führen. Nachträgliche Beschuldigungen kommen kaum vor, wenn die Entscheidungen gemeinsam getroffen werden auf der Basis dessen, was für den Patienten im gegebenen Augenblick richtig ist, und nicht aufgrund von Voraussagen über eine unbekannte Zukunft. Ich möchte nicht, daß irgendeiner meiner Patienten in Narkose versetzt wird ohne das sichere Gefühl, daß ich mich in seinem besten Interesse für ihn einsetze. (Sollte ein Patient jedoch dazu neigen, auf sich selbst böse zu sein, falls in der Zukunft etwas schiefgeht, das auf seine eigene Entscheidung zurückzuführen ist, könnte es vorkommen, daß ich vorschlage, daß er mir zu einem größeren Teil die Entscheidung überläßt. Mir ist es lieber, wenn er auf mich böse ist anstatt auf sich selbst. Ich habe getan, was ich konnte, daher kann ich seinen Zorn ertragen.)

Manchmal, wenn jemand im Bereich des Unbewußten nicht sicher ist, ob er leben will, schrickt er vor einer wirksamen Behandlung zurück, oder es zeigen sich so viele Nebeneffekte, daß die Behandlung abgebrochen werden muß. Auch wenn jemand verzweifelt am Leben hängt, mag er trotzdem anderer Meinung sein als der Arzt, der den Impuls, sich zurückzuziehen oder etwas zu erzwingen, unterdrücken muß. Ein Arzt, der die Zukunft garantieren will, zwingt den Patienten oft in eine ganz besondere Richtung, so daß sich die beiden gegenseitig beschuldigen und das Gefühl aufkommen lassen, versagt zu haben, wenn die Krankheit nicht geheilt wird.

Wenn ein Patient andererseits aus Überzeugung eine ganz bestimmte Therapie wählt, aber die Tatsache akzeptiert, daß der Tod eines Tages unvermeidbar sein wird, dann wird er niemals ein Versager sein und auch nie seine Entscheidungen bedauern. Der Arzt muß immer daran denken, daß der Patient die Entscheidung treffen und dann *damit leben* muß.

Es ist die Pflicht des Arztes, seine Patienten zu akzeptieren – auch wenn er ihre Entscheidungen nicht immer zu unterstützen braucht. Ein Arzt hat das Recht, zu sagen: »Ich kann das, was Sie tun, nicht gutheißen und möchte nichts damit zu tun haben.« Traurig ist nur, daß dadurch sehr viele Menschen verfrüht sterben, weil sie dann nie wieder einen Arzt aufsuchen. Normalerweise sage ich zu solchen Patienten: »Ich kann Ihnen nicht beipflichten, und wenn ich Ihre Krankheit hätte, würde ich eine andere Art der Behandlung wählen, weil ich nicht glaube, daß Sie mit dieser Methode gute Chancen haben, aber wir können auch weiterhin in Kontakt bleiben, wenn Sie wollen, und ich werde Ihnen in jeder Hinsicht behilflich sein.«

Wenn der Patient dann feststellt, daß seine Entscheidung nichts bringt, äußert er vielleicht: »Ich weiß, daß Sie sich um mich kümmern, denn Sie haben unsere Beziehung nicht abgebrochen. Werden Sie mich operieren?« Es gibt für den Arzt keine andere Möglichkeit, Hoffnungen zu stärken. Er muß dem Patienten Gelegenheit geben, später immer noch der Behandlung zuzustimmen, die der Arzt empfiehlt. Bis heute hat jeder einzelne meiner Patienten einer Chemotherapie oder Strahlentherapie oder auch einer Operation zugestimmt, wenn ich sie akzeptiert habe. Das gilt sogar für solche Patienten, die es zuerst mit Selbstheilung versucht und eine medizinische Behandlung abgelehnt haben, und selbst für Patienten, die bei ihrem ersten Besuch in meiner Praxis als erstes gesagt hatten: »Reden Sie mich nie wie ein Arzt an! Wenn Sie das tun, haben Sie mich das letztemal gesehen.«

Wenn der Arzt seine Patienten akzeptiert, wie sie sind, ist es leichter, den Heilungsprozeß in die Wege zu leiten und Frieden zu finden, wie der Fall von Bridget, einer Engländerin, die kürzlich nach New Jersey gezogen war, zeigt. Nach dem medizinischen System, wie es in England praktiziert wird, hatte man ihr einen Arzt zugewiesen, den sie jedoch nicht leiden konnte und zu dem sie dann nie wieder ging. Sie hatte einen

Tumor von der Größe einer Melone, der fast ihre ganze linke Brust ausfüllte. Ich untersuchte sie und zählte alle Möglichkeiten auf, von denen ich glaubte, daß sie ihr helfen könnten – von einer Operation bis hin zu Gott. Sie sagte: »Sie sind der erste Arzt, der mich nicht angeschrien und gefragt hat: ›Wo waren Sie denn so lange? Warum sind Sie nicht schon früher gekommen? Warum waren Sie so dumm? Was ist los mit Ihnen?‹« Ich sagte ihr, das stünde mir nicht zu. Ich sähe meine Aufgabe einfach darin, Patienten zu akzeptieren, um zu versuchen, ihnen dabei zu helfen, wieder gesund zu werden.

Ich ließ Bridget Bilder malen, die eine positive unbewußte Haltung gegenüber einer Strahlen- und Chemotherapie aufwiesen, obgleich sie anfangs beides ganz bewußt ablehnte. Ein paar Monate später rief sie mich an, um mir zu sagen, daß sie eine Chemotherapie begonnen habe und daß der Tumor *weggeschmolzen* sei. Die Reaktion war so erstaunlich, daß ihr Onkologe eine Strahlentherapie für überflüssig hielt. Weil ich Bridget akzeptiert hatte, war sie fähig gewesen, den Rat des medizinischen Fachmanns zu akzeptieren.

Aber manche Chirurgen bestehen darauf, alles bis zuletzt durchzuspielen. Sie verbieten ihren Patientinnen sogar, nach einer Brustamputation das Programm *Reach to Recovery* zu verwenden (ein emotionales und physisches Therapieprogramm nach der Operation). Dazu haben sie kein Recht, aber manche Ärzte versuchen, sich des Lebens ihrer Patienten genauso zu bemächtigen wie der technischen Einzelheiten der Behandlung – ganz wie ein Erwachsener oft ein Kind beherrschen will –, und die traurige Wahrheit ist, daß viele Patienten es zulassen. Ärzte werden von ihren Patienten genauso geformt wie durch ihre Ausbildung, und die meisten Patienten würden die Entscheidungen am liebsten dieser omnipotenten Vaterfigur völlig überlassen. Der außergewöhnliche Patient kämpft um Mitverantwortung, aber er wird für diesen Überlebensakt bestraft, weil er, von der Warte des Arztes aus gesehen, eine Minderheit verkörpert. Kostoglotow, früherer Insasse des Konzentrationslagers in Alexander Solschenizyns *Krebsstation*, beklagt sich bei seinem Arzt darüber:

Wenn der Kranke erst einmal hier aufgenommen ist, beginnen Sie, für ihn zu denken. Nicht genug, Ihre Instruktionen denken für ihn, Ihr Programm und überhaupt der ganze Komplex Ihrer Bestrahlungsabteilung. Und ich bin wieder ein Nichts, wie im Lager, über nichts kann ich selbst bestimmen.

Die Kritiker der modernen Medizin weisen gern darauf hin, wie häufig es schon vorgekommen ist, daß die Todesrate bei Ärztestreiks gesunken ist, etwa 1976 in Los Angeles, im selben Jahre in Bogotá und 1973 in Jerusalem. Gewöhnlich sagen sie einfach: »Die medizinische Pflege ist für deine Gesundheit gefährlich.« Viel wahrscheinlicher aber ist es, daß sich die Patienten plötzlich darüber klarwerden, daß sie sich um sich selbst kümmern müssen, daß sie ihre eigenen Entscheidungen treffen müssen, so wie sie es schon die ganze Zeit hätten tun sollen, und *deshalb* bleiben sie länger am Leben. Vor einigen Jahren gab es in Cape Cod, wo wir ein Ferienhaus besitzen, einen Streik der Ambulanzfahrer. Panik breitete sich aus, was sollte mit den Notfällen geschehen? Nun, die Zahl der Notfälle ging enorm zurück, bis der Streik vorbei war – ein weiteres wunderbares Beispiel dafür, wieviel Kontrolle wir über uns selbst besitzen.

Der Techniker und der Heiler

Das nur allzu übliche Versäumnis, mit Patienten fruchtbar zusammenzuarbeiten, kommt von der Ausbildung, die ein Arzt genießt und die ihn lehrt, ein reiner Techniker zu sein. Beim Medizinstudium lernen wir alles über Krankheiten, aber wir lernen nichts darüber, was die Krankheiten für die Menschen, die an ihnen leiden, *bedeuten*.

In einer Untersuchung der Volksmedizin von Taiwan und bei Amerikanern chinesischer Abstammung hat Dr. Arthur Kleinmann von der University of Washington School of Medicine den häufig erstaunlichen Erfolg der Volksärzte auf die Behandlung von Krankheiten im Zusammenhang mit der Psychologie und Kultur des Patienten zurückgeführt. Das Stigma, das in der chinesischen Gesellschaft den Geisteskrankheiten zugeordnet wird, bedeutet, daß sich ein Chinese Depressionen oft nur in Form von physischen Symptomen vorstellen kann wie etwa Müdigkeit. Somit wird jede Behandlung, die es dem Patienten nicht erlaubt, an eine körperliche Ursache des Problems zu glauben, häufig abgelehnt und bleibt ohne jede Wirkung.

Kleinmann macht einen Unterschied zwischen der *Krankheit*, die aufgrund physischer oder psychiatrischer Symptome oder Schäden, die für den Arzt sichtbar sind, definiert wird, und dem *Leiden*, als das sich dieselbe Krankheit in der subjektiven Erfahrung des Patienten auswirkt. Dabei ergeben sich oft bemerkenswerte Unterschiede, vor allem, wenn ein Mensch ohne wissenschaftliche Ausbildung von einem westlichen Arzt behandelt wird.

Damit will ich nun nicht empfehlen, daß sich der Patient in einen Trancezustand versetzen oder Geistergeld verbrennen soll (außer der Patient glaubt an derartige Methoden), vielmehr meine ich, daß wir, genauso wie die freien Ärzte bei Platon, die Patienten fragen sollten, was *sie* glauben, woher die Krankheit kommt, welche Bedrohungen und Verluste (oder Gewinne) sie für *sie* verkörpert und welche Behandlung *sie* für richtig halten. Die typische systematische Überprüfung, wie sie Medizinstudenten zur Befragung von Patienten beigebracht wird, deckt weder den zeitlichen Verlauf von Entwicklungen noch die Relevanz bestimmter Ereignisse im Leben der Patienten auf. Selbst Fragen wie »Woran ist Ihr Vater gestorben?« werden selten weiterverfolgt, um zu klären, ob der Vater des Patienten eine Woche oder zwanzig Jahre zuvor gestorben ist. Daher hat ein Arzt oft keine Ahnung von den verschiedenen dynamischen Aspekten einer Lebenssituation, es sei denn, der Patient klärt ihn freiwillig auf, was aber nur selten der Fall ist.

Die besten Ergebnisse werden »ausgehandelt«, so daß der Standpunkt des Praktikers und der des Patienten dichter zusammenrücken und eine echte Kommunikation entsteht. Wenn ein Patient an religiöse Heilung glaubt, durch Handauflegen zum Beispiel, dann darf der Arzt ihn nicht daran hindern und die Wirksamkeit dieser Behandlung in Frage stellen. Selbst wenn der Arzt glaubt, daß derartige Methoden sinnlos seien, könnten sie vielleicht doch zur Genesung beitragen, wenn der Patient an sie glaubt.

Ich erzähle meinen Patienten oft, welche Behandlung ich selbst wählen würde, wenn ich ihre Krankheit hätte. In meinen Entscheidungen sind zwar einige der Dinge, die sie tun, nicht berücksichtigt. Genausowenig wie vermutlich ihre Entscheidungen alle Dinge, die ich tun würde, beinhalten. Aber ich beraube sie nicht ihrer positiven Einstellung gegenüber bestimmten Methoden durch die Feststellung, ich hielte sie nicht für gut. Statt dessen bemühe ich mich, unsere verschiedenen Ansichten miteinander in Verbindung zu bringen. Für mich bedeutet holistische Medizin, daß Patient und Arzt ihre Glaubenssysteme gegenseitig akzeptieren, auch wenn die Unterschiede noch so groß sind. Keiner zwingt dem anderen etwas auf, so daß man sagen kann: »Wenn dein Glauben nicht funktionieren sollte, versuch's doch mal mit meinem.«

Vor kurzem unterhielt ich mich mit Vivian, einer Anhängerin der Christlichen Wissenschaft. Sie hatte vergeblich versucht, eine schwere Blaseninfektion, an der sie litt, durch Gebete zu heilen. Zu guter Letzt konnte sie die Schmerzen nicht mehr ertragen und ging ins Krankenhaus. Dort gab ihr ein junger unerfahrener Arzt einige Medikamente, und innerhalb von 24 Stunden waren die Symptome völlig verschwunden. Dieses Erlebnis rief eine Veränderung in ihr hervor und vermittelte ihr das Gefühl, daß die Medikamente ebenfalls von Gott kämen und zusammen mit anderen, inneren Heilmitteln verwendet werden sollten.

Ich glaube, ich versuche, die Patienten immer davon abzuhalten, Unmengen Zeit und Geld an etwas zu verschwenden, von dem ich das Gefühl habe, daß es nichts nützt, aber falls dabei positive Überzeugungen im Spiel sind, versuche ich, sie zu unterstützen. Alles, was dazu beiträgt, Hoffnung zu wekken, ist positiv. Viele Untersuchungen zeigen, daß es einem Patienten helfen kann, wieder gesund zu werden, wenn er eine Menge Geld ausgibt und große Reisen unternimmt. Dann kann er nämlich sagen: »Ich habe etwas für mein Geld gekriegt.« Mehr noch, die unternommene Mühe beweist ein hohes Maß an Motivation. Ein solcher Patient wird unweigerlich auf den Rat des Arztes hören und sich danach richten. Früher wies ich die Patienten immer an, sie sollten mir Zeichnungen zusenden und mich anrufen, bis ich begriff, wie wichtig es für sie war, selbst zu kommen. Ein Mann aus Montana, der Bauchspeicheldrüsenkrebs hatte, kam zu mir mit der Prognose für eine verbleibende Lebenszeit von drei Monaten. Achtzehn Monate später war er noch immer am Leben, weil er Hoffnung besaß. Genauso hilft es dem Patienten, wenn der Arzt bereit ist, ihm zu helfen, weil er seinen Arzt dann besser akzeptieren kann, so daß die medizinische Therapie eine wirkliche Chance bekommt. Wenn Patienten nicht an den Arzt und sein System glauben, werden sie sich der Behandlung bewußt oder unbewußt widersetzen, etwa dadurch, daß sie ihre Medizin nicht einnehmen. Auf jeden Fall wird die Heilung vereitelt.

Der hohe Wert der Identifizierung mit dem Patienten erklärt auch, warum die besten Ärzte oft diejenigen sind, die selbst schon einmal eine ernste Krankheit hatten. Während unserer Ausbildung lernen wir, mit den Kranken *kein* Mitgefühl zu haben, offenbar, um uns psychischen Streß zu ersparen. Unsere ganze medizinische Terminologie betont die Entfremdung. Anstatt »Herzanfall« heißt es im Krankenblatt *Code 5*. Die emotionale Distanz verletzt jedoch beide Seiten. Wir ziehen uns zurück, wenn uns die Patienten am meisten benötigen. Die Krankenschwestern können ein Lied davon singen, wie schwer es oft ist, den Arzt zu finden, wenn ein Patient im Sterben liegt. Unsere ganze Ausbildung ist darauf angelegt, uns selbst als Götter zu betrachten, die alles wieder richten, als Wunderwesen. Wenn wir nicht reparieren können, was kaputt ist, dann verkriechen wir uns, lecken unsere Wunden und kommen uns wie Versager vor.

Diese Distanz veranlaßt die Ärzte auch, sich für unverwundbar zu halten: »Es sind immer die anderen, die krank sind, nicht ich selbst.« Wenn ich in einem Saal voller Medizinstudenten die Behauptung aufstelle: »Sterben muß fast jeder«, dann lachen sie; richte ich aber die gleichen Worte an eine Ärzteversammlung, herrscht tödliche Stille im Saal. Wir werden die besten Verleugner von allen. Wie Dr. Gordon Deckert, der Leiter der Psychiatrie am University of Oklahoma Medical Center, bemerkte: »Ärzte wissen gewöhnlich genau, was sie denken und glauben, aber nur selten sind sie sich ihrer Gefühle wirklich bewußt.«

Eine Podiumsdiskussion, die vor kurzem von der *Association of American Medical Colleges* veranstaltet wurde, kam zu dem Schluß, daß durch die technologische Spezialisierung die »subtile Berücksichtigung menschlicher Bedürfnisse«, die unerläßlich für die Hauptaufgabe des Arztes, die Linderung von Leiden, ist, vernachlässigt wird. Als wichtigstes Ziel für die medizinischen Ausbildungsstätten, sagte der Vorsitzende Dr. Steven Muller, gelte es, Wege zur Förderung dieser Fähigkeit zu finden und selbst ein Beispiel dabei zu setzen.

Statt dessen ist das unausgesprochene Ideal, das den Studenten eingeimpft wird, ein medizinischer *Machismo* – der übermenschlich harte Doktor, der alles souverän in den Griff bekommt. Es ist nicht schlimm, wenn man sich vor einer Prüfung fürchtet, aber die Angst vor Krankheit und Tod zuzugeben gilt als ein Zeichen der Schwäche.

Nach unserer Abschlußprüfung leugnen wir Ärzte folglich auch, daß uns das Unglück eines Patienten traurig macht oder daß wir uns über den Widerstand eines Patienten ärgern. Ja sogar, wenn wir uns über die Genesung eines Patienten freuen. Im allgemeinen verrichten wir unsere Arbeit sehr pflichtbewußt, aber häufig sind wir nicht fähig, uns zu entspannen, spielerisch zu lockern und neue Kräfte zu sammeln. Als Folge davon übersehen wir alle möglichen Warnsignale und kümmern uns nicht um unsere eigene Gesundheit. Kein Wunder, daß bei uns Ärzten die Selbstmordrate, die Drogensucht und sogar die Rate der Todesfälle in relativ jungen Jahren überdurchschnittlich hoch liegt. Man braucht nur einem von uns ein Flugzeug und einen Pilotenschein zu geben und dann einen Experten zu fragen, wie hoch das Versicherungsrisiko ist. Doch der Arzt denkt nur: »Vergiß das Gewitter! Ich muß zu einer Tagung. Andere Leute stürzen vielleicht ab, aber mir passiert so was nicht.«

In einem neueren Artikel von Dr. Glen Gabbard von der Menninger Clinic geht es um das zwanghafte Verhalten des Arztes, Zweifel zu schüren, Schuldgefühle und ein übertriebenes Verantwortungsgefühl aufzubauen. Das zeigt sich in dem Unvermögen, richtig auszuspannen, Ferien zu machen und Zeit für die Familie zu finden. Man fühlt sich für Dinge verantwortlich, die man gar nicht in der Hand hat, denkt ständig, man tue nicht genug, und verwechselt Egoismus mit gesundem Selbstinteresse.

Wie Larry LeShan es in einer seiner Geschichten ausdrückt: Die Ärzte wollen Gott spielen, obgleich doch so wenige dazu qualifiziert sind. Außerdem ist der Job schon vergeben. Wer Gott spielt, zerstört sich selbst.

Viele Kollegen bemühen sich heute, mit Hilfe von Vorlesungen in humanistischer Medizin Mitgefühl zu lehren, aber vielleicht wird die steigende Anzahl von Frauen in diesem Beruf eher dazu führen, daß diese pathetische Prahlerei endlich ein Ende hat. Gute Ärzte sind fähig, sowohl die »maskulinen« als auch die »femininen« Werte aufzudecken, die in ihnen stecken – sie besitzen die Fähigkeit, Entscheidungen zu treffen und trotzdem Mitgefühl und Fürsorge aufzubringen. Keines der beiden Extreme allein birgt die Voraussetzung für einen guten Arzt in sich. Auf der einen Seite kann man zu sehr in die Sache verwickelt sein, um gute Entscheidungen treffen zu können. Andererseits kann man auch Entscheidungen treffen, die sich nur auf die Krankheit beziehen und den Patienten selbst völlig außer acht lassen. Am besten wäre es, beide Haltungen miteinander zu verbinden. Das haben Untersuchungen gezeigt, aus denen hervorgeht, daß die Kombination beider Aspekte wirksamere Ärzte hervorbringt, die sich auch trotz all dem Streß, den ihr Beruf mit sich bringt, wohler fühlen.

Für die meisten Patienten ist es wichtig, zu wissen, daß ihre Ärzte den Rat, den sie weitergeben, auch selbst befolgen. Und doch rauchen viele Ärzte, weil sie sich unsterblich fühlen, oder sie trinken zuviel, haben schlechte Eßgewohnheiten und machen keine Leibesübungen.

Das ist schon schlimm genug für den Arzt selbst, aber für den Patienten ist es noch viel schlimmer. Das Gefühl von Unverwundbarkeit bringt den Arzt dazu, die Ängste des Patienten, der sich solchen Phantasien nicht hingibt, herabzuspielen. Wenn jemand fragt: »Was soll ich essen?«, sagt die unbezwingbare Gottheit: »Iß, was du willst. Ich gehe nach Hause und esse Hot dogs.« Fragt man ihn nach den karzinogenen Nitriten in den Würstchen, so lacht der Arzt hinter seinem unsichtbaren Schutzschild.

Dabei vergessen wir Ärzte manchmal, an das Offensichtliche zu denken, wie es mir unser Sohn Keith beigebracht hat, als er vier Jahre alt war und wegen eines Bruchs ins Krankenhaus mußte. Ich erklärte ihm alle technischen Einzelheiten, aber als er aufwachte, sagte er: »Du hast vergessen, mir zu sagen, daß es weh tut.« Und vor kurzem hatte ihm sein Vater Lösungen wie Liebe, Akzeptieren und Vergeben zu bieten, als er, inzwischen ein Teenager, mit Problemen nach Hause kam, aber er sagte nur: »Ich brauche keine Antworten. Ich brauche jemanden, der mir zuhört.« Wenn wir die Rolle eines Heiligen spielen, der immer eine Antwort parat hat, die aus einem einzigen Wort besteht, dann helfen wir den Menschen nicht. Wir helfen, wenn wir zuhören und die Schmerzen mit ihnen teilen. Wir müssen das, was wir predigen, auch leben.

Eine schwere Staphylokokkeninfektion, wegen der ich einmal eine Woche lang im Krankenhaus liegen mußte, hat entscheidend zu meiner Ausbildung beigetragen. Ich stellte fest, daß die Tatsache, in Isolierung an einen intravenösen Schlauch angeschlossen zu sein, mich dazu zwang, wegen allem, was ich benötigte, Hilfe in Anspruch zu nehmen, nachdem ich sonst gewohnt war, selbst die Verantwortung zu tragen und die Kontrolle zu übernehmen. Ich stellte fest, wie schwer es einem fällt, in den armseligen Kitteln, die einem das Krankenhaus zur Verfügung stellt, Würde zu bewahren.

Diese Krankheit trat zu einem Zeitpunkt auf, an dem sich in meinem Leben eine Menge Veränderungen abspielten – ein neues Haus, weitere Kinder, meine eigene Arztpraxis –, alles positive Ereignisse, trotzdem wurde ich krank. Mir wurde klar, daß die Patienten in meiner Praxis das gleiche erleben mußten. Ich begann, mit ihnen über die Veränderungen in *ihrem* Leben zu scherzen. Ich fragte: »Haben Sie einen neuen

Job? Sind Sie umgezogen?« Sie waren erstaunt. Woher konnte ich das wissen?

Und ich erfuhr auch mehr darüber, wie Ärzte sind. Da ich selbst Mediziner bin, kümmerten sich hervorragende Professoren um mich, aber ich konnte sie partout nicht dazu bringen, mir alle gemeinsam Rede und Antwort zu stehen. Sie wollten mich sogar auf eine noch trostlosere fensterlose Station versetzen, weil sie neben dem Büro eines Professors lag. Ich lehnte ab und drohte, das Krankenhaus zu verlassen. Plötzlich traten alle auf den Plan.

Ich glaube, daß es unbedingt zur Ausbildung eines jeden Arztes gehört, ein paar Tage lang als Patient auf einer Station mit viel Betrieb zu liegen, inklusive, wie ein Patient vor kurzem hinzufügte, »einem Tropf am Arm und einem Schlauch in der Nase«. In den meisten Stammeskulturen weiß man solche Dinge. Dort kann man gewöhnlich erst ein Heiler werden, nachdem man Krankheit und Genesung am eigenen Leib erlebt hat. In unserer Kultur kann man kein Psychoanalytiker werden, ohne sich vorher analysieren zu lassen, aber man kann ein medizinischer Techniker werden, ohne je die Notwendigkeit einer Reparatur an sich selbst erlebt zu haben.

Sein Mitgefühl zu verbergen nutzt niemandem etwas. Als Techniker sind wir Ärzte auf lange Sicht doch immer nur Versager, aber als Ratgeber, Lehrer, Heiler und als fürsorgliche Mitmenschen können wir immer ein wenig beitragen, selbst noch im Moment des Todes. Dann haben wir es nicht nötig, uns mit dem Piepser in der Cafeteria zu verstecken und die Krankenschwester zu zwingen, mit dem Tod des Patienten allein fertig zu werden. Wenn sich aber beide, Arzt und Patient, darüber klar werden, daß sie im wesentlichen gleich sind – abgesehen von ein paar Jahren Ausbildung –, dann werden sie über ihre gewohnten Rollen als Meister und Bittsteller hinauswachsen. Dr. Francis Peabody, ein Pionier in der medizinischen Forschung an der Harvard University in den zwanziger Jahren, schrieb: »Die Behandlung einer Krankheit kann völlig unpersönlich erfolgen; aber die Sorge für den Patienten muß absolut persönlich sein ... Das Geheimnis der Versorgung des Patienten liegt in der Fürsorge für ihn.«

Für die meisten Ärzte, wie auch für mich selbst, vollzieht sich die Veränderung nur langsam und unter Mühen, aber es gibt keine wirksame Alternative. Die geistig-seelische Komponente jeder Erkrankung macht es unerläßlich, daß der Arzt aufgeklärt und mit sich selbst ebenso im reinen ist wie ein guter Psychotherapeut. In *Seelenprobleme der Gegenwart* hat Carl Jung diese Notwendigkeit folgendermaßen beschrieben:

> Dies verlangt also Rückanwendung des jeweilig geglaubten Systems auf den Arzt selber, und zwar mit derselben Schonungslosigkeit, Konsequenz und Ausdauer, die der Arzt dem Patienten gegenüber an den Tag legt.
>
> Wenn man bedenkt, mit welcher Aufmerksamkeit und Kritik der Seelenarzt seinem Patienten folgen muß, um alle seine falschen Wege, seine Fehlschlüsse, seine infantilen Heimlichkeiten aufzudecken, so bedeutet es für ihn wahrlich keine geringe Leistung, dasselbe auch für sich zu tun. Man ist sich selber ja meistens nicht interessant genug, auch bezahlt uns niemand für introspektive Bemühungen. Und überdies ist die Mißachtung der wirklichen menschlichen Seele noch überall dermaßen groß, daß Selbstbeobachtung oder Beschäftigung mit sich selber schon beinahe als krankhaft gilt. Man wittert offenbar keine Gesundheit in der eigenen Seele, weshalb schon die Beschäftigung mit ihr nach Krankenzimmer riecht. Diese Widerstände hat der Arzt bei sich selber zu überwinden, denn wer kann erziehen, der nicht selber erzogen ist? Wer aufklären, der über sich selbst im dunkeln ist? Und wer reinigen, der selber noch unrein ist? . . .
>
> Der Arzt darf seiner eigenen Schwierigkeit nicht mehr entwischen dadurch, daß er die Schwierigkeiten anderer behandelt, wie wenn der ein guter Chirurg wäre, der selber an einem eiternden Abzeß leidet.

Jung erwähnte auch die Notwendigkeit, über eine engstirnige, spezialisierte Methode hinauszugehen. In seiner Autobiographie *Erinnerungen, Träume und Gedanken* schrieb er, daß er, genauso wie Ärzte Röntgenstrahlen zu verwenden gelernt haben, ohne sich Gedanken über Elementarteilchenphysik zu machen, nicht daran interessiert sei, anderen Disziplinen irgend etwas zu beweisen; er bemühe sich nur, ihr Wissen auf sein eigenes Gebiet anzuwenden. Jung erweiterte die Grenzen der Psychologie durch die Integration von Mythologie und Philosophie, und auf genau die gleiche Weise müssen die Ärzte heute die Einsichten der Psychologie und Religion auf die Medizin anwenden. Später beschrieb Jung im gleichen Buch die Vorteile, die ein Arzt genießt, wenn er bereit ist, aus anderen Fachbereichen zu lernen:

> Der Unterschied zwischen den meisten anderen Menschen und mir liegt darin, daß bei mir die »Zwischenwände« durchsichtig sind. Das ist meine Eigentümlichkeit. Bei anderen sind sie oft so dicht, daß sie nichts dahinter sehen und darum meinen, es sei auch gar nichts da. Ich nehme die Vorgänge des Hintergrundes einigermaßen wahr, und darum habe ich die innere Sicherheit.

Dieser erweiterte Ausblick hilft einem Arzt, Hoffnung zu vermitteln und mit dem Herzen, dem Kopf und den Händen zu geben, das eigene Ego in den Hintergrund zu stellen und wichtige Entscheidungen mit dem Patienten zu teilen. Eine solche Annäherung belohnt den Arzt oder die Ärztin genauso wie den Patienten oder die Patientin. Die Liebe kehrt in Worten und dankbaren Blicken zurück, in Karten und Briefen und in kleinen Geschenken für die Praxis – und alles trägt dazu bei, Sie aufzurichten. Ein Arzt, der aus Liebe handelt, brennt nicht aus. Er wird vielleicht physisch müde, aber nicht emotional.

Das Wunder, das durch die enge Zusammenarbeit zwischen dem Arzt und seinem Patienten geschaffen wird, erstaunt mich immer wieder von neuem. Ein Erlebnis illustriert, wie die Fähigkeit zu akzeptieren einem Patienten dazu verhelfen kann, den Empfehlungen des Arztes zu folgen, und auch, wie sie Schmerzen lindern kann. Thelma, eine Patientin mit wiederkehrendem Brustkrebs, kam zu mir und sagte, sie wünsche sich, daß Gott sie heile, während ich diesen Vorgang beobachten und lenken solle. Ich erklärte ihr, daß ich das für sehr schwierig hielte. Bei ihrem nächsten Besuch waren die Krebswucherungen kleiner, und ich fragte sie, was geschehen sei. Sie sagte: »Ich bin aus dem Haus gegangen, obwohl das Telefon klingelte.« Es war das erste Mal, daß sie etwas abgelehnt hatte. Als sie das nächste Mal kam, war der Krebs noch mehr zurückgegangen. Wieder fragte ich sie, was geschehen war. Sie lächelte über das ganze Gesicht und sagte: »Mein Mann ist Alkoholiker, und als er sich wieder mal aufspielte, habe ich die Polizei gerufen. Er hat protestiert: ›Du blamierst mich vor den Nachbarn.‹ Und ich habe ihm erklärt: ›Ich habe Krebs, und ich dulde dein Benehmen nicht mehr.‹« Beim dritten Besuch wurde ihr jedoch klar, daß ich mir große Sorgen um sie machte, und wir bildeten ein Team. Sie sagte: »Es ist schwer, eine Heilige zu werden und sich selbst zu heilen. Warum operieren Sie nicht und entfernen den Tumor? Und ich tu das meine, damit ich gesund bleibe.«

Thelma erzählte mir, daß am Abend nach der Operation die Krankenschwester in ihr Zimmer kam. Sie zog die Vorhänge zu und sagte: »Erzählen Sie mir von Dr. Siegel.«

Meine Patientin erwiderte: »Was meinen Sie damit? Sie tun ja gerade so, als glaubten Sie, er hätte mich hypnotisiert.«

Die Schwester sagte: »Na ja, schließlich hatten Sie eine Brustamputation, und da spazieren Sie in der Station herum und muntern uns alle auf, und Sie haben keine Schmerzen. Was hat er mit Ihnen angestellt?«

»Er hat sich mit mir zusammengetan. Diese Entscheidung haben wir *beide* getroffen, daher besteht für mich kein Grund, deprimiert zu sein oder Schmerzen zu haben. Ich weiß, daß mit mir das Richtige getan wurde, und auch, daß es der Richtige getan hat. Das ist meine Art, gesund zu werden.«

Eine andere Frau mit Brustkrebs, eine junge Jurastudentin namens Julie, hatte schreckliche Angst und träumte, daß sie in der Narkose sterben würde. Sie fragte mich, ob ich sie nicht mit lokaler Narkose operieren könne. Ich sagte: »*Ich* hatte auch einen Traum, und in dem Traum habe ich Sie mit Lokalanästhesie operiert und dabei Ihren Arm verletzt – für immer.« Es war ihr Traum gegen meinen! Wir mußten beide lachen, und damit war die Spannung durchbrochen. Sie sah, daß ich Anteil nahm, und nachdem wir alles noch einmal durchgesprochen hatten, verlief die Brustamputation unter Vollnarkose und ohne Komplikationen.

Ich muß noch betonen, daß es hier um einen Angsttraum ging, nicht um einen prophetischen Traum. Sonst hätte ich ihre Bedenken niemals durch einen Scherz zerstreut. Wenn ein Patient einen Traum hätte, in dem er meiner Meinung nach seinen Tod voraussieht, würde ich an diesem Tag ganz bestimmt nicht operieren. Eine andere Patientin träumte zum Beispiel von ihrem Grabstein, auf dem *Donnerstag* eingraviert war, und in diesem Fall gingen wir sicher, daß ihre Operation nicht auf einen Donnerstag fiel.

Am Tag nach Julies Operation nahm ich in einer nahe gelegenen Stadt an einem Seminar teil. Aus den Zuhörerreihen stellte mir eine vertraute Stimme eine Frage. Es war Julie. Ich lief zu ihr, um sie zu fragen, was in aller Welt sie hier zu suchen hätte. »Keine Angst«, beruhigte sie mich. »Die Schläuche sind alle unter meinem Kleid. Als ich keine Schmerzen hatte und weg wollte, sagten die Schwestern: ›Ach ja, sie ist eine von Dr. Siegels Patientinnen‹, und da hat Ihr Kollege den Entlassungsschein unterschrieben.«

Es liegt aber nicht an mir. Es ist die Beziehung zwischen mir und meinen Patienten, die solche Ergebnisse ermöglicht. Es liegt daran, daß wir gemeinsam dafür sorgen, daß ich etwas *für* sie tue, anstatt ihnen etwas *an*zutun. Wir Ärzte müssen zu Instrumenten werden, denn dann werden uns motivierte Patienten benutzen, um Wunder zu bewirken. Auf welch fundamentale Weise wir die Reaktion des Patienten auf unsere Behandlungsmethoden ändern können, hat Page Coulter, eine meiner Patientinnen, in ihrem Gedicht »Wiederganzmachen« ganz wunderbar und treffend zum Ausdruck gebracht. Schon der Titel macht den Unterschied zwischen einer kooperativen Annäherung und dem typisch medizinischen Gerede vom »Angriff auf den Körper«, von seiner »Verstümmelung« und von seiner »Beleidigung« deutlich, wenn es um Heilung geht. Nachdem sie gezeigt hatte, wie ihre Ängste von einem behutsamen Narkosearzt beschwichtigt worden waren, fährt sie fort:

Wir könnten das Bedürfnis nach Liebe rechtfertigen
oder eine Tulpenblüte aufbrechen.
Wen kümmert das? Wir versuchen, unsere Körper zu
strecken, um den Regen einzufangen.
Den Fallout oder die Dunkelheit, alles, was aus dem
Weltraum auf uns herabfällt.
Aber ich höre statt dessen den Chirurgen, und er singt
»Desert Song«.
Und ich fühle sein sanftes Zupfen und Strei-
cheln, als wäre es mein Vater,
Wie er Rohrstühle flicht, oder meine Mutter, wie sie
Taschen in mein Hochzeitskleid näht.

3

Krankheit und Geist

Die Vernachlässigung der Geist-Körper-Einheit durch die technologische Medizin ist nur eine kurze Verirrung, wenn man sie gegen die ganze lange Geschichte der Heilkunst hält. In der traditionellen Stammesmedizin wie auch in unserer westlichen Medizin seit ihren Anfängen im Werk von Hippokrates ist immer die Notwendigkeit erkannt worden, den Körper des Patienten über seinen Geist zu erreichen. Bis zum 19. Jahrhundert hat das medizinische Schrifttum stets auch auf den Einfluß von Kummer, Verzweiflung oder Mutlosigkeit zu Beginn oder am Ende einer Krankheit hingewiesen, genauso wie die heilende Wirkung von Vertrauen, Zuversicht und Frieden des Geistes hervorgehoben wurde. Innere Zufriedenheit wurde als Voraussetzung für die Gesundheit angesehen.

Aber die moderne Medizin hat durch die Medikamente so viel Macht über bestimmte Krankheiten erworben, daß sie die potentielle Kraft, die dem Patienten eigen ist, vergessen hat. Ein älterer Freund von mir, ein Arzt, erzählte mir vor einiger Zeit vom Tagebuch seines Onkels, der ebenfalls Arzt war. In den ersten Jahren hat er immer berichtet, was dem einzelnen Menschen oder der Gesellschaft vor einer Krankheit oder Epidemie zugestoßen war, aber mit der Zeit, als die Medizin immer technologischer wurde, schien ihm dieser Teil der Geschichte immer weniger wichtig, und am Ende erwähnte er sie gar nicht mehr. Das Bewußtsein für die Geisteskräfte ging verloren, als die Medizin dazu überging, alle »weichen« Tatsachen wegzuschieben, die Informationen, die sich nicht so leicht quantifizieren oder wissenschaftlich belegen lassen.

Gutartig oder bösartig – der menschliche Geist

Die Wirkung des menschlichen Geistes auf die Gesundheit ist direkt und bewußt. Das Ausmaß, in dem wir uns selbst lieben, bestimmt, ob wir richtig essen, genug Schlaf bekommen, rauchen, Sitzgurte anlegen, Gymnastik treiben und so weiter. All diese Richtlinien sind ein Beweis dafür, wie sehr wir um unser Leben besorgt sind. Diese Entscheidungen tragen zu ungefähr 90 Prozent zu unserem Gesundheitszustand bei. Die Schwierigkeit besteht darin, daß die Motivation der meisten Menschen, diesen grundsätzlichen Dingen Aufmerksamkeit zu widmen, durch innere Motive geschwächt wird, die vor dem Bewußtsein des Alltags verborgen sind. Als Folge davon haben viele von uns gemischte Absichten.

Ich denke da zum Beispiel an Sara, eine Frau, die vor ein paar Jahren mit Brustkrebs zu mir kam; sie rauchte gerade eine Zigarette, als ich ihr Krankenhauszimmer betrat. Ihre Handlungsweise erklärte deutlich: »Ich will, daß Sie mir den Krebs vom Hals schaffen, aber meine Gefühle in bezug auf das Leben sind zwiespältig, deshalb riskiere ich einfach einen zweiten Krebs.« Sie sah mich mit großen unschuldigen Augen an und sagte: »Ich schätze, Sie werden mir jetzt sagen, daß ich das Rauchen aufgeben soll.«

»Nein«, erwiderte ich, »ich schlage Ihnen vor, sich selbst mehr zu lieben, dann werden Sie schon von selbst aufhören.«

Sie dachte einen Augenblick nach und meinte dann: »Also gut, ich liebe mich. Aber bewundernswert finde ich mich nicht gerade.« (Aber letzten Endes fand sich Sara doch bewundernswert – und gab das Rauchen auf.)

Es war eine geistreiche Bemerkung, aber sie war exemplarisch für ein wichtiges Problem, mit dem sich viele Menschen herumschlagen. Eigenliebe bedeutet heute nur noch Eitelkeit und Narzismuß. Der Stolz auf das eigene Dasein und die Entschlossenheit, sich um seine eigenen Bedürfnisse zu kümmern, haben keine Bedeutung mehr. Trotzdem bleibt die vorbehaltlose positive Selbstbewunderung der wesentlichste Bestandteil für die eigene Gesundheit – es ist das Wichtigste, das ein Patient erringen muß, um außergewöhnlich zu werden. Selbstachtung und Selbstliebe sind keine Sünde. Sie machen das Leben zur Freude anstatt zu einer unangenehmen Aufgabe.

Der Geist funktioniert jedoch nicht nur durch unsere bewußten Entscheidungen. Viele seiner Aktionen schlagen sich direkt auf dem Körpergewebe nieder, ohne daß es uns bewußt wird. Ziehen Sie einige der üblichen Ausdrücke in Betracht: »Er geht mir auf die Nieren. Ich muß sie mir vom Hals schaffen. Dieses Problem frißt mich noch auf. Du brichst mir das Herz.« Der Körper reagiert auf die Botschaften des Geistes bewußt oder unbewußt; im allgemeinen lauten sie entweder *Lebe!* oder *Stirb!* Ich bin davon überzeugt, daß wir nicht nur Überlebensmechanismen besitzen wie etwa die Kampf-oder-Flucht-Reaktion, sondern auch »Sterbe«-Mechanismen, die unsere Abwehr behindern, die Körperfunktionen verlangsamen und uns dem Tod nahe bringen, wenn wir das Gefühl haben, daß unser Leben nicht lebenswert ist.

Das Körpergewebe und jedes Organ im Körper wird durch eine komplexe Wechselwirkung zwischen den chemischen Stoffen, die in der Blutbahn zirkulieren, kontrolliert, den Hormonen, die von unseren endokrinen Drüsen abgesondert werden. Diese Mischung wird von der Hirnanhangdrüse kontrolliert, die in der Mitte des Kopfes, direkt unterhalb des Gehirns, sitzt. Die Abgabe der Hormone aus der Hirnanhangdrüse wird umgekehrt sowohl von den chemischen Absonderungen als auch von den Nervenimpulsen der benachbarten Teile des Gehirns, dem Hypothalamus, kontrolliert. Diese winzige Region reguliert die meisten unbewußten Prozesse im Körper – den Herzschlag, die Atmung, den Blutdruck, die Temperatur und ähnliches.

Die Nervenfasern gelangen aus fast allen anderen Teilen des Gehirns in den Hypothalamus, so daß intellektuelle und emotionale Vorgänge, die an anderer Stelle im Gehirn vor sich gehen, auf den Körper einwirken. Beispielsweise entdeckten vor etwa fünf Jahren Entwicklungspsychologen den »psychosozialen Zwergwuchs«, ein bestürzend häufig auftretendes Syndrom, bei dem eine ungesunde emotionale Atmosphäre in der Familie das physische Wachstum eines Kindes hemmt. Wenn ein Kind im Kreuzfeuer von Feindseligkeiten gefangen ist und sich von seinen Eltern zurückgestoßen fühlt, so daß es mit geringer Selbstachtung aufwächst, dann wirkt das emotionale Zentrum des Gehirns, das Limbische System, auf den Hypothalamus ein, und dieser stellt die Produktion der Wachstumshormone in der Hirnanhangdrüse ein.

Das Immunsystem besteht aus mehr als einem Dutzend verschiedener Arten weißer Blutzellen, die in der Milz, der Thymusdrüse und den Lymphknoten konzentriert sind und über die Blut- und Lymphsysteme durch den Körper gelangen. Sie werden in zwei Hauptgruppen aufgeteilt. Die eine Gruppe, die der B-Zellen, erzeugt chemische Stoffe zur Neutralisierung von Giften, die durch kranke Organismen produziert werden, und hilft dem Körper gleichzeitig, seine eigene Abwehr zu mobilisieren. Die andere Gruppe, die T-Zellen, besteht aus Killerzellen und ihren Helfern, die eindringende Bakterien und Viren zerstören.

Neuere Forschungen haben bisher unbekannte Nerven entdeckt, die den Thymus und die Milz direkt mit dem Hypothalamus verbinden. Andere Arbeiten haben erwiesen, daß weiße Blutzellen auf einige der gleichen chemischen Stoffe reagieren, die auch Botschaften von einer Nervenzelle zur anderen transportieren.

Dieser anatomische Beweis für die direkte Kontrolle des Immunsystems durch das Gehirn wurde durch Untersuchungen an Tieren bestätigt. Zwei Wissenschaftlerteams haben unabhängig voneinander Pawlowsche Konditionierungstechniken verwendet, um die Immunreaktion zu verändern. Am University of Rochester Medical Center haben der Psychiater Robert Ader und der Immunologe Nicholas Cohen wiederholt an Ratten mit Sacharin gesüßtes Wasser zusammen mit einer die Immunität herabsetzenden Droge verteilt. Später gelang es ihnen, die Tiere durch einen »Trick« dazu zu bringen, ihre eigenen Immunreaktionen zu unterdrücken, indem sie ihnen nur gesüßtes Wasser gaben. Dr. Novera Herbert Spector vom National Institute of Health hat auf ähnliche Weise Mäuse konditioniert, ihre Immunreaktionen zu verstärken, wenn sie dem Geruch von Kampfer ausgesetzt waren.

Das Immunsystem wiederum wird durch das Gehirn kontrolliert, entweder indirekt durch Hormone in der Blutbahn oder direkt durch die Nerven und neurochemischen Substanzen. Eine der am meisten akzeptierten Erklärungen für Krebs, die »Überwachungs«-Theorie, statuiert, daß sich die Krebszellen ständig in unserem Körper entwickeln, daß sie aber normalerweise von den weißen Blutkörperchen zerstört werden, bevor sie sich zu gefährlichen Tumoren entwickeln. Krebs tritt auf, wenn das Immunsystem geschwächt und mit dieser routinemäßigen Bedrohung nicht länger fertig wird. Daraus folgt, daß alles, was die Kontrolle des Gehirns über das Immunsystem verletzt, das Wachstum bösartiger Tumore fördert.

Diese Störung wird hauptsächlich durch das chronische Streßsyndrom hervorgerufen, das Hans Selye 1936 zum ersten Mal beschrieben hat. Die Mischung von Hormonen, die von den Nebennierendrüsen als Teil der Kampf-oder-Flucht-Reaktion abgegeben werden, unterdrückt das Immunsystem. Das war völlig in Ordnung, solange unsere Vorfahren nur mit gelegentlichen Bedrohungen – etwa durch wilde Tiere – fertig werden mußten. Aber wenn die Anspannung und die Angst des modernen Lebens die Streßreaktion ständig aufrechterhält, dann vermindern die Hormone unseren Widerstand gegen Krankheiten, und sogar die Lymphknoten werden geschwächt. Mehr noch, es gibt jetzt experimentelle Beweise dafür, daß »passive Emotionen«, wie etwa Kummer, Gefühle des Versagens und Unterdrückung von Zorn, eine übermäßig große Absonderung derselben Hormone erzeugen, die das Immunsystem schwächen.

Wir wissen bis jetzt noch nicht ganz genau, auf welche Weise die chemischen Stoffe im Gehirn mit den Emotionen und Gedanken in Beziehung stehen, aber der springende Punkt ist, daß unsere geistige Verfassung eine sofortige und direkte Wirkung auf den Zustand unseres Körpers ausübt. Wir können den Zustand des Körpers verändern, indem wir ihn durch die Art und Weise, wie wir fühlen, heilen. Wenn wir unsere Verzweiflung ignorieren, empfängt der Körper die Botschaft *Stirb!* Wenn wir mit unserem Schmerz umgehen und Hilfe suchen, dann lautet die Botschaft: »Das Leben ist schwierig, aber wünschenswert«, und das Immunsystem tritt in Funktion, um uns am Leben zu erhalten.

Daher verwende ich zwei wichtige Werkzeuge, um den Körper zu beeinflussen – Emotionen und Phantasie. Das sind die beiden Möglichkeiten, durch die wir unseren Geist und unseren Körper dazu bringen können, miteinander zu kommunizieren. Unsere Emotionen und Worte lassen den Körper wissen, was wir von ihm erwarten, und indem wir uns bestimmte Veränderungen vorstellen, können wir dem Körper helfen, sie zustande zu bringen. Offenbar werden sowohl die Gefühle als auch die Phantasie durch das zentrale Nervensystem übermittelt. In diesem Zusammenhang sind die Arbeiten von Robert Becker, einem orthopädischen Chirurgen und Forscher, von besonderem Interesse.

Becker hat die elektrischen Körpersysteme untersucht. Seine Forschungen führten zu der Verwendung von Elektrizität zur Heilung gebrochener Knochen, die von allein nicht mehr zusammengewachsen waren. Becker stellte fest, daß Patienten unter Hypnose in bestimmten Bereichen des Körpers auf Befehl Voltveränderungen herstellen können. Wenn diese Voltzahlen die chemischen und zellularen Prozesse des Heilens kontrollieren, wie Becker glaubt, dann haben wir vielleicht schon bald eine wissenschaftliche Erklärung für hypnotische Heilungen und den Placebo-Effekt. Zum Beispiel ist bekannt, daß hypnotisierte Patienten Warzen an ihrem Körper selbst heilen können. In *Die Medusa und die Schnecke* schrieb Lewis Thomas:

> Man kann nicht unter Hypnose dasitzen, Suggestionen aufnehmen und sie so präzise ausführen, ohne daß es so etwas wie einen Kontrolleur gibt, einen Leiter. Die ganze Sache kann nicht auf die niedrigeren Zentren abgeschoben werden, ohne daß man ganz detaillierte Spezifikationen mitschickt, über meinen Kopf hinweg.
>
> Irgendeine Intelligenz weiß, wie man Warzen los wird, und das ist ein beunruhigender Gedanke.
>
> Es ist aber auch ein bildschönes Problem, das gelöst werden sollte. Man stelle sich vor, was wir alles wissen würden,

wenn wir genau verstehen könnten, was beim Weghypnotisieren einer Warze geschieht.

... Wir würden etwas über eine Art Superintelligenz herausfinden, die in jedem von uns existiert, viel tüchtiger als wir und im Besitz eines technischen Know-how, der weit über unser heutiges Verständnis hinausgeht. Die Sache wäre einen Warzenkrieg wert, einen Sieg über die Warzen, ein National-Institut für Warzen und dergleichen.

Die Bioelektrizität verhilft uns eines Tages vielleicht dazu, diesen »Kontrolleur« direkt zu erreichen, genau zu verstehen, wie und warum sich Tumore manchmal zurückentwickeln, wenn die Patienten davon überzeugt sind, daß eine unorthodoxe Behandlung – Hypnose, Diät, Gebet, Meditation – funktionieren wird. Becker hat mir einmal geschrieben: »Der Placebo-Effekt ist nicht nur real, sondern er ist auch von großer Bedeutung, und Ihre Methoden sind vielleicht weitaus wirksamer, als Sie selbst glauben.«

Ob wir jemals mit elektrischen Reizen jede Art von Heilung kontrollieren können oder nicht, außergewöhnliche Patienten – das heißt eigentlich *alle* Patienten – brauchen nicht hilflos auf künstliche Hilfe zu warten. Sie können lernen, sich selbst zu heilen und gesund zu bleiben. Wenn ich ihnen vermitteln kann, wie sie es zustande bringen können, sich wohl zu fühlen, sich selbst und andere zu lieben und geistigen Frieden zu erlangen, dann kann es auch zu den notwendigen Veränderungen kommen. Meine Anteilnahme und meine Umarmungen mögen vielleicht in einer Krankenhausatmosphäre lächerlich wirken, aber sie haben durchaus eine wissenschaftliche Basis. Das Problem ist, daß wir über die psychologischen Techniken, die notwendig sind, um den Heilungsprozeß schnell und wirksam bei jedem einzelnen Patienten in die Wege zu leiten, noch nicht verfügen. Viele dieser Veränderungen finden auf einer unbewußten Ebene statt, so daß sie ohne sorgfältige psychologische Prüfung klinisch nur schwer zu messen sind. Ich hoffe, daß wir eines Tages so etwas wie »alle drei Stunden eine Umarmung« verschreiben können an Stelle eines Medikaments oder elektrischer Impulse, aber im Augenblick müssen wir zu unseren Betrachtungen über das Potential des Geistes, Schaden zu verursachen, zurückkehren, um uns dann um mögliche Gegenmittel zu bemühen.

Der Umgang mit Streß

Immer wieder hört man, daß Streß eines der destruktivsten Elemente im täglichen Leben der Menschen sei, aber das ist nur die halbe Wahrheit. Die Art und Weise, wie wir auf Streß reagieren, scheint wichtiger zu sein als der Streß selbst. Das wurde in der Erfahrung von Hans Selye deutlich, dem Wissenschaftler, der die Bedeutung von Streß und seiner Auswirkung auf den Körper als Konzept überhaupt erst entwickelt hat.

Mit 65 Jahren erkrankte Selye am Retikulosarkom, einer Krebsart, deren Heilungsrate außerordentlich niedrig liegt. Dies bedeutet sicher Streß von der schlimmsten Sorte, aber Selye reagierte ganz ungewöhnlich darauf:

> Ich war überzeugt, daß ich sterben würde, daher sagte ich mir: »Na, gut, das ist so ungefähr das Schlimmste, was dir passieren kann, aber es gibt zwei Möglichkeiten, mit dieser Tatsache umzugehen: Entweder geht man herum und kommt sich vor wie ein miserabler Todeskandidat und wimmert ein Jahr lang vor sich hin, oder man versucht, noch soviel wie möglich aus dem Leben herauszuholen.« Ich entschied mich für letzteres, weil ich ein Kämpfer bin, und der Krebs hat mir den größten Kampf meines Lebens geliefert. Ich betrachtete es als ein natürliches Experiment, einen letzten Test, ob ich recht oder unrecht hatte. Dann passierte etwas Merkwürdiges. Ein Jahr verging, dann noch eins und noch eins, und sehen Sie sich an, was geschah: Es stellte sich heraus, daß ich die glückliche Ausnahme war.
>
> Seither strenge ich mich immer an, den Streß niedrig zu halten. Ich muß sehr vorsichtig sein, was ich hier sage, denn ich bin Wissenschaftler, und es gibt bis jetzt noch keine Statistiken, die belegen würden, daß Streß etwas mit Krebs zu tun hat. Ich kann nur sagen, daß – neben den genetischen und

den Umweltbedingungen, die Krebs hervorrufen – die Beziehung zwischen Streß und Krebs ziemlich kompliziert ist. Genauso wie Elektrizität Hitze verursachen wie auch verhindern kann, je nachdem, in welchem Gleichgewicht die Dinge sind, genauso kann Streß Krankheiten herbeiführen und verhindern.

Manche Menschen haben Krebs als eine Krankheit beschrieben, die irgendwie damit zu tun hat, daß der Körper sich selbst zurückweist. Wenn man diese Annahme noch einen Schritt weiterführt, könnte es dann sein, daß Menschen, die ihre wesentlichen Bedürfnisse auf drastische Weise unterdrücken, möglicherweise eher dazu neigen, Krebs zu entwickeln? Mit anderen Worten, wenn ein Mensch seine eigenen Bedürfnisse unterdrückt, kann sein Körper dann dagegen rebellieren und sich selbst unterdrücken? Ich sage dazu nicht ja und nicht nein. Ich bin Wissenschaftler, kein Philosoph. Ich kann als Wissenschaftler nur das eine sagen: nämlich, daß die große Mehrheit der physischen Erkrankungen zum Teil psychosomatischen Ursprungs sind.

Seit Dr. Selye diese Worte geschrieben hat, haben sich viele Beweise angesammelt, die zeigen, daß er sich überaus vorsichtig ausgedrückt hat. Insbesondere sind der Beginn und der Verlauf der Krankheit eng mit der Fähigkeit und der Bereitschaft eines Menschen verbunden, mit Streß fertig zu werden. Streßsituationen, die wir selbst *wählen*, lösen eine Reaktion aus, die völlig anders ist als die, die wir vermeiden wollen, aber nicht vermeiden können. Hilflosigkeit ist schlimmer als Streß selbst. Das ist wahrscheinlich der Grund, warum die Krebsrate in Amerika bei der schwarzen Bevölkerung höher liegt als bei der weißen und daß Krebs mit Kummer und Depressionen verbunden ist. Diejenigen, die am ehesten an einem Herzanfall sterben, sind nicht die ausgesprochenen Typ-A-Menschen wie Manager, die immer Druck machen, sondern eher ihre Untergebenen, die ständig unter Druck stehen, Fabrikarbeiter und Angstellte ohne Autonomie, deren verkürztes Leben dem Begriff »tödliche Langeweile« neue Bedeutung verleiht.

Die Interpretation von Streß ist für einen Außenseiter immer sehr schwer zu verstehen, denn ein und dieselben Umstände können für unterschiedliche Menschen von Nachteil, bedeutungslos oder sogar günstig sein. Der Psychiater Jerome Frank von der Johns Hopkins University erklärt, daß »Streß« hauptsächlich davon abhängt, wie jemand bestimmte Ereignisse interpretiert. In seiner langfristigen Untersuchung wurden Lebenserfahrungen, die für den objektiven Betrachter wohltuend aussahen, von den Patienten häufig als Streß empfunden und mit Krankheit in Verbindung gebracht. Umgekehrt wurden Streßsituationen, die dem Betrachter ganz schrecklich vorkamen – etwa Armut, ein Trauerfall, Alkoholismus in der Familie –, gewöhnlich nicht mit Krankheiten in Verbindung gebracht, wenn der Patient sie nicht als Streß deklarierte.

Das trifft vor allem bei Kindern zu. Erwachsene nehmen oft an, daß Kinder zufrieden sind, während sie in Wirklichkeit von den Ereignissen geradezu erdrückt werden, auch wenn sie es nicht zeigen. Dabei ist bekannt, daß Kinder Selbstmord begangen haben, nur weil sie im Zeugnis eine Zwei statt einer Einser-Note erhalten haben; sie hatten die Erwartungen ihrer Eltern verinnerlicht oder konnten eine Bemerkung nicht verkraften, die ihnen das Gefühl vermittelte, nicht geliebt zu werden.

Aber die Wissenschaft läßt sich selten von psychologischen Untersuchungen an Menschen überzeugen. Dabei gibt es einfach zu viele Variablen, als daß man sie alle unter Kontrolle bringen könnte. Versuche an Tieren haben jedoch schlüssige Beweise erbracht. Mitte der siebziger Jahre hat der inzwischen verstorbene Vernon Riley an der Pacific Northwest Research Foundation in Seattle eine Reihe von Experimenten mit Mäusen durchgeführt, die besonders anfällig für Brustkrebs waren. Ein Teil der Mäuse hatte eine geschützte, streßfreie Umgebung, während die anderen in Umgebungen gehalten wurden, die Streß verursachten, und wie sich zeigte, variierte das Vorkommen von Krebs entsprechend von 7 bis 92 Prozent.

1981 bestärkte ein Experiment, das drei Psychologen durchführten, diesen Gesichtspunkt noch, wobei menschliche Erfahrungen noch besser simuliert wurden. Madelon Visintainer und zwei Mitarbeiter injizierten bei drei Rattengruppen lebende Tumorzellen. Einen Tag nach der Injektion wurden zwei der drei Gruppen Elektroschocks ausgesetzt. Die eine Gruppe konnte sich der Streßsituation nicht entziehen, während die andere durch ein Signal gewarnt wurde, so daß sich die Tiere durch einen Sprung über einen Zaun retten konnten. Von den hilflosen Ratten bekamen 73 Prozent Krebs, während bei der anderen Gruppe nur 37 Prozent Krebs entwickelten. Das war sogar ein etwas besseres Ergebnis als bei der Kontrollgruppe, die den Elektroschocks *nicht* ausgesetzt war!

Wie groß der Streß ist, wird größtenteils von der Gesellschaft festgelegt. Die Kulturen, die den größten Wert auf eine Kombination von Individualismus und Wettkampf legen, müssen den größten Streß ertragen. In den Gesellschaften, in denen am wenigsten Streß vorzuherrschen scheint und in denen die Krebsrate am niedrigsten liegt, gibt es enge Gemeinschaften mit hilfreichen, liebevollen Beziehungen, in denen die älteren Menschen eine aktive Rolle spielen. Religiosität und eine freizügige Haltung gegenüber der Sexualität sind zwei weitere typische Eigenschaften von Gesellschaften, in denen die Krebsrate niedrig liegt.

Das sind zum Teil dieselben Merkmale, die auch ein langes Leben begünstigen. Das sowjetische Georgien, das Hunza-Tal, die Mormonen-Gemeinden in den USA und die Dörfer des Abujmarhia-Stammes in Zentralindien sind gute Beispiele dafür. Der Abujmarhia-Stamm lebt in einer Umwelt, die frei von Verschmutzung ist, er ernährt sich auf völlig natürliche Weise, die sexuellen Beziehungen sind liebevoll und ausschweifend und beginnen schon im frühen jugendlichen Alter, die Menschen sind entspannt und üben nur gelegentlich, wenn auch sehr anstrengende Arbeiten auf den Feldern aus, am Abend tanzen sie und erzählen sich Geschichten und ruhen sich aus. Krebserkrankungen sind bei ihnen völlig unbekannt.

Es muß jedoch festgestellt werden, daß in diesen Gesellschaften keine Zeit oder Mühe darauf verwendet wird, mißgebildeten Kindern beim Überleben zu helfen, so daß auch physische Faktoren durch eine natürliche Auslese eine Rolle spielen. Natürlich läßt sich aufgrund von Ausnahmen noch keine Regel aufstellen. Denn eine saubere Umwelt und der Tod durch genetische Schäden herrschen auch in anderen unterentwickelten Gebieten vor, aber bei Stämmen, die regelmäßig Kriege führen, kommt Krebs noch immer viel häufiger vor als bei Stämmen, die in Frieden leben.

Die Sicherheit der Routine scheint ebenfalls dazu beizutragen, schwere Krankheiten einzudämmen. Stark strukturierte Gesellschaften, in denen alle Mitglieder wissen, was von ihnen erwartet wird, auch wenn die Abweichung von der Norm nicht toleriert wird – so wie in den USA bei den Mormonen, Seventh-Day-Adventisten und Mennoniten –, weisen weniger Krankheiten auf als die sie umgebende freie Gesellschaft. Wenn einzelne Menschen die geschlossene Gesellschaft verlassen, um woanders zu leben, dann gleichen sie sich auch in ihrem Krankheitsvorkommen der Kultur an, der sie jetzt angehören.

In einer Gesellschaft wie der unseren bleibt die Reaktion auf Streß jedem einzelnen selbst überlassen; er muß lernen, sich von äußerem Druck psychisch freizumachen. Dr. Herbert Benson von der Harvard Medical School hat gezeigt, daß die Fähigkeit, einen gesunden Cholesterinspiegel zu behalten, in einem direkten Zusammenhang mit der Fähigkeit steht, Streß durch Entspannung zu bewältigen. Mit Meditation und Leibesübungen können wir hart arbeitenden, erfolgsorientierten Personen (vom Typ A) beibringen, einen Herzanfall zu verhindern, ohne deshalb ihr Verhalten ansonsten ändern zu müssen. Untersuchungen von Personen, die regelmäßig meditieren, haben gezeigt, daß ihr physiologisches Alter viel niedriger liegt als ihr chronologisches. Aber diese Techniken helfen den Menschen nicht, wenn sie nicht motiviert sind, sie auch anzuwenden. Zuerst einmal müssen die Menschen dazu gebracht werden, sich selbst zu lieben, damit sie sich um ihren Körper und ihren Geist kümmern.

Streß läßt sich nicht messen. Einer der Maßstäbe, der von Dr. Thomas Holmes und Dr. Richard Rahe entwickelt wurde, verwendet eine Liste von 43 streßverursachenden Lebensveränderungen, die mit aller Wahrscheinlichkeit zu Krankheiten führen. Die Bewertung beginnt mit der emotionalen Vergangenheit des Betreffenden und addiert dann eine bestimmte Anzahl »Punkte« für jede Lebenskrise – wie zum Beispiel: einen Job verlieren; mit einer neuen Arbeit beginnen; Kinder, die aus dem Haus gehen; Heirat; Scheidung; Umzug in ein neues Haus und so weiter.

Der höchste Wert, 100 Punkte, steht für den schmerzlichsten Verlust, den Tod des Lebenspartners. Dieses schlimmste traumatische Ereignis hat oft Krebs oder andere schwere Krankheiten zur Folge, die innerhalb von ein oder zwei Jahren auftreten. Neuere Untersuchungen haben bestätigt, daß Menschen, die um ihren Lebensgefährten trauern, über ein Jahr lang reduzierte Immunsysteme aufweisen. Andere Untersuchungen haben gezeigt, daß jeder unkontrollierbare Streß *innerhalb eines Tages* die Wirksamkeit der krankheittötenden Killerzellen verringert.

Neuere Beweise deuten darauf hin, daß sich Ehescheidungen bei vielen Menschen sogar noch verheerender auswirken können, da es in diesem Fall viel schwieriger ist, zu akzeptieren, daß die Beziehung tatsächlich zu Ende ist. Und tatsächlich haben Menschen, die eine Scheidung durchgemacht haben, häufiger Krebs, Herzerkrankungen, Lungenentzündungen, einen hohen Blutdruck und tödliche Unfälle als verheiratete oder verwitwete Menschen oder auch Singles. Verheiratete Männer sind auch nur zu einem Drittel am gesamten Lungenkrebsvorkommen beteiligt, und sie können dreimal soviel rauchen wie allein lebende Männer bei einer durchschnittlich gleichen Krebsrate.

Ein typisches Argument derer, die bei Krebs keine seelisch-geistigen Faktoren in Betracht ziehen, ist, daß die Latenzperiode viel zu lang sei, als daß der menschliche Geist bei Krebs in der Kindheit eine Rolle spielen könne. Aber es gibt bereits stichhaltige Beweise für genau das Gegenteil. Eine Untersuchung am Albert Einstein College of Medicine in der Bronx hat festgestellt, daß Kinder, die an Krebs erkranken, doppelt so viele Krisen durchzustehen hatten wie andere Kinder, die ihnen ziemlich ähnlich waren, außer daß sie nicht krank wurden. Eine andere Untersuchung hat gezeigt, daß von 33 Kindern mit Leukämie 31 einen traumatischen Verlust erlitten hatten oder zwei Jahre vor der Diagnose in eine andere Umgebung umgezogen waren. Die Psychologen lernen jetzt, daß Kinder viel anfälliger sind, als man bis jetzt geglaubt hatte, und es würde mich nicht wundern, wenn Krebserkrankungen in der frühen Kindheit mit elterlichen Konflikten oder Mißfallensäußerungen, die bereits in der Gebärmutter wahrgenommen wurden, in Verbindung zu bringen wären. Ich sage das nicht, um bei irgend jemandem Schuldgefühle zu erzeugen, sondern um ein besseres Verständnis für unsere Teilnahme am Heilungsprozeß zu vermitteln.

Beim Umgang mit den Problemen, die sich durch Krebs präsentieren, dürfen wir daher nicht die Auswirkungen dieser Krise auf Angehörige und Freunde des Kranken vergessen, vor allem auch, wenn er stirbt. Der Arzt muß ihnen dabei helfen, mit ihren Ängsten und ihrem Kummer umzugehen, damit weitere Krankheiten vermieden werden. Wenn man offen mit dem Streß umgeht und einander Liebe gibt, werden davon alle profitieren – die Familie wie auch der Patient.

Stille Verzweiflung

Nicht jeder, der einen tragischen Verlust erleidet oder eine anstrengende Veränderung im Lebensstil durchmacht, wird krank. Entscheidend scheint zu sein, wie man mit dem Problem fertig wird. Menschen, die ihren Gefühlen freien Lauf lassen können und trotzdem ihr Leben weiterleben, bleiben gewöhnlich gesund.

Mich rief einmal der Ehemann einer Patientin an und fragte: »Was haben Sie nur zu meiner Frau gesagt?« Er erzählte, daß sie heimgekommen sei und ihn stundenlang wegen ihrer zwanzig gemeinsamen Ehejahre beschimpft habe – dabei hatte er immer geglaubt, es seien ziemlich gute Jahre gewesen. Ich erklärte: »Ich habe Ihrer Frau gar nichts gesagt, aber sie hat erfahren, daß sie Krebs hat, und jetzt will sie den Groll, der sich all die Jahre in ihr angesammelt hat, mit Ihnen teilen.« Zorn ist ein ganz normales Gefühl, wenn er zum Ausdruck gebracht wird, sobald man ihn verspürt. Wenn das nicht geschieht, dann entwickelt er sich zu unterschwelliger Wut oder sogar zu Haß, der sehr destruktiv sein kann. Eine Frau, die sagt: »Ich werde dafür sorgen, daß meine Ehe funktioniert, und wenn ich dabei draufgehe«, wird vielleicht genau das am eigenen Leib erfahren.

Wenn ein Mensch sich mit Gefühlen von Zorn oder Verzweiflung auseinandersetzt, gleich nachdem sie auftreten, dann verhindert er vielleicht eine Krankheit. Verstehen wir nicht, mit unseren emotionalen Bedürfnissen umzugehen, dann programmieren wir geradezu physische Krankheiten. Doch wann fühlen wir uns eigentlich wohler – wenn wir unserem Nachbarn erzählen, daß wir zum Psychiater gehen oder daß wir uns operieren lassen müssen? Wir empfinden es bestimmt nicht gerade als angenehm, sagen zu müssen, daß wir dabei sind, den Verstand zu verlieren, aber das trifft ganz und gar nicht zu, wenn wir sagen, daß uns etwas krank macht.

Glückliche Menschen werden im allgemeinen nicht krank, das ist die ganze Wahrheit. Die Einstellung sich selbst gegenüber ist der wichtigste Einzelfaktor im Genesungsprozeß wie für die Aufrechterhaltung der Gesundheit. Die Menschen, die mit sich selbst und ihrer unmittelbaren Umgebung in Frieden leben, werden viel seltener krank als andere.

In einer der sorgfältigsten Untersuchungen dieses »Zufriedenheitsfaktors« hat der Psychiater George Vaillant 30 Jahre lang 200 Harvard-Absolventen beobachtet und jedes Jahr die Überprüfung ihrer körperlichen Gesundheit mit psychologischen Tests verbunden. Er stellte Vergleiche zwischen der glücklichsten und der unglücklichsten Gruppe an und berichtete: »Von 59 Männern, die im Alter von 21 bis 46 Jahren in bester seelischer Verfassung waren, wurden nur 2 chronisch krank oder starben bis zum Alter von 53. Von den 48 Männern, die im Alter von 21 bis 46 Jahren psychisch in der schlimmsten Verfassung waren, wurden 18 chronisch krank oder starben.« Die Gruppe derer, die mit ihrem Leben außerordentlich zufrieden waren, hatte also nur *ein Zehntel* der ernsthaften Krankheitsfälle und der Todesrate im Vergleich zu ihren außerordentlich unzufriedenen Altersgenossen. Diese

Ergebnisse behielten ihre Gültigkeit, auch nachdem die Auswirkungen von Alkohol, Tabak, Übergewicht und vererbter Langlebigkeit statistisch eliminiert waren – obwohl Unglücklichsein natürlich auf alles außer dem letzten Punkt Einfluß haben kann. Wie Vaillant feststellte, verzögert eine gute seelisch-geistige Verfassung den physischen Verfall im mittleren Alter.

Gewöhnlich wird bei Depressionen Mangel an Liebe oder fehlender Lebensinhalt angenommen, jedenfalls von der Warte des Betroffenen aus. Krankheit stellt dann häufig eine Flucht aus der Routine dar, die bedeutungslos geworden ist. In diesem Sinn könnte man diesen Zustand sogar als eine westliche Form der Meditation ansehen.

Ein häufiger Vorläufer von Krebs ist ein traumatischer Verlust oder ein Gefühl von Leere. Wenn ein Salamander eines seiner Glieder verliert, wächst ein neues nach. Ähnlich reagiert der Körper eines Menschen, der einen emotionalen Verlust erlitten hat, mit dem er nicht fertig wird, mit einer neuen Art Wachstum. Es hat den Anschein, als müßten wir, wenn wir auf einen Verlust mit Wachstum reagieren können, auch fähig sein, ein fehlgeleitetes Gewächs in uns verhindern zu können. Auf die gleiche Weise wächst – wie bei Forschungen festgestellt wurde – bei einem Salamander, der Krebs hat und das betreffende Glied oder den Schwanz durch Amputation verliert, an dieser Stelle ein neues Glied oder ein Schwanz, und die Krebszellen bilden sich wieder in normale Zellen zurück. Wir wissen, daß der menschliche Körper einige Krebsarten wie zum Beispiel ein Neuroblastom zu heilen versucht, indem er die bösartigen Zellen auf die gleiche Weise wieder in normale zurückverwandelt oder indem er sie angreift. Somit besteht meine Hauptarbeit als Arzt darin, den betroffenen Menschen dabei zu helfen, andere Menschen zu werden, damit sie sich der unerwünschten, unkontrollierten Entwicklung der Krankheit widersetzen können.

Wenn ich eine Nierentransplantation vornehme und Medikamente verabreiche, die das Immunsystem hemmen, dann wird das Transplantat angenommen. Später stellen wir vielleicht fest, daß die transplantierte Niere Krebszellen enthielt.

Niere wie Krebszellen werden beide gedeihen. Setze ich aber die Medikamente ab, die den Körper davon abhalten, die Niere abzustoßen, wird das neue Organ genauso wie die Krebszellen zerstört werden. Ein kräftiges Immunsystem kann über den Krebs hinwegkommen, wenn man es nicht beeinträchtigt, und emotionales Wachstum – die zunehmende Fähigkeit, sich selbst zu akzeptieren und ein erfülltes Leben zu finden – stärkt das Immunsystem.

Die Auswirkungen von Depressionen auf das Immunsystem treten oft sehr schnell in Erscheinung, wenn eine frühere Krankheit noch nicht völlig ausgemerzt ist. Arnold, ein Patient, der ein bösartiges Melanoblastom gehabt hatte, aber seit sieben Jahren keine neuen Krankheitserscheinungen gezeigt hatte, kam zu mir, als ein Lymphknoten in der Achselhöhle erneut Symptome aufwies. Ich fragte ihn, was in den vergangenen sechs Monaten in seinem Leben geschehen sei. Er erzählte mir, daß er seine Kinder selbst großgezogen habe, weil seine Frau geisteskrank sei. Und nun hatte das letzte Kind, ein Sohn, mit dem er sich besonders eng verbunden fühlte, gerade geheiratet und war zu Hause ausgezogen. Diese Trennung deprimierte ihn so sehr, daß er wochenlang weinen mußte.

Arnolds Verzweiflung hatte sein Immunsystem daran gehindert, zu reagieren, so daß sich die noch vorhandenen Krebszellen, die unter Kontrolle gewesen waren, nun wieder vermehren konnten. Als Teil seiner Therapie holten wir seine Kinder und die ganze Familie zusammen, um Pläne zu schmieden, wie wir neue Interessen in ihm wecken und soziale Aktivitäten für ihn schaffen könnten. Und wir überlegten uns auch, was zu tun sei, damit er nicht allein war und seine Familie in seiner Nähe blieb. Er begriff, wie gefährlich es für ihn war, sich der Verzweiflung und dem Selbstmitleid zu überlassen. Und er begann, etwas für sich zu tun, und lernte, die unvermeidlichen emotionalen Probleme seines Lebens zu bewältigen. Am Ende starb er an seiner Krankheit, aber die ihm verbliebene Zeit war durch die Liebe seiner Verwandten, neuer Freunde und einer Freundin von Glück erfüllt.

Depressionen, wie sie von den Psychologen definiert werden, haben im allgemeinen mit Selbstaufgabe zu tun. Das Gefühl, daß die gegenwärtigen Bedingungen und künftigen Möglichkeiten unerträglich sind, veranlaßt die von Depressionen heimgesuchte Person, »in den Streik zu treten«, immer weniger und weniger zu tun und das Interesse an den Menschen, der Arbeit, den Hobbys zu verlieren. Diese Art der Depression steht in engem Zusammenhang mit Krebs. Dr. Bernard Fox aus Boston beispielsweise hat festgestellt, daß Männer mit Depressionen zweimal so häufig Krebs bekommen wie Männer, die keine Depressionen haben. Eine Untersuchung eineiiger Zwillinge, von denen der eine Leukämie hatte, zeigte, daß der kranke Zwilling an heftigen Depressionen gelitten oder einen großen emotionalen Verlust erlitten hatte, während der gesunde Zwilling diese Erfahrung nicht gemacht hatte. Allerdings gibt es eine ganz bestimmte Art von Depression, die noch enger mit einer bösartigen Krankheit in Verbindung gebracht werden muß.

Typische Depressionspatienten zeigen durch die Ablehnung normaler Aktivitäten zumindest überhaupt eine Art Reaktion auf das, was sie als unerträgliche Situation wahrnehmen. Die Reaktion ist negativ, aber wenigstens ist es ein Versuch, auszuweichen. Viele Menschen fahren jedoch mit ihrer Routine fort und zeigen nach außen hin Zufriedenheit, während für sie in ihrem Inneren das Leben jeden Sinn verloren hat. Bei diesen Menschen wird selten die Diagnose einer klinischen Depression gestellt, weil es ihnen gelingt, nach außen weiterhin zu funktionieren. Ihr Zustand gleicht der »stillen Verzweiflung« von James Thurbers Walter Mitty – nach außen hin freundlich und nachsichtig, aber innerlich von unbeachteter Wut und Frustration erfüllt.

Sandy, eine Krebspatientin, schrieb mir einen langen Brief, in dem sie erklärte, wie sie dazu konditioniert worden war, die meiste Zeit ihres Lebens ein »Fußabtreter« zu sein. In jungen Jahren hatte sie sich als Sängerin und Schauspielerin ausbilden lassen, hatte sogar in einer angesehenen experimentellen Theatergruppe mitgespielt. Sie erzählte mir, daß jedesmal, wenn sie voller Erregung von der Bühne kam, ihre Mutter zu sagen pflegte: »Das war gut. Üb weiter, dann bist du das *nächste Mal* vielleicht besser.« Ihre Mutter gab auch zu jedem Zeugnis ihren Kommentar ab: »Versuch, das *nächste Mal* lauter Einser zu kriegen, wenn du kannst.« Sandy hatte eine hübsche, sinnliche Figur, aber ihre Mutter sagte immer zu ihr: »Iß dies nicht, iß das nicht, du bist sowieso schon zu dick.« Mit zwanzig hatte Sandy so wenig Selbstvertrauen, daß sie zuerst nur noch in der hinteren Reihe eines Kirchenchors mitsang und später überhaupt nicht mehr.

Schon bald nach der High-School heiratete Sandy:

> Wir kannten uns gar nicht richtig, bis es zu spät war. Da ich katholisch bin, mußte ich versuchen, damit fertig zu werden. Wir hatten drei Kinder, drei Jahre auseinander ... Mein Mann hatte zwei Jobs – ich nahm gelegentlich Arbeit an, ging putzen, wenn ich konnte. Meine Mutter kam jeden Tag, um »nach den Kindern zu sehen«, und sie erinnerte mich ständig daran, daß mich niemand einstellen würde, weil ich viel zu dick sei, und daß ich außerdem ja nichts konnte. Wie sollte ich je Geld verdienen? Wenn ich sie daran erinnerte, daß ich schon mal Sekretärin bei einem Rechtsanwalt gewesen war ... tat sie es einfach ab: »Solange die Kinder in der Schule sind, kannst du sowieso nicht arbeiten gehen. Ich kann mich auch nicht immer um sie kümmern, sie machen viel zuviel Arbeit, und ich verbiete dir, meine Enkelkinder von Fremden aufziehen zu lassen.«

Sandy wurde ständig krank, und stets war ihre Mutter zur Stelle, um sie daran zu erinnern, wie müde sie sein mußte und wie undankbar sie war für alles, was ihre Mutter für sie tat. Ihr Mann begann, abends nicht nach Hause zu kommen, und wenn er kam, war er betrunken und verprügelte sie. Als sie ihm die Scheidung vorschlug, packte er die ganze Familie ins Auto, fuhr sie an den Rand einer Klippe und drohte, alle hinunterzustürzen, wenn Sandy nicht versprach, niemals wieder von Scheidung zu reden. Sie gab ihm das Versprechen und hielt es auch.

Obgleich sie sich bemühte, nach außen hin gut auszusehen, beschloß Sandy für sich selbst, in ihrem Unterbewußtsein, krank zu werden. Sie bekam eine Venenentzündung, blieb die ganze Zeit im Bett und hatte keinerlei Beziehungen mehr zu ihrem Mann. Nachdem er bei einem Autounfall ums Leben gekommen war, verschwand ihre Venenentzündung innerhalb weniger Tage. Später dann, in ihrer zweiten Ehe, in der sie wieder eine untergeordnete Rolle spielte, bekam Sandy Brustkrebs. Zu diesem Zeitpunkt ordnete sie ihr Leben neu, und heute ist sie gesund.

Über zwanzig Jahre lang hat der Experimentalpsychologe Lawrence LeShan die geistigen Aspekte von Krebs untersucht und dabei an 455 Krebspatienten Persönlichkeitsstudien und an 71 »unheilbaren« Fällen eine Tiefentherapie durchgeführt. Er stellte fest, daß dieser Zustand der »Verzweiflung« (so genannt, um ihn von den üblichen Depressionen zu unterscheiden) bei 68 seiner 71 Krebspatienten schon vor der Krankheit eingetreten war, aber nur bei 3 von 88 anderen Patienten, die keinen Krebs hatten. In *The Will to Live* schrieb Arnold Hutschnecker: »Depressionen sind eine teilweise Kapitulation vor dem Tod, und es scheint, als wäre Krebs Verzweiflung, die auf der zellularen Ebene stattfindet.«

Der Zusammenhang von Krebs und unterdrückten Emotionen wurde vor über 30 Jahren auf eine wissenschaftliche Basis gestellt, als der Internist D. M. Kissen eine Gruppe von Rauchern untersuchte und diejenigen, die Lungenkrebs hatten, mit anderen verglich, die andere Krankheiten hatten. Anhand von Persönlichkeitstests stellte Kissen fest, daß die Krebspatienten keine »Gelegenheit zu emotionalen Entladungen« hatten, und schloß daraus, daß Patienten, die ihre Gefühle zügeln, bereits von weniger Zigaretten Krebs bekommen.

Mogens Jensen von der psychologischen Fakultät der Yale University zeigte bei seinen Untersuchungen mit Brustkrebspatientinnen, daß Patienten mit »Abwehrverdrängung« schneller sterben als Patienten mit einem realistischeren Ausblick. Es gibt Menschen, die lächeln und ihre Verzweiflung einfach nicht zur Kenntnis nehmen, die sagen: »Mir geht es gut«, obwohl jeder weiß, daß sie Krebs haben oder daß ihr Lebenspartner sie sitzengelassen hat, daß ihre Kinder drogenabhängig sind oder daß ihr Haus vielleicht gerade abgebrannt ist. Jensen glaubt, daß dieses Verhalten das Immunsystem »durcheinanderbringt« und überfordert, weil es durch die unterschiedlichen Botschaften verwirrt ist.

Wenn mir ein Patient also erzählt, daß es ihm gutgeht, muß ich herausfinden, ob er nur so tut oder ob es der Wahrheit entspricht. Man muß vorsichtig sein, wenn man über einen Patienten urteilt, der behauptet, Krebs bedeute keinen Streß. Vielleicht trifft dies tatsächlich zu, wenn der Krebs der Lösung von Lebensproblemen dient. Wenn man der Krankheit jedoch ruhig und gefaßt ins Auge sehen kann, anstatt sich vor ihr zu fürchten, dann entsteht aggressiver Streß und nicht nur destruktiver. Die Resultate sind unterschiedlich, und sie werden nicht richtig interpretiert werden können, wenn die Einstellung der Patienten nicht einer sorgfältigen psychologischen Prüfung unterzogen wird.

Jensen erwähnte auch, daß Menschen mit Phantasie oder Tagträumen, die immer einen positiven Eindruck vermittelten, indem sie die Krankheit oder die Möglichkeit des Sterbens leugneten, nur geringe Überlebenschancen hatten. Vorstellungstechniken haben bei Menschen, die ihre Krankheit leugnen, kaum Erfolg, weil sie sie nicht akzeptieren und daher auch nicht wirklich mithelfen, sie zu bekämpfen. In Bildern stellen sich »Verdränger« immer mit einem großen Lächeln dar, die Krankheit befindet sich außerhalb ihres Körpers oder auf einem anderen Blatt Papier, oder sie setzen ihren eigenen Körper aus Bildern gesunder Körper zusammen, die sie aus Zeitschriften ausschneiden. Eine Frau sagte mir: »Ich bin keine große Künstlerin, daher habe ich mir von meinem zehnjährigen Sohn ein Bild malen lassen.« (Später, nachdem ich sie gefragt hatte, wie sie ihre Krebserkrankung bewältigen wollte, wenn sie nicht einmal den Mut hatte, davon ein Bild zu malen, malte sie selbst ein Bild.)

Der Psychiater George Engel hat sich mit diesen Fällen beschäftigt und ist zu dem Schluß gekommen, daß Verzweiflung vor allem durch eine Veränderung der Umwelt heraufbeschworen wird, der sich der Patient machtlos ausgeliefert fühlt – mit anderen Worten, er verspürt Hoffnungslosigkeit und Hilflosigkeit. Solche Veränderungen führen häufig zum plötzlichen Tod, der manchmal mit erstaunlicher Geschwindigkeit eintritt, zum Beispiel, wenn der Lebensgefährte, mit dem man fünfzig Jahre zusammen war, stirbt und der Zurückgebliebene zusammenbricht und zehn Minuten später tot ist.

Beide, Männer wie Frauen, können von Hoffnungslosigkeit erfaßt werden, aber weil sie häufig verschiedene Rollen spielen im Leben, werden dadurch häufig auch unterschiedliche Situationen hervorgerufen. Für Männer ist es typisch, daß sie krank werden, wenn sie einen Job verlieren oder pensioniert werden, weil sie sich traditionsgemäß stärker mit ihrer Arbeit identifizieren, als Frauen es tun. Mein eigener Vater bekam kurz nach seiner Pensionierung Lungenkrebs. Anfangs fiel es ihm schwer, zuzugeben, wie bedeutungsvoll seine Pensionierung für ihn war. Zum Glück gelang es ihm nach seiner Krebsoperation, neue Erfüllung in seinem Leben zu finden, und nach nunmehr zwölf Jahren ist die Krankheit noch immer nicht zurückgekehrt.

Männer sind im allgemeinen eher fähig, ihre Wut zum Ausdruck zu bringen, während Frauen meistens dazu neigen, sie zurückzuhalten und sich statt dessen Depressionen hinzugeben. Für sie findet die Veränderung gewöhnlich zu Hause statt – vielleicht durch eine Ehescheidung oder weil die Kinder erwachsen sind und aus dem Haus gehen. Eine Frau, die Krebs bekam, nachdem ihre Kinder aus dem Haus waren, schrieb mir in einem Brief: »In mir war alles leer, und da kam der Krebs und hat ihren Platz ausgefüllt.«

Es mag auch an der wachsenden Unzufriedenheit mit der Hausfrauenrolle liegen, von der sich viele Frauen nicht ausgefüllt fühlen. Dabei geht es vielleicht gar nicht mal so sehr um die Rolle selbst, sondern um das Gefühl, eingesperrt zu sein. Bei Hausfrauen liegt das Krebsvorkommen um 54 Prozent höher als bei Frauen, die außerhalb des Hauses einen Beruf ausüben. Als Dr. William Morton von der University of Oregon diese Ergebnisse zum ersten Mal veröffentlichte, glaubten viele Wissenschaftler, daß es in der Küche ein Karzinogen geben müsse, und man stellte eine ganze Reihe fruchtloser Untersuchungen an, um es ausfindig zu machen. Nun, vielleicht gibt es in den amerikanischen Küchen sogar Karzinogene – aber aus einer weiteren statistischen Erhebung ging hervor, daß bezahlte Hausangestellte *weniger* an Krebs erkranken als Hausfrauen, obgleich sie in *zwei* Küchen tätig sind. Allerdings konzentrieren sich die meisten Forschungen noch immer darauf, nach chemischen Stoffen zu suchen. Die Möglichkeit, daß das hohe Krebsrisiko von Hausfrauen vielleicht auf ihr Gefühl, eingesperrt zu sein, zurückzuführen ist, und auf die Tatsache, daß ihr Leben häufig nicht so verläuft, wie sie es sich wünschen, wird noch immer zuwenig bedacht.

W. H. Auden spricht in seiner Ballade *Miss Gee* von der Beziehung zwischen Krankheiten und einem unerfüllten, frustrierten Leben. Er bezeichnet Krebs als den »Meuchelmörder, der im verborgenen lauert«, und kommt auf seine Weise zu demselben Ergebnis wie viele Wissenschaftler:

Es trifft Frauen ohne Kinder
Männer, wenn die Arbeit endet;
So als bräuchten sie nicht minder
Etwas, was ihr Schicksal wendet.

Ein Psychiater hat einmal zu mir gesagt: »Nicht alles, was sich reimt, ist wahr«, aber ich schließe mich lieber Lawrence LeShan an. Bevor er mit neuen Forschungen beginnt, liest er viel, um zu sehen, ob Dichter und Künstler auch schon mal die Idee hatten, der er nachgeht. Wenn ja, fährt er mit seiner Arbeit fort und weiß, daß er auf dem richtigen Weg ist.

Das Fehlen eines Ventils für die Emotionen ist ganz allgemein ein Bestandteil der Geschichte von Krebspatienten. Aus diesem Grund kommen in Klöstern häufiger Krebserkrankungen vor als in Gefängnissen: Im Gefängnis können Frustrationen abreagiert werden. Zu LeShans Patienten gehörte ein früherer Bandenführer, der die Hodgkinsche Krankheit bekam, als sein aufregendes Leben – umgeben von Anhängern und Gefahren – zu Ende ging. Die Bandenmitglieder wurden erwachsen, und die Gruppe löste sich auf. Der junge Mann langweilte sich und reagierte nicht auf die Therapie. Als LeShan den Grund erkannte, schlug er seinem Patienten vor, der Feuerwehr beizutreten, weil dadurch wieder männliche Kameradschaft und Gefahren in sein Leben kamen. Schon bald begann sein Körper, darauf zu reagieren, und die Krankheit bildete sich zurück. Dann tauchte ein neues Problem auf, als er befördert wurde. Seine Frau wollte, daß er die Beförderung annahm, aber er fürchtete, daß ein Schreibtischjob seiner Heilung im Wege stehen könnte. Es muß sich erst noch zeigen, ob er reif genug ist, den richtigen Weg zu wählen.

In gewisser Hinsicht ist Krebs keine primäre Krankheit. Krebs ist Teil einer Reaktion auf äußere Umstände, die die Abwehrmechanismen des Körpers schwächen. Das ist der Grund, warum häufig eine neue Krankheit auftritt, wenn der Arzt die Krebserkrankung oder irgendeine andere Krankheit heilt, ohne sich zu vergewissern, ob seine Behandlung das gesamte Leben des Patienten miteinbezieht. Da jeder Mensch äußeren Veränderungen unterliegt, muß eine wirksame Behandlung den Patienten auch dazu bringen, sich so zu verändern, daß er trotz solcher Streßsituationen ein angenehmes und glückliches Leben führen kann. Dieser Prozeß ist niemals ganz abgeschlossen, aber schon der Prozeß als solcher kommt unserem Körper zugute. Man braucht kein Heiliger zu sein, um geheilt zu werden. Wenn man sich nur bemüht, darauf hinzuarbeiten, wird man schon belohnt. Richard Bach, der Autor von *Jonathan Livingston Seagull*, schrieb: »Dies ist eine Prüfung, um herauszufinden, ob deine Mission auf der Erde beendet ist: Wenn du am Leben bist, dann ist sie es nicht.«

Persönlichkeitsprogrammierung

Meine Mutter hatte in ihrer Jugend eine starke Überfunktion der Schilddrüse und wog nur ungefähr 90 Pfund. Sie wünschte sich verzweifelt ein Kind. Sie ging zu vielen Gynäkologen, aber alle sagten ihr, daß ihr Körper diese Anstrenung nicht überstehen würde und sie wahrscheinlich sterben müßte, wenn sie schwanger wurde. Nach einigen Jahren beschlossen sie und mein Vater, obgleich sich ihr Zustand nicht gebessert hatte, daß ein Baby das Risiko wert sei. Von diesem Augenblick an wurde sie eine außergewöhnliche Patientin: Sie begann damit, ihre Hoffnungen und Ängste mit ihren Ärzten zu teilen, ihnen auf emotionaler wie auch auf intellektueller Ebene zu begegnen, und letztlich übernahmen meine Mutter und mein Vater die Verantwortung für die Entscheidung, ein Kind zu haben.

Schließlich fanden meine Eltern einen Gynäkologen, der bereit war, meiner Mutter dabei zu helfen, das Risiko auf sich zu nehmen. Er sagte ihr, er würde sie bei dem Versuch, eine normale Schwangerschaft durchzustehen, unterstützen, wenn es ihr gelänge, dreißig Pfund zuzunehmen. Meine Mutter hatte eine wunderbare Hilfe – eine jüdische Mutter. Sie nahm ihre Tochter mit nach Hause, legte sie aufs Sofa und fütterte sie drei Monate lang. Meine Mutter nahm so viel zu, wie der Arzt verlangt hatte, und wurde schwanger, und so wurde ich geboren. Die Überfunktion ihrer Schilddrüse verschwand nach meiner Geburt, und meine Eltern konnten sich an einem gesunden Kind erfreuen.

Die Geburt war ein echtes Trauma. Meine Gesichtszüge waren durch die Zangengeburt stark verzerrt. Wenn mich meine Mutter mit dem Wagen ausfuhr, verhüllte sie immer mein Gesicht. Die Nachbarn blieben stehen, schoben den Vorhang weg und begannen mit: »Ach, wie niedlich . . .«, bis sie mich zu Gesicht bekamen und sahen, daß die üblichen Phrasen nicht angebracht waren. Erschrocken gingen sie davon. Meine Mutter beschloß, mit mir zu Hause zu bleiben, um den Nachbarn diese Peinlichkeit zu ersparen. Es gibt von mir aus diesen ersten Monaten keine Fotos. Schließlich griff meine Großmutter ein. Sie rieb mir das Gesicht und massierte es so lange, bis der Schaden behoben war. Sie sprach meiner Mutter Mut zu und verhalf ihr so zu ihrer bedingungslosen Liebe für mich.

Ich erlebte also schon von klein auf, mehr noch als andere Babys, die ihr Leben unter leichteren Bedingungen beginnen, daß ich bedingungslos geliebt wurde. Ich wußte, daß ich die Unterstützung und Liebe meiner Eltern haben würde, egal, was ich tat. Ich bin davon überzeugt, daß mir das Gefühl liebevoller Unterstützung, mit dem ich aufgewachsen bin, den Glauben gegeben hat, daß ich der sein konnte, der ich sein wollte, und mich dazu gebracht hat, anderen helfen und sie heilen zu wollen.

Die ersten Erfahrungen in meinem Leben haben mich dazu konditioniert, überleben zu können. Das Leben wurde zu einer Reihe von Hindernissen, von denen ich aber immer wußte, daß ich sie würde bewältigen können. Wenn andere mich nicht mochten, wußte ich, daß ich mich auf meine Familie und das Selbstvertrauen verlassen konnte, das sie mir beigebracht hatte. Das war in gewisser Hinsicht vielleicht für mich als Arzt ein Handicap, denn ich wußte ja gar nicht, was im Leben anderer Menschen vor sich ging.

Die schwierigste Lektion, die ich lernen mußte, war, daß die meisten meiner Patienten nicht das Produkt einer solchen Liebe sind. Vielmehr würde ich schätzen, daß 80 Prozent meiner Patienten unerwünscht auf die Welt kamen oder als Kinder mit Gleichgültigkeit behandelt wurden. Sogar Laborratten, die im frühen Kindesalter von ihren Müttern getrennt werden, sind anfälliger für Krebs. Ratten, die in ihrer Kindheit häufig gestreichelt werden, sind nicht so anfällig. Wie sehr unterscheiden sich doch meine Erfahrungen von denen vieler Menschen, die ständig zu hören bekommen: »Wir haben uns immer einen Jungen gewünscht, kein Mädchen«, oder: »Dein Vater war ein Säufer – wir wollten eigentlich keine Kinder mehr«, oder gar: »Ich wünschte, ich hätte eine Fehlgeburt gehabt statt dich.« Solche Botschaften führen ein Leben lang zu dem Gefühl, nichts wert zu sein. Dann wird die Krankheit zu etwas, was der Patient verdient, und die Behandlung zu etwas, was er nicht verdient. Für diese Menschen kann die Krankheit eine Gelegenheit sein, letzten Endes doch noch den Wunsch ihrer Eltern zu erfüllen – oder Gottes Wunsch, da viele Menschen aufgrund ihrer Religion Schuldgefühle haben und Krankheiten als Strafe für eine Sünde hinnehmen. Tief in ihrem Inneren glauben sie, daß die einzige Möglichkeit, wirklich gut zu sein oder Liebe zu empfangen, darin besteht, zu sterben.

Eine meiner Patientinnen kam aus New York und hieß Jane. Sie war seit ihrer Jugend Schauspielerin. Ihre Mutter hatte ihr immer wieder geraten, auf ihre Brüste aufzupassen, da sie für ihr Aussehen von allesumfassender Bedeutung seien. Sie sagte, sie müsse auf dem Bauch schlafen und beim Tanzen darauf achten, daß niemand an sie stieß. Natürlich bekam Jane

Brustkrebs und konnte sich nicht zu einer Operation entschließen. Statt dessen probierte sie jede andere Therapie aus, die auf dem Markt war. Ich sagte ihr, sie müsse ihre unglaubliche Energie auf eine oder zwei Möglichkeiten konzentrieren und lernen, sich selbst zu lieben – weil sie nur so die Chance habe, geheilt zu werden. Aber wie so viele Darsteller lebte sie hauptsächlich aus dem Bedürfnis heraus, die Zustimmung anderer zu erlangen. Sie sagte: »Wenn ich keinen Applaus höre, woher soll ich dann wissen, daß ich geliebt werde?« Sie starb an ihrer Krankheit, nachdem sie ihre ganze Energie auf der Suche nach einem Wunder von außen her verbraucht hatte.

Wunder kommen von innen heraus. *Du bist nicht mehr das ungeliebte Kind.* Du *kannst* wiedergeboren werden, die alten Botschaften und die daraus hervorgehenden Krankheiten zurückweisen. Auch wenn du dich für die Liebe entscheidest, wird es für dich Tage geben, an denen du ganz und gar nicht bist, was du sein möchtest, aber du *kannst* lernen, dir selbst zu verzeihen. Du kannst deine Unzulänglichkeiten nicht ändern, bevor du dich nicht akzeptierst, so wie du bist. Viele Menschen, vor allem jene mit einem hohen Krebsrisiko, neigen dazu, anderen zu vergeben und sich selbst zu kreuzigen! Ich finde, wir sind alle vollkommen unvollkommen, und möchte, daß wir uns trotzdem akzeptieren. Elisabeth Kübler-Ross sagt: »Ich bin nicht okay, du bist nicht okay – das ist schon okay.«

In den folgenden Kapiteln werde ich zeigen, wie eine Neuprogrammierung der Persönlichkeit vor sich gehen kann, aber vorher will ich Ihnen ein kleines Beispiel aus meiner eigenen Erfahrung geben. Das Problem der Seekrankheit ist im Vergleich zu Krebs zweifellos banal, aber die Prinzipien sind dieselben, und folgende kleine Episode hat mir gezeigt, wie mächtig und gefährlich die eigenen Gedanken sein können.

Eines Sommers las ich ein Buch, dessen Autoren eine besondere Technik zur Gewichtsabnahme empfahlen: Man solle versuchen, Übelkeit zu empfinden, wenn man auf den Eßtisch zuging. Ich war ganz begeistert und probierte die vorgeschriebenen Übungen aus. Außerdem wurde ich seit meiner Kindheit jedesmal, wenn ich mich auf bewegtem Wasser befand, schrecklich seekrank. Kurz bevor ich das Buch las, war ich in den Ferien zum Fischen gefahren und wieder seekrank geworden. Daher bildete ich mir ein, ich könne die im Buch beschriebene Übung noch verbessern, und stellte mir jedesmal vor, seekrank zu werden, wenn ich mich an den Eßtisch setzte. Am nächsten Tag war mir schwindlig, und ich übergab mich wegen einer Labyrinthitis. Meine Phantasie hatte meinen Gleichgewichtssinn beeinflußt. Ich mußte drei oder vier Tage lang im Bett bleiben. Ich fühlte mich so seekrank wie nie zuvor in meinem Leben. Ich kann Ihnen nur dringend raten, niemals absichtlich irgendwelche negativen Gedanken in bezug auf Ihren Körper herbeizuführen, auch wenn Sie damit Positives erreichen wollen wie etwa eine Gewichtsabnahme. Denn Ihre Vorstellungen könnten nur allzu wahr werden.

Als ich mehr über die Verbindung von Geist und Körper erfuhr, wurde mir klar, daß ich seit meinem fünften Lebensjahr programmiert war, seekrank zu werden. Damals war ich mit meinem Vater zum Fischen gefahren. Ich war sofort seekrank geworden und hatte daraus den Schluß gezogen, daß es mir auch in Zukunft immer so ergehen würde. Meine Familie und ich gingen auch später noch gern Boot fahren und fischen, wir versuchten es Jahr für Jahr von neuem, aber mein Unbehagen übertraf den Spaß daran bei weitem. Genauso wie es vielen meiner Patienten, die sich einer Chemotherapie unterziehen, auf dem Weg zu ihrem Onkologen schlecht wird, wird mir auf meinem Weg zum Boot übel. Ich beschloß, es einfach nicht mehr zuzulassen, und programmierte mich durch Meditationen um, *nicht* seekrank zu werden. Im darauffolgenden Sommer konnte ich mit meiner Frau und meinen Kindern mehrmals ohne eine Spur von Seekrankheit zum Fischen fahren. Einmal war es sogar ziemlich stürmisch, und ich war begeistert, als wir alle draußen auf dem Wasser waren und ich merkte, daß nun ihnen ein wenig schwindlig wurde.

Um auf das eigene Wohlergehen außergewöhnlich gut eingehen zu können, muß man erst seine Überzeugungen sondieren, besonders auch tiefsitzende Ängste, die sich normalerweise dem Bewußtsein entziehen. Wenn ein Patient davon überzeugt ist, daß er gesund werden kann, ist seine Heilung bereits in die Wege geleitet.

Eine Patientin von mir, eine sehr zarte Frau namens Edith, die nicht mehr als 85 Pfund wiegt, sagte mir: »Ich brauche Sie und Ihre Gruppe nicht. Meine Mutter hat mir, als ich klein war, immer gesagt: ›Du bist dürr, aber was auch geschieht, du wirst es überwinden. Du wirst 93 Jahre alt werden, und dann werden sie dich mit einer Dampfwalze überrollen müssen.‹« Edith hat bereits einen Herzanfall überlebt, ein blutendes Geschwür am Zwölffingerdarm, den Tod ihres Ehemannes sowie Brustkrebs im fortgeschrittenen Stadium. Sie hat ihre Operation jetzt schon mehr als sechs Jahre überlebt. Denn jedesmal, wenn irgend etwas mit ihr geschieht, hat sie die Worte ihrer Mutter im Ohr.

Wenn wir unsere Kinder alle auf diese Weise programmieren würden, dann würden wir ihnen helfen zu überleben. Denn Eltern versetzen ihre Kinder in gewisser Hinsicht als erste in Hypnose und können ihnen somit auch positive posthypnotische Anregungen geben.

In Wirklichkeit aber findet nur allzuoft eine negative Konditionierung statt. Im Laufe der Jahre habe ich festgestellt, daß meine Patienten dazu neigen, die gleichen Krankheiten zu bekommen wie ihre Eltern und auch etwa im gleichen Alter sterben. Ich glaube, daß Konditionierung zumindest ein genauso wichtiger Faktor ist wie genetische Prädisposition (was ich als »psychologische Genetik« bezeichne), weil ich schon oft genug miterlebt habe, wie manche Menschen das Szenarium geändert haben, nachdem sie sich erst einmal darüber im klaren waren. Wenn ein Patient resigniert sagt: »Als ich von meinem Krebs erfuhr, war es März, dann trat er erneut im März auf, und nun ist es wieder März« und dann seine Krebserkrankung erneut ausbricht und er innerhalb eines Monats stirbt, so wird offenbar, daß mehr daran beteiligt ist als nur Genetik. Fatalismus kann tödlich sein. Zu viele Menschen glauben, daß sie dazu verdammt sind, das Skript ihrer Eltern nachzuvollziehen. Eine Krankenschwester sagte mir nach einem meiner Vorträge: »Ich glaube, Sie haben mir das Leben gerettet. Ich habe darauf gewartet, an Krebs zu sterben, denn meine Mutter hatte Krebs und mein Vater auch. Ich wäre nie darauf gekommen, daß ich ihn deshalb nicht unbedingt auch bekommen muß.«

Vor kurzem habe ich einen Patienten namens Henry behandelt, dessen Vater immer die Todesanzeigen und auch jede andere Seite aus der Zeitung herausriß, auf der irgendeine Krankheit erwähnt war. Nun hatte Henry Krebs. Seine Panik war unglaublich, aber mit sehr viel Mühe und Geduld haben wir ihn durch die Operation gebracht, und er hat sich wunderbar erholt. Trotz seiner Angst, die zustande kam, weil seine Eltern ihm nie beigebracht hatten, mit Krankheiten umzugehen, war er fast genau das Gegenteil von Arthur, der am selben Tag in meine Praxis kam, als ich Henry zum ersten Mal untersuchte. Arthur gehörte den Christlichen Wissenschaftlern an und kam zu mir, weil seine Familie es so wollte. Obgleich sein Zustand weitaus gefährlicher war als der des anderen Mannes, hatte er viel weniger Angst.

Psychische »Gene« können so hilfreich oder so schädlich sein wie physische Gene. Das sehe ich oft, wenn ich Zeichnungen von einem Elternteil und einem Kind habe, die beide an Krebs erkrankt sind. Wie unglaublich groß die Ähnlichkeit ist! Manchmal gleichen sich die Zeichnungen fast bis aufs Haar, auch wenn sie viele Jahre auseinanderliegen und keiner je die Zeichnung des anderen gesehen hat. Hoffnungslose, hilflose Eltern erzeugen auch ein hoffnungsloses, hilfloses Kind.

Zielorgane

Die psychische Entwicklung in den ersten Lebensjahren spielt eine entscheidende Rolle dabei, ob jemand eine schwere Krankheit bekommt. Die Auswirkungen sind ganz spezifisch. Manchmal wird sogar festgelegt, welche Krankheit wann und wo auftreten wird.

Sehen wir uns an, wie es Lee, einem Psychologen, ergangen ist, der bei der Leitung einiger ECaP-Workshops mitgewirkt hat. Bei ihm begannen die Schwierigkeiten mit einer ständigen Heiserkeit, die sich am Ende als ein Kehlkopfkarzinom herausstellte. Sein Arzt teilte ihm mit, daß die »zur Wahl stehende Behandlung« eine Kehlkopfextirbation sei, und fügte hinzu: »Das einzige, was Sie dann nicht mehr tun können, ist singen und mit einem Sauerstoffgerät tauchen.« Damit wollte er ihm versichern, daß sich sein Leben nicht allzusehr verändern würde, allerdings hatte sich der Arzt nie besonders dafür interessiert, was Lee wichtig im Leben war, und Lee hat es ihm auch nie gesagt, denn Singen und Tauchen waren seine Lieblingsbeschäftigungen.

Lee war Nichtraucher, so daß die Lage des Tumors bei ihm eigentlich ungewöhnlich war. Aufgrund seiner Zusammenarbeit mit der ECaP-Gruppe und seiner Ausbildung als Psychologe wurde ihm klar, daß es psychische Faktoren sein mußten, die hier am Werk waren. Ich vermutete, daß für ihn die Kehle eine ganz besondere Bedeutung haben mußte. Und natürlich war ja die Fähigkeit, sprechen zu können, gerade in seinem Beruf sehr wichtig.

Aber es mußte noch mehr dahinterstecken. Lees Familie war groß und laut, und sein Vater legte immer die Hand um Lees Kehle und drückte sie ein wenig, wenn er zu laut redete, und sagte: »Leise, Lee, leise, Lee« – mit rauher flüsternder Stimme, genauso wie Lee jetzt selbst sprach.

Mit großer Anstrengung und viel Schmerzen hat Lee die Folgen seiner Kindheitserlebnisse bewältigt. Nach der Operation hatten seine Ärzte nur Positives zu berichten, aber er wußte, daß er seine Probleme noch nicht ganz überwunden hatte, was schließlich auch durch die Tests bestätigt wurde. Er bekam einen zweiten Krebstumor am Rücken und dann einen dritten in den Lymphknoten. Während der ganzen Zeit ließ er die »zur Wahl stehenden Behandlungen« weiter über sich ergehen, bis man ihm beim letzten Mal sagte, daß er mit Hilfe einer Chemotherapie höchstens noch fünf Jahre zu leben habe.

Schließlich machte Lee selbst den Mund auf. Er sagte seinen Ärzten, daß er mehr wolle als ein paar miserable Jahre mit Medikamenten. Er wolle die Sache in den Griff bringen. Er machte sich einen eigenen Plan für eine psychische Neuorientierung und Ernährungstherapie. Sein Onkologe erklärte, das seien doch bloß »Seifenblasen in allen Regenbogenfarben«. Da der Regenbogen aber das Symbol für Hoffnung und Leben ist, war es genau das, was er hören wollte. Er lebt und ist wohlauf, über die Prognose seines Arztes hinaus und ohne erneute Erkrankung, obgleich er alle üblichen medizinischen Behandlungsmethoden abgelehnt hat. Allerdings empfehle ich diese Methode nicht unbedingt jedem. Nicht jeder ist so stark wie Lee und bringt es fertig, sich so entschieden zu verändern. Andere könnten seine starren Ernährungsprogramme vielleicht als eine Last empfinden, die genau die gegenteilige Wirkung erzielt.

Lees Fall ist jedoch nicht ungewöhnlich. Zielorgane – Teile des Körpers mit besonderer Bedeutung für Konflikte oder Verluste im Leben eines Menschen – sind die wahrscheinlichsten Stellen, an denen sich eine Krankheit festsetzt. Franz Alexander, Vater der psychosomatischen Medizin, hat das bereits vor über vierzig Jahren erkannt, als er schrieb: »Es gibt viele Beweise dafür, daß so gewiß, wie bestimmte pathologische Mikroorganismen eine spezielle Affinität zu bestimmten Organen haben, auch bestimmte emotionale Konflikte besondere Eigenheiten besitzen und demgemäß dazu neigen, ganz bestimmte innere Organe zu befallen.« Die Entdeckung bestimmter krebserzeugender Faktoren war ein großer Schritt in Richtung des Verständnisses von Krebs. Wenn aber alles auf die Onkogenese zurückzuführen wäre, dann müßten Menschen, die für Krebs anfällig sind, viele primäre Tumore gleichzeitig bekommen, und zwar an verschiedenen Teilen ihres Körpers. Statt dessen treten die Krebsgeschwülste bei ihnen ohne Unterschied nur in dem Bereich auf, der für sie psychisch bedeutsam ist – dem Zielorgan.

Von Zeit zu Zeit habe ich Gelegenheit, mit Psychiatern zu sprechen, entweder wenn sie als Patienten zu mir kommen oder auf Tagungen. Viele von ihnen erzählen mir Geschichten über das Bedürfnis mancher Patienten, krank zu werden, oder über die Bedeutung von Zielorganen. Einer berichtete mir von einem geisteskranken Patienten, der psychisch gesund wurde, als sein Körper krank wurde, aber sobald die physische Krankheit überstanden war, wurde er wieder psychisch krank. Ein anderer erzählte mir von einem Mann, der fest behauptete, schwanger zu sein und an der Blase und der Prostata (die männlichen Organe, die der Gebärmutter am ähnlichsten sind) einen riesigen Tumor bekam, so daß es tatsächlich so *aussah*, als sei er schwanger.

Ich erinnere mich an eine Frau im Krankenhaus, die mir eine positive Erklärung gab, als ich sie fragte, wie sie sich ihre Strahlentherapie vorstelle. »Ich stelle sie mir vor wie einen goldenen Sonnenstrahl, der in meinen Körper eindringt.«

Ich sagte: »Offenbar war schon jemand vor mir hier, der Ihnen alles erklärt hat.«

»Nur die Frau im Bett nebenan«, sagte sie. Dort lag eine Frau, die beide Hände verbunden hatte. Ich sprach mit ihr und erfuhr, daß sie vor sechs oder sieben Jahren ein Mesotheliom gehabt und man ihr gesagt hatte, daß sie nur noch sechs Monate leben würde, und daß sie danach enorme innere Veränderungen durchgemacht habe und ihre Krankheit jetzt verschwunden sei. Ich fragte: »Warum hatten Sie *diese* Krankheit nötig?« Und sie erwiderte: »Ich weiß es nicht.«

Wir unterhielten uns eine Weile, und sie erzählte mir, daß sie einen liebevollen Mann und zwei wunderbare Kinder habe, aber daß zu Hause niemand mit ihr über die unglaublichen Veränderungen sprechen wolle, die sie durchgemacht hatte, als sie sich selbst heilte. Und es sei wunderbar, im Krankenhaus zu liegen. Das ganze Personal, die Krankenschwestern und Pfleger – alle seien da und sprächen mit ihr. »Aha«, meinte ich. »Deshalb sind Sie also hier und haben die Hände wegen einer Infektion verbunden.« Und ich fügte hinzu: »Ich werde für Sie Menschen finden, mit denen Sie reden können. Jetzt werden Sie erst mal gesund.«

Frauen, deren Kinder jung sterben oder die unglückliche Liebesbeziehungen haben, sind besonders anfällig für Brustkrebs oder Krebs am Gebärmutterhals. Eine ECaP-Patientin, deren beide Ehemänner an Krebs gestorben waren, hatte Gebärmutterkrebs und Herpes zoster in der einen Brust. Ich glaube nicht, daß es reiner Zufall war, daß sie nach diesen Verlusten an zwei Geschlechtsorganen erkrankte, so daß andere Männer von ihr ferngehalten wurden.

Eine meiner Patientinnen mit Brustkrebs war ein perfektes Beispiel nicht nur für diesen Zusammenhang, sondern auch für die Hoffnung, die schon dadurch entsteht, daß man sich über diesen Zusammenhang *klar wird*. Dianas Sohn war bei einem Verkehrsunfall mit Fahrerflucht ums Leben gekommen, und sie unternahm ungeheure Anstrengungen, um den Schuldigen zu finden, da die Polizei geschlampt und die Beweise irgendwie unbrauchbar gemacht hatte. Ihre Freunde sagten ihr immer wieder, daß sie sich buchstäblich »selbst umbringe«. Sie bekam Übergewicht und einen zu hohen Blutdruck. Und am Ende bekam sie Brustkrebs, quasi als Zeichen ihrer Verzweiflung. Als wir miteinander redeten, wurde Diana jedoch klar, daß sie ihre Krankheit durch ihre eigenen Gefühle und Handlungen herbeigeführt hatte und daß sie gesund werden konnte, wenn sie beides änderte. Nachdem sie die Praxis verlassen hatte, fragte mich meine Arzthelferin: »Haben Sie ihr gesagt, daß sie Krebs hat?«

»Natürlich«, erwiderte ich. »Wieso?«

»Weil sie gelächelt hat, als sie hinausging.«

Manche Patienten wissen bereits von diesem Zusammenhang und benötigen nur einen aufgeschlossenen Arzt, um ihr Wissen anwenden zu können. Eine Frau erwähnte einmal: »Man hat mir immer gesagt, ich hätte kein Rückgrat, und jetzt habe ich Rückenmarkgeschwülste.« Und eine andere Frau, die in eine anstrengende Liebesaffäre mit einem verheirateten Mann verwickelt war, kommentierte ihre Situation: »Ich hatte Angst, daß ich Krebs kriege, und falls ja, wußte ich, daß es auf jeden Fall am Gebärmutterhals sein würde.« Eine Patientin mit multipler Sklerose, deren Haushaltshilfe sie mit ihren fünf kleinen Kindern sitzenließ, um die sie sich nun selbst kümmern mußte, konnte ihre rechte Hand nicht mehr bewegen. Sie hatte gerade ihren Mann verloren, der ihre rechte Hand gewesen war.

Für einen Außenseiter erscheinen manche Verbindungen manchmal etwas weit hergeholt, aber nur der Patient allein kann am Ende beurteilen, ob sie realistisch sind oder nicht. Nachdem ich es immer wieder und wieder miterlebt habe, bin ich zu dem Schluß gelangt, daß wir die Zielorgane unseres Körpers in Form eines negativen Biofeedbacks sensibilisieren.

Krebs und sein psychologisches Profil

Im zweiten Jahrhundert n. Chr. stellte Galen fest, daß melancholische Menschen häufiger Krebs bekommen als Menschen mit einem eher heiteren Gemüt. Im 18. und 19. Jahrhundert wurde vielen Ärzten klar, daß Krebs meistens immer dann auftritt, wenn im Leben eines Menschen eine Tragödie oder eine Krise stattgefunden hat, vor allem bei Menschen, die wir heute als depressiv bezeichnen. Vor dem Beginn der modernen Psychologie gab es jedoch wenig, was sie tun konnten, um ihren depressiv veranlagten Patienten dabei zu helfen, ihre Einstellung zu ändern.

Trotz der umfangreichen Erkenntnisse, die im 20. Jahrhundert über den menschlichen Geist gewonnen wurden, hat sich die Medizin bis heute merkwürdig zurückhaltend gezeigt, sie auch anzuwenden, um die Ursache von Krebserkrankungen besser verstehen zu können. Elida Evans, eine Schülerin von Carl Jung, ebnete 1926 mit ihrer *Psychological Study of Cancer* den Weg dafür, aber sie wurde fast völlig ignoriert. Ihr Buch, auf das ich Mitte der siebziger Jahre in der medizinischen Bibliothek der Yale University stieß, war dort innerhalb von 50 Jahren nur sechsmal ausgeliehen worden. Das Buch bringt deutlich zum Ausdruck, wie groß das Krebsrisiko bei einem Persönlichkeitstyp ist, für den die Bedeutung des Lebens völlig von anderen Menschen oder von äußerlichen Dingen abhängt. Wenn diese Verbindung unterbrochen wird, bricht die Krankheit aus. Evans schloß daraus: »Krebs ist genau wie die meisten Krankheiten ein Symbol dafür, daß im Leben des Patienten etwas nicht stimmt, es ist eine Warnung für ihn, einen anderen Weg einzuschlagen.«

Heute sind wir dank der Arbeiten von LeShan, Dr. Caroline Bedell Thomas und anderen in der Lage, ein fast vollständiges psychologisches Profil der Menschen zu zeichnen, die am ehesten Krebs bekommen.

Der typische Krebspatient hat in seiner Kindheit meistens keine große Nähe zu seinen Eltern erfahren, ihm wurde keine bedingungslose Liebe zuteil, die ihm Sicherheit und Selbstvertrauen gegeben und ihn dazu befähigt hätte, Herausforderungen zu bewältigen. Später nahm er ein extrovertiertes Verhalten an – aber nicht so sehr, weil er sich von anderen angezogen fühlte, sondern vielmehr, weil er auf ihre Bewunderung angewiesen war. Im jugendlichen Alter hatte es dieser künftige Krebspatient schwerer als andere Teenager. Es fiel ihm schwer, mehr als oberflächliche Freundschaften herzustellen. Dadurch fühlte er sich einsam und noch unzulänglicher.

Ein solcher Mensch hält sich selbst für dumm, unbeholfen und schwach und traut sich weder im gesellschaftlichen noch im sportlichen Bereich etwas zu, obwohl er in Wirklichkeit zu Leistungen fähig ist, um die ihn seine Klassenkameraden oft beneiden. Häufig kommt es aber auch vor, daß er sich gleichzeitig als außerordentlich begabt ansieht, als jemand, der dazu bestimmt ist, der menschlichen Rasse mit zwar vagen, aber weitreichenden Leistungen zu dienen. Aber dieses »wahre Ich« wird sorgfältig verborgen, weil es die (objektive) minimale Akzeptanz und Liebe, die diesem Menschen zuteil wird, aufs Spiel setzen könnte. Er denkt: »Wenn ich mich benehme, wie ich mich wirklich fühle – kindisch, brillant, liebenswert und ›verrückt‹ –, dann wird man mich zurückweisen.«

Ich gab einmal einer Patientin, einer jungen Frau namens Adrienne, eine Kopie von Gerald Jampolskys Buch *Love is Letting Go of Fear*. Nachdem sie es gelesen hatte, sagte sie zu mir: »Ich war wie dieses Buch. Ich war ein ›Blumenkind‹, voller Liebe mit der Welt, aber meine Eltern sagten immer: ›Du mußt erwachsen werden.‹ Also wurde ich erwachsen und bekam Krebs, und nun kommen Sie und sagen: ›Du mußt wie ein Kind sein.‹« Adrienne kehrte wieder zu sich selbst zurück – zu ihrem »wahren Ich« – und ist heute gesund. Lieben heißt nicht, daß man nicht erwachsen ist. Sich wie ein Kind zu verhalten heißt nicht, kindisch zu sein.

Aber manchmal, meistens mit Anfang Zwanzig, verliebt sich der künftige Patient, schließt ein oder zwei enge Freundschaften, bekommt eine Arbeit, die ihn wirklich befriedigt, oder wird auf irgendeine andere Art glücklich, die nicht direkt mit ihm selbst zu tun hat. Er ist unfähig, den Verlauf der Ereignisse ganz allein sich selbst zuzuschreiben. Es sieht aus wie pures Glück, mehr, als er verdient, aber für den Augenblick ist alles in Ordnung so. Als Erwachsener hat er noch immer ein schwaches Selbstimage und zeichnet sich im Hinblick auf seine eigenen Bedürfnisse durch Passivität aus, zeigt aber außerordentlich große Hingabe für den Menschen, die Aufgabe oder die Gruppe, die zu seinem Lebensinhalt geworden sind.

Früher oder später – nach Jahren oder Jahrzehnten – verliert man den von außen gewonnenen Lebensinhalt. Die Freunde ziehen fort, der Arbeitsplatz geht verloren oder ist nicht mehr so zufriedenstellend, der geliebte Partner verläßt einen oder stirbt. Solche Veränderungen machen wir alle durch, und sie sind immer schmerzhaft, aber für jemanden, der alles auf eine Karte gesetzt hat, ist ein solcher Verlust der Ruin. Trotzdem sieht es gewöhnlich gar nicht so aus. Denn die anderen glauben, daß er »es bemerkenswert gut trägt«, dabei ist er in seinem Innern völlig leer. Das Gefühl, wertlos zu sein, breitet sich wieder in ihm aus, und er sieht keinen Sinn mehr im Leben.

Meistens geht das Leben dann routinemäßig weiter. Der künftige Krebspatient, der seit seiner Kindheit wie unter Zwang immer nur gegeben hat, macht immer so weiter, bei jedem, der in seinem Leben noch übriggeblieben ist, bis er völlig erschöpft zusammenbricht. Immer wieder höre ich Freunde und Verwandte sagen: »Er war ein Heiliger. Warum ausgerechnet er?« Die Wahrheit ist, daß Krebspatienten meistens zwanghaft anständige und großzügige Menschen sind, weil sie die Bedürfnisse anderer vor ihre eigenen stellen. Man könnte den Krebs als die Krankheit der netten Menschen bezeichnen. Sie sind jedoch nur nach den Maßstäben der anderen Menschen »nett«. Ihre Liebe ist bedingt. Sie geben nur, um Liebe zu empfangen. Wenn ihr Geben nicht belohnt wird, sind sie anfälliger für Krankheiten als je zuvor. Das zeigt sich gewöhnlich innerhalb von zwei Jahren nach dem Zeitpunkt, an dem ihre wichtigste emotionale Stütze weggefallen ist.

Das vollständige Bild haben Therapeuten geliefert, die eng mit Krebspatienten zusammengearbeitet und somit einen tiefen Einblick in ihr Leben erlangt haben. Allerdings konzentrieren sich immer mehr Beweise auf ganz spezifische Aspekte des Profils.

Mit Hilfe eines einfachen psychologischen Tests bei einer großen Gruppe Frauen, von denen einige Gebärmutterhalskrebs hatten, gelang es Arthur Schmale, bei 36 von 51 Frauen bösartige Krankheiten festzustellen (die bereits diagnostiziert, ihm aber nicht bekannt waren), indem er sie nach Gefühlen der Hoffnungslosigkeit und nach kürzlich erfolgtem emotionalem Verlust befragte. Andere Forschergruppen haben inzwischen sogar noch genauere Resultate erzielt. Marjorie und Claus Bahnson haben einen Fragebogen entworfen, mit dessen Hilfe sie zu 88 Prozent exakt die Menschen identifizieren können, bei denen bereits eine durch Biopsie bestätigte Krebserkrankung festgestellt worden war. Die meisten dieser psychologischen Tests sind inzwischen genauer als die physischen Untersuchungen der Ärzte. Nach dem gleichen Prinzip stellt die Sprechstundenhilfe in meiner Praxis schon ziemlich gute Diagnosen, indem sie ihr Urteil einzig und allein nach ihrem persönlichen Eindruck von neuen Patienten fällt.

Zu den wichtigsten Arbeiten, die auf diesem Gebiet geleistet wurden, gehört auch die von Dr. Caroline Bedell Thomas von der Johns Hopkins University Medical School. Sie hat seit 1946 Persönlichkeitsprofile von 1337 Medizinstudenten aufgenommen und dann nach Abschluß des Studiums jedes Jahr die seelische und körperliche Gesundheit derselben Personen neu überprüft. Ihr Ziel war es, psychologische Prämissen von Herzerkrankungen, hohem Blutdruck, Geisteskrankheiten und Selbstmord herauszufinden. Sie bezog Krebs in die Untersuchung mit ein, um Vergleiche anstellen zu können, denn ursprünglich hatte sie nicht geglaubt, daß Krebs eine psychologische Komponente habe. Die Daten ergaben jedoch ein »erstaunliches und unerwartetes« Ergebnis: Die Merkmale der Studenten, die später Krebs bekamen, waren mit denen der Selbstmörder fast identisch. Fast alle Krebspatienten hatten ihr ganzes Leben lang Schwierigkeiten, ihre Gefühle auszudrükken, die mit ihren eigenen Bedürfnissen zu tun hatten. Außerdem stellte sich heraus, daß Dr. Bedell Thomas anhand der Zeichnungen, die die Teilnehmer an der Untersuchung angefertigt hatten, voraussagen konnte, an welchen Teilen ihres Körpers die Krebserkrankung auftreten würde.

Auch einige andere Krankheiten werden durch lebenslange Muster der Selbstverleugnung verursacht. Bei chronischer rheumatischer Arthritis beispielsweise tritt häufig eine *bewußte* Restriktion der eigenen Leistungen auf. Als ich es meiner Mutter gegenüber erwähnte, die auch Arthritis hat, stimmte sie mir zu: »Ja, genauso ist es bei mir. Ich habe schon vielen Organisationen angehört und mich oft bis zur Vizepräsidentin hochgearbeitet, aber wenn man mich zur Präsidentin wählen wollte, habe ich immer gesagt: ›Nein, nein, ich habe zuviel mit meiner Familie zu tun. Ich muß leider ablehnen.‹«

Es ist für den Patienten wichtig, sein psychologisches Muster zu verstehen, aber für den Augenblick – um gesund werden zu können – müssen seine Schwierigkeiten für ihn so dargestellt werden, daß er mit ihnen umgehen kann. Dazu gehört vor allem, daß er den Konflikt erkennt. Krebspatienten müssen sich gewöhnlich klar darüber werden, daß sie die Bedürfnisse der Menschen, die ihnen als einzige etwas bedeuten, dazu verwenden, ihre eigenen zu vertuschen.

Häufig entwickelt sich dabei ein regelrechter Machtkampf. Das erkannte ich sehr deutlich und auf tragische Weise im Fall von Norma, einem ECaP-Mitglied, die von ihrem Ehemann ständig gedemütigt wurde. Ihre Krankheit begann, sich zurückzubilden, als sie damit begann, »besser auf sich selbst zu achten«. Dann wurde ihr Mann herzkrank und kam ins Krankenhaus. Norma sah sich vor eine Entscheidung gestellt. Anstatt ihren Mann dazu zu bringen, selbst zu entscheiden, ob er mit ihr wachsen oder sich seiner Krankheit hingeben wollte, beschloß sie, sich lieber wieder in ihr altes Ich zu flüchten. Er beleidigte und demütigte sie auch weiterhin und wurde wieder gesund, während sie nach Hause zurückkehrte, um zu sterben. Zu den übrigen ECaP-Leuten sagte sie, wir sollten keine »komischen Sachen« versuchen, wenn wir zu Besuch kämen, womit sie meinte, daß sie nicht daran dächte, ihren Entschluß zu ändern.

Jeder von uns hat mehr oder weniger die Gelegenheit, sich zu entscheiden. Zum Beispiel hätte Normas Mann lernen können, sie zu lieben, oder sie hätte sich behaupten und weiterleben können. Aber eingefahrene Muster, auch wenn sie schmerzhaft sind, lassen sich leichter beibehalten als durch neue ersetzen. Veränderungen sind schwierig, unbequem und angsteinflößend. Und genau diese Empfindungen sagen uns auch, daß wir uns ändern.

Für den zwanghaft Gebenden ist es oft sehr schwer, nein sagen zu können, ohne dabei ein schlechtes Gewissen zu haben. Viele meiner Patientinnen kommen zu unseren Gruppentreffen mit den Worten: »Ich werde alles tun, um wieder gesund zu werden.« Dann lege ich ihnen ein Programm vor einschließlich Leibesübungen und Meditation, und sie wenden ein: »Ja, aber dann kriege ich das Abendessen nicht rechtzeitig fertig.« Eine Patientin namens Sharon erzählte uns, daß die Sekretärin ihres Mannes gekündigt habe, so daß sie für ihn arbeiten »müsse«, bis er einen Ersatz für sie gefunden habe. Dazu kam noch, daß sie diese Arbeit haßte. Ich erklärte ihr: »Sie können den Krebs nicht besiegen, wenn Sie jeden Morgen mit dem Gedanken aufstehen, daß Sie das, was Sie den ganzen Tag lang tun werden, hassen.« Trotzdem brauchte sie zwei oder drei Monate, um »bei ihrem Mann zu kündigen«, wie sie es ausdrückte.

Manchen hilft es, wenn sie sich für ihr Leben eine zeitliche Grenze setzen. Wenn Sie wüßten, daß Sie noch einen einzigen Tag zu leben hätten, würden Sie sich dann drei Stunden lang in die Röntgenabteilung legen und auf einen Test warten? Zum Teufel, nein. Sie würden bestimmt verlangen: »Bringen Sie mich zurück in mein Zimmer. Ich habe nur noch 24 Stunden zu leben, und ich habe keine Lust, die meiste Zeit davon in einer Röntgenstation zu verbringen.« Dann würde der Test auch wahrscheinlich in fünf Minuten durchgeführt.

Ich sage allen meinen Patienten, daß sie eine Entscheidung treffen müssen, die sich danach richtet, was sie für richtig hielten, wenn sie wüßten, daß sie nur noch einen Tag, eine Woche oder ein Jahr zu leben hätten. Auf diese Weise kann man die Menschen veranlassen, darüber nachzudenken, was sie fühlen, selbst wenn sie es noch nie zuvor getan haben. Wir können uns nicht einfach den Luxus erlauben, fünf Jahre lang mit jemandem ein Psychoanalyse durchzuführen, wenn der Betreffende gar nicht mehr so lange leben wird. Wir müssen uns jetzt und sofort ändern, und die beste Möglichkeit, es zu tun, besteht darin, sich zu fragen, was man mit dieser kurzen Zeitspanne gern tun möchte.

Individuelle Reaktionen

Jedes psychische Bild des typischen Krebskranken kann natürlich nur höchst allgemeiner Art sein, und Beispiele anderer Menschen können nur als Leitfaden dienen. Obgleich sich die Merkmale auf breiter Basis gleichen, gibt es doch bei jedem einzelnen Menschen ganz spezifische Details. Allerdings sind viele unserer Krebspatienten erstaunt, wenn sie ihre eigene Persönlichkeit und Lebensgeschichte von anderen Patienten beschrieben hören, ohne ihnen je zuvor begegnet zu sein. Das kann ganz wesentlich zur Motivation beitragen. Der Patient denkt sich vielleicht: »Du liebe Güte! Wenn andere das alles über mich erraten, sollte ich wohl besser mein Leben ändern.« Die Arbeit besteht darin, Konflikte, in denen der Patient steckt, aufzudecken, denn wenn die äußeren Entscheidungen erst einmal den inneren Wünschen angepaßt sind, wird die Energie, die vorher in Widersprüchen verpufft ist, für die Heilung frei.

Meine Aufgabe als Arzt besteht nicht allein darin, die richtige Behandlungsmethode zu finden, sondern ich muß dem Patienten auch dabei helfen, einen echten Grund zum Leben zu finden, Konflikte zu lösen und Heilungsenergien frei zu machen. Obwohl der menschliche Geist über erstaunliche Kräfte verfügt, bedarf es eines ähnlich starken Einsatzes, um ihn auch in Gang zu setzen. Deshalb fordere ich meine Patienten auf, möglichst jede Art sinnvollen Glaubens in sich zu mobilisieren. Patienten, die allein durch den Arzt oder durch Gott gesund werden wollen, schmälern ihre Chancen. Sehr häufig sagen sie doch tatsächlich: »Ich weiß eigentlich gar nicht so recht, ob ich leben will, daher beschränke ich mich auf die bequemen Entscheidungen.« Die Häufigkeit passiver Selbstmorde ist unbekannt, aber sie spielen auf jeden Fall eine Rolle.

Die wichtigste Frage ist, wie der einzelne reagiert. Man sollte niemals den Wert der Wahrheit unterschätzen, auch wenn sie einen Schock auslöst. Ich erinnere mich an eine Patientin mit einem Herzfehler, die ihre Medizin nicht einnahm, wie ein Schornstein rauchte und dann zu mir kam, um sich an der Gallenblase operieren zu lassen. »Sind Sie hierhergekommen, damit ich Sie umbringe?« fragte ich sie.

Die Frage überraschte sie. Sie sagte: »Seit ich nicht mehr in die Psychotherapie gehe, hat niemand mit mir auf diese Weise gesprochen.« Ich erklärte ihr, daß ich zuerst mit ihren Depressionen fertig werden und versuchen müßte, ihr einen Grund zum Leben zu geben, bevor ich mich mit ihrer Gallenblase befassen konnte.

Vor einiger Zeit hatte ich eine Patientin mit einem Gehirntumor, der bereits so weit fortgeschritten war, daß sie Anfälle bekam. Sie überlegte, ob sie ihn chirurgisch entfernen lassen oder ihn nur mit einer Ernährungsdiät behandeln sollte. Eine Freundin hatte ihr geraten, zu mir zu gehen und mit mir zu reden, da ihre bisherigen Ärzte alle auf sie böse waren, weil sie vor einer aggressiven Behandlung dieser gefährlichen Krankheit zurückschreckte. Ich saß da und unterhielt mich mit ihr, bis wir an die Wurzeln ihres Problems gelangten – daß sie nämlich an Depressionen litt und gar keinen besonderen Wert darauf legte, weiterzuleben. Daher genügte es schon, wenn sie ihren Diätplan einfach nur ein wenig änderte. Das würde ihr kein großes Unbehagen bereiten, und wenn sie dann starb, wäre es, was sie selbst betraf, auch nicht weiter schlimm. Danach bemühte ich mich, ihr zu zeigen, wie sie ihr Leben interessanter gestalten konnte, um überhaupt weiterleben zu wollen. Und wenn ihr das gelang, würde sie sich auch für die im Notfall angemessenen modernen Techniken entscheiden und ebenso ihren Ausblick auf die Zukunft gründlich ändern können.

Ich empfehle meinen Patienten, gängige medizinische Techniken *nicht* von vornherein abzulehnen, sondern zumindest als eine Möglichkeit in Betracht zu ziehen. Die meisten Menschen sind einfach nicht stark genug, um »ihre Sorgen Gott zu überlassen«, das heißt, sich selbst zu heilen, indem sie seelischen Frieden und ein klares Gewissen entwickeln. Medikamente und chirurgische Eingriffe können einem Zeit verschaffen und vielleicht zur Heilung führen, während der Patient dazu beiträgt, sein Leben zu ändern.

Kurz nachdem wir die ECaP-Gruppe gegründet hatten, wurde ich von der Boulevardzeitung *Midnight Globe* interviewt. Der daraus resultierende Artikel war sehr fair, und meine Worte waren auch völlig richtig wiedergegeben. Nur der Titel ärgerte mich: »Arzt erklärt, der menschliche Geist könne Krebs heilen.« Das war mir zu sehr vereinfacht und mißverständlich. Aber je mehr ich mit Patienten zusammenarbeitete, um so klarer wurde mir, daß dieser Satz korrekt war. Heute betrachte ich diese allgegenwärtigen Blätter der Regenbogenpresse als wichtige medizinische Schriften (was natürlich vorwiegend ironisch gemeint ist).

Der menschliche Geist *kann* tatsächlich Krebs heilen, aber das bedeutet nicht, daß es einfach ist.

Dieses Paradoxon kommt in einer alten islamischen Geschichte wunderbar zum Ausdruck. Ein Fremder stößt auf einen Mann, der auf Händen und Füßen unter einer Straßenlampe vor seinem Haus herumrutscht. Er sucht seine Schlüssel, und der Fremde kniet sich ebenfalls auf den Boden, um ihm zu helfen. Nach einer Weile fragt der Fremde: »Wo genau haben Sie ihn denn fallen lassen?«

»In meinem Haus«, ist die Antwort.

Verärgert fragt der Fremde: »Und warum suchen Sie ihn dann hier draußen?«

»Weil es im Haus dunkel ist.«

In unserem Bewußtsein ist es heller, aber wenn wir Heilung wollen, müssen wir in unserem dunklen Unbewußten suchen. Der Arzt arbeitet im Licht. Er ist verbal und logisch. Die Welt des Patienten ist vielleicht dunkel, aber es gibt Mittel und Wege, sie zu erhellen. In jedem von uns steckt ein Funken. Nennen Sie es ruhig einen heiligen Funken, wenn Sie wollen, aber auf jeden Fall ist er vorhanden, um für uns den Weg zur Gesundheit zu erhellen. Es gibt keine unheilbaren Krankheiten, es gibt nur unheilbare Menschen.

4

Der Wille zu leben

Eine meiner Patientinnen ging, nachdem ihr mitgeteilt worden war, daß sie Krebs habe, nach Hause und verschenkte all ihre Kleider an Wohlfahrtsorganisationen. Deutlicher als alles, was sie je gesagt hatte, zeigte diese Handlung, daß sie fest daran glaubte, sterben zu müssen, und so gab sie ihr Leben auf, ohne sich gegen die Krankheit zu wehren.

Für viele Menschen bedeuten die drei Worte »Sie haben Krebs« das Schlimmste überhaupt. Wer diese Worte gesagt bekommt, stürzt in einen emotionalen Abgrund, aber seine Gefühle können sich zum Positiven ändern, wenn er die Nachricht akzeptiert und richtig damit umgeht. Manche Gefühle bleiben vielleicht im Unbewußten verborgen, und es ist wichtig, sie dem Patienten ins Bewußtsein zu bringen.

Anfangs wird die Diagnose im allgemeinen bis zu einem gewissen Grad geleugnet. Dadurch ist dem Patienten die Gelegenheit gegeben, sie nach und nach zu akzeptieren. Manche Patienten sind sechs Monate später viel deprimierter als zum Zeitpunkt der schlimmen Nachricht, denn so lange kann es dauern, bis man wirklich versteht, was die Worte bedeuten. Andere Menschen scheinen der Diagnose nicht zu glauben und leben weiter, als wäre nichts geschehen. Gewöhnlich verdrängen sie damit nur ihre Emotionen: Sie gehen innerlich kaputt, weigern sich aber trotzdem, ihre Gefühle zu zeigen, vielleicht weil ihnen ihre Eltern früher gesagt haben: »Erzähl den Nachbarn nichts von deinen Schwierigkeiten.« Das ist ein sicherer Weg zur Selbstzerstörung. Wer anderen Menschen etwas vorspielt, zerstört sich selbst.

Bei einigen wenigen führt die Nachricht zu nahezu psychotischem Verhalten, so daß sie wirklich glauben, es sei nichts geschehen. Wenn es gelingt, dieses abnorme Leugnen aufrechtzuerhalten, verursacht der Krebs keinen emotionalen Streß. Aber den meisten Menschen gelingt es nicht.

Andere wieder scheinen die Wahrheit zu akzeptieren, weigern sich aber trotzdem, sie sich auf einer tieferen Ebene einzugestehen. Das sind häufig die Menschen, die sich zwar einer Behandlung unterziehen, sich aber niemals so richtig bemühen, gesund zu werden. Einer meiner Patienten lehnte es beispielsweise ab, sich der ECaP-Gruppe anzuschließen: »Ich habe meinen Kindern nicht gesagt, daß ich Krebs habe«, erklärte er. »Wie kann ich also zusammen mit Krebskranken in einer Gruppe auftreten? Vielleicht treffe ich dort jemanden, den ich kenne.« Für viele Menschen ist es manchmal weniger schmerzhaft, eine Fassade zu errichten, als sich dem Schrekken einer lebensgefährlichen Krankheit zu stellen. Die Wahrheit zu wissen und sich dennoch zu weigern, sie zu akzeptieren, führt zu negativen Reaktionen. Wenn man seine Ängste und Probleme mit anderen teilt, verschafft man seinem Körper Erleichterung und vielleicht sogar Heilung. Zu wissen, wogegen man ankämpft und wie man kämpfen muß, ist das wesentliche. Leugnen ist vielleicht besser als stoische Gleichgültigkeit oder Verzweiflung, aber es ist nicht die beste Lösung. Ich bemühe mich immer, Leugner zu Kämpfern zu machen.

Wie wir im vergangenen Kapitel gesehen haben, sind Menschen, die Krebs haben, oft schon vorher monate- oder jahrelang verzweifelt gewesen. Nach der Diagnose ist es womöglich noch viel schmerzhafter, so daß sie von nun an jeden menschlichen Kontakt meiden. Vielleicht sehen diese Menschen ihren bevorstehenden Tod auch als eine Art Opfer oder Märtyrertum an. Sie weigern sich oft, Geld für eine Behandlung auszugeben, weil sie es lieber für andere Menschen aufheben, die es vielleicht nötiger haben, wie etwa ihre Kinder für das Studium. Manche Menschen haben noch nie etwas für sich selbst getan und »wissen nicht, wie sie es tun sollen«. Andere werden krank, weil sie glauben, dadurch mehr Liebe zu erhalten, und sterben gewissermaßen nur, um Liebe zu erringen.

Viele Krebspatienten versinken in einer Flut von Selbstmitleid und fragen: »Warum gerade ich?« Gewöhnlich sind sie wütend, ohne es zu merken. Sie stellen sich immer wieder die Frage, warum sie und nicht andere dazu veranlagt sind, Krebs zu bekommen. Daher sind viele Menschen auf Gott und auch auf ihren Arzt böse – der ihnen die schlechte Nachricht überbracht hat. Komischerweise ist nur selten jemand auf die Zigarettenindustrie, die chemische Industrie, die Nahrungsmittelindustrie, die Kernenergieindustrie und andere äußere Quellen für bösartige Krankheiten böse. Im Hinblick auf das Rauchen neigen manche Patienten dazu, sich einzugestehen, daß sie das Risiko selbst eingegangen sind, weil sie unglücklich waren, um dann auf Familienmitglieder und Bekannte böse zu sein, weil sie schuld an ihrem Unglück waren. Während der typische Patient vielleicht fragt: »Warum gerade ich, Herr?«, sagt der außergewöhnliche Patient eher wie eines unserer ECaP-Mitglieder: »Probiere es mit mir, Herr.«

Ich möchte betonen, daß in diesem Stadium jedes Gefühl gerechtfertig ist und zum Ausdruck gebracht werden muß. Der Zorn ist größtenteils unbegründet. Die komplexen Ursachen für eine Krebserkrankung sind nicht nur im menschlichen Geist zu suchen. Gene und Karzinogene sind ebenfalls wichtige Faktoren, und genetische Erkenntnisse und der Einsatz für eine gesunde Umwelt sind wichtige Ziele. Trotzdem bekommen manche Menschen, deren Eltern Krebs hatten oder die Karzinogenen ausgesetzt waren, keinen Krebs. Zigarettenraucher, die emotional ausgeglichen sind oder die eine gesunde Diät mit viel Vitamin A zu sich nehmen, haben seltener Lungenkrebs als andere, die depressiv veranlagt sind oder ungesund essen. Daher müssen wir uns bei unseren Forschungen im Zusammenhang mit Krebs über den Zustand des menschlichen Geistes hinaus auch damit befassen, welche Umstände dazu beitragen, das Wachstum von Krebs im Körper zu verhindern.

Darüber hinaus konzentrieren sich viele Patienten häufig auf die offensichtlichen äußeren Ziele, während ihr persönlicher Zorn, der schwerer zu erkennen ist, verborgen bleibt und ihre Anfälligkeit für die Krankheit erhöht. Für Menschen, die bereits Krebs haben, sind die psychologischen Aspekte der

Krankheit am wichtigsten. Wir können die Vergangenheit nicht ändern – unsere Eltern oder Karzinogene, denen wir ausgesetzt waren –, aber wir können uns selbst und damit auch unsere Zukunft ändern. Einer meiner Patienten sagte: »Krebs ist keine Verurteilung, es ist nur ein Wort.«

Als ich mit der ECaP-Gruppe begann, habe ich diesen Zorn in ungeheurem Maße erlebt. Die Mitglieder der allerersten Gruppe hatten noch nie Gelegenheit gehabt, ihn auszudrükken, und sie waren alle sehr zornig, als sie zu unserem ersten Treffen kamen. Anfangs machte es mir Schwierigkeiten, mit anderen Ärzten über meine Arbeit zu sprechen. Ich begegnete so viel Wutgefühlen auf Ärzte, daß ich nach den Zusammenkünften selber wütend war auf die Ärzte. Eine Weile sagte ich zu jedem Kollegen, der mir über den Weg lief: »Sie sind ein typischer Arzt.« Sie wußten, daß ich es geringschätzig meinte. Zum Glück fragten mich meine Kollegen, was los sei mit mir, und mir wurde klar, daß ich den Zorn meiner Patienten mit nach Hause genommen hatte, denn ich war der einzige dort, der ihn absorbieren konnte. Heute helfen auch die erfahrenen ECaP-Mitglieder den Neulingen dabei, ihren Zorn aufzuarbeiten.

Ich will damit nicht sagen, daß Zorn gegen äußere Faktoren unterdrückt werden sollte – ganz im Gegenteil. Patienten müssen ermutigt werden, ihre ganze Wut, ihre Ressentiments, ihren Haß und ihre Ängste auszudrücken. Diese Gefühle sind ein Zeichen dafür, daß wir uns betroffen fühlen, wenn unser Leben bedroht ist. Immer wieder haben Forschungen gezeigt, daß Menschen, die ihren negativen Gefühlen ein Ventil verschaffen, Unglück besser überleben als solche, die emotional verschlossen sind. Unter Patienten mit Rückenmarksverletzungen machen solche, die ihren Kummer und ihren Zorn offen zum Ausdruck bringen, bessere Fortschritte bei der Genesung als die anderen, die eher eine stoische Haltung einnehmen. Mütter, die große Verzweiflung zeigen, wenn sie ein behindertes Kind auf die Welt gebracht haben, sorgen sich mehr um das Kind als andere, die das Unglück ruhig hinzunehmen scheinen. In einer Untersuchung, die in der Nähe von Three Mile Island durchgeführt wurde, stellte Dr. Andrew Baum fest, daß die Menschen, die ihren Zorn und ihre Angst offen zeigten, viel weniger unter dem Streß und den psychologischen Problemen zu leiden hatten als diejenigen, die sich »rational« damit auseinandersetzten. Unausgesprochene Gefühle unterdrücken die Funktion des Immunsystems.

Manche Krebspatienten haben auch starke Schuldgefühle. Sie machen sich selbst dafür verantwortlich, genauso wie viele Kinder glauben, wenn sie krank werden, ihre Krankheit sei eine Strafe, weil sie ungezogen waren. Obgleich diese Einstellung nicht gerade ideal zu nennen ist, ist sie auch nicht völlig destruktiv, denn häufig gelangen die Patienten auf diese Weise zu einer etwas realistischeren inneren Beteiligung am Ausbruch der Krankheit. Tatsächlich haben viele Untersuchungen gezeigt, daß Menschen, die eine große Katastrophe miterlebt haben und glauben, selbst dazu beigetragen zu haben (selbst wenn das nicht zutrifft), dieses Trauma leichter bewältigen können als diejenigen, die sich absolut hilflos und unschuldig fühlen. Das gilt auch für andere tragische Ereignisse – Vergewaltigungen, Erdbeben und Überschwemmungen wie auch für Krankheiten. Wenn eine Frau zum Beispiel, nachdem sie, egal unter welchen Umständen, vergewaltigt wurde, denken kann: »Es wäre nicht passiert, wenn ich vorsichtiger gewesen wäre, wenn ich gewußt hätte, wie ich mich selbst schützen kann«, dann wird dadurch ihr Gefühl von Machtlosigkeit reduziert, und sie kann sich vornehmen, sich künftig nicht mehr solchen Situationen auszusetzen. Wissenschaftler haben herausgefunden, daß diese Einstellung die Menschen befähigt, das Böse im Menschen und Naturkatastrophen zu akzeptieren, ohne deswegen zu glauben, daß das Leben nicht schön sei oder keinen Sinn habe.

1979 entdeckte Leonard Derogatis mit der Durchführung einer ganzen Reihe psychologischer Tests, daß Patientinnen mit Brustkrebs, die in hohem Maße Zorn, Furcht, Depressionen und Schuld empfanden und offen zum Ausdruck brachten, viel länger lebten als Patientinnen, die ihre Emotionen kaum zeigten. Die Patientinnen, die innerhalb eines Jahres starben, hatten sich weitgehend auf Unterdrückung, Leugnung und andere psychische Abwehrmechanismen verlassen. Die Feindseligkeit, die die Überlebenden auf ihre Ärzte projizierten, führte, wie bereits in Kapitel 1 erwähnt, zu dem Schluß, daß sie eine »schlechte« Beziehung zu ihrem Arzt unterhielten. Derogatis verwendete rigorose statistische Kontrollen, um physische Unterschiede zwischen den kurzfristig und den langfristig Überlebenden auszuschließen. Seine Arbeiten bestätigen die Aussagen einer Forschergruppe, die schon vor fast dreißig Jahren »von der höflichen, entschuldigenden, fast schmerzlichen Ergebenheit der Patienten mit schnell voranschreitender Krankheit im Vergleich zu den expressiveren und manchmal bizarren Persönlichkeiten von Patienten beeindruckt waren, die die Krankheit länger überlebten«.

Die vier Fragen

Bevor ich Patienten dabei helfen kann, sich für eine Behandlung zu entscheiden, muß ich wissen, welche Einstellung sie sich selbst und ihrer Krankheit gegenüber einnehmen. Besonders wichtig ist es auch, ihren Lebenswillen aufzudecken und dadurch zu stärken, daß man sie dazu bringt, ihren Zorn, ihre Furcht und andere Emotionen offen auszudrücken. Norman Cousins schrieb in seinem Buch *Der Arzt in uns selbst*:

> Der Wille zu leben ist keine theoretische Abstraktion, sondern eine physiologische Realität mit therapeutischen Eigenschaften.
>
> Nicht jede Krankheit kann überwunden werden. Viele Leute lassen aber zu, daß eine Krankheit ihr Leben mehr beeinträchtigt, als es nötig wäre. Es besteht kein Anlaß, in einer solchen Situation zusammenzubrechen. Man ignoriert und schwächt all die Kräfte, die man besitzt, um der Krankheit standzuhalten. Es gibt immer einen Spielraum, innerhalb dessen man sein Leben trotz Krankheit sinnvoll, ja mit einem gewissen Maß an Freude leben kann.

Zuerst sind die Gefühle und die Einstellung eines Patienten dem Bewußtsein vielleicht nicht immer zugänglich. Um diesen Zustand zu ändern, müssen wir vier grundsätzliche Fragen beantworten.

1. Wollen Sie hundert Jahre alt werden?

Die meisten Menschen wollen diese Frage nicht beantworten, ohne dafür irgendeine hypothetische Garantie für ihre Gesundheit zu erhalten. Sie übernehmen nicht ohne weiteres die Verantwortung dafür, ihr Leben lebenswert zu machen. Vor ein paar Jahren fragte der Gerontologe Ken Dychtwald hundert Personen: »Wie alt möchten Sie werden, bis Sie sterben?« Die meisten wollten nicht älter als 60 oder 65 werden, weil sie glaubten, daß ihr Leben dann ohne Spaß, Sex, Unabhängigkeit und ohne jeden Sinn sein würde und nur noch Probleme mit sich bringen würde. Ältere Menschen wollten allerdings länger leben, und im allgemeinen wollten Frauen länger leben als Männer.

Diese Frage führt immer auch zu weiteren wie etwa: »Lieben Sie sich selbst so sehr, daß Sie etwas für Ihren Körper und Ihren Geist tun?« Die Antwort geht aus dem Lebensstil hervor. Essen Sie vernünftig, vermeiden Sie zuviel Zucker, Koffein und Fett? Steht auf Ihrem Speiseplan genügend frisches Obst und Gemüse? Vermeiden Sie verarbeitete, mit chemischen Zutaten überladene Nahrung? Rauchen Sie? Nehmen Sie ein gutes Frühstück zu sich, und haben Sie genügend Schlaf? Machen Sie Leibesübungen? Sind Sie aus sich selbst heraus motiviert? (Die meisten Hundertjährigen waren die meiste Zeit ihres Lebens beruflich selbständig.) Beschäftigen Sie sich mit Dingen, die Ihnen Spaß machen und Befriedigung verschaffen?

Die Antworten reflektieren alle, ob jemand sein Leben unter Kontrolle hat, ob er voller Hoffnung oder aber voller Furcht in die Zukunft blickt. Ein ECaP-Mitglied, eine wunderbare Frau namens Shirley, kam mit 92 Jahren zu uns. Als wir uns einmal darüber unterhielten, wieviel Angst jeder vor Krebs oder Schmerzen hat, fragte ich sie: »Wovor haben Sie Angst, Shirley?«

Sie erwiderte: »Nachts über die Landstraße zu fahren.« Da vergaßen die anderen Mitglieder ihre Ängste, weil Shirley außer dem Tod schon alles erlebt hatte, wovor sie selbst sich noch fürchteten. Aber vergessen Sie nicht: Wenn Sie beschließen, hundert Jahre alt zu werden, könnte es sein, daß all die Menschen, die Sie lieben, vor Ihnen sterben. Man braucht Mut, um länger zu leben und »der letzte Apfel am Baum« zu sein, wie es einer meiner Patienten ausdrückte.

2. *Was passierte mit Ihnen ein oder zwei Jahre vor Ihrer Krankheit?*

Diese Frage forscht, zusammen mit anderen Methoden wie etwa der Holmes-Rahe-Streßskala, nach den kurzfristigen Faktoren psychischer Prädisposition, die in Kapitel 3 besprochen wurden, was dann ganz unvermeidlich zurückführt zu den langfristigen Konditionierungsfaktoren, die bestimmen, wie ein Mensch auf diese Ereignisse reagiert, die einer Krankheit vorausgehen. Wichtig ist ebenfalls, den inneren Streß zu berücksichtigen – zum Beispiel Identitätskrisen oder das Aufgeben von Jugendträumen. Außerdem muß in Betracht gezogen werden, wie der Patient auf die Krise reagiert hat. Hat er seinen Kummer offen gezeigt, sich gefreut und die Herausforderung angenommen, oder hat er versucht, ruhig und gefaßt zu bleiben?

3. *Was bedeutet die Krankheit für Sie?*

Wenn für einen Patienten Krebs gleichbedeutend mit Tod ist, dann hat er ein Problem, das gelöst werden muß, bevor man die Krankheit selbst behandeln kann. Solch eine Bedeutung wird durch Schweigen programmiert und verstärkt. Wenn die Erwachsenen in der Familie sagen: »Darüber wollen wir nicht sprechen«, oder wenn Eltern betonen: »Ihr bekommt dasselbe wie eure Schwester, und was immer mit eurer Schwester geschieht, wird auch mit euch geschehen«, und die Schwester stirbt dann an Krebs, so glauben die Geschwister, daß es auch für sie keine Hoffnung gibt. Der Tod wird, genauso wie Sexualität, zu etwas Peinlichem, wenn man nicht offen darüber spricht. Der Ehemann, der seine Frau immer wieder beschwichtigt: »Du darfst nicht sterben«, oder: »Du wirst bestimmt wieder gesund«, egal, wie weit die Krankheit fortgeschritten ist, hindert sie daran, ihre Ängste mit ihm zu teilen und dem Tod offen ins Gesicht zu sehen. In einer solchen Atmosphäre wird der Kranke in die Dunkelheit gestoßen, ohne Liebe oder irgendeine Möglichkeit, seine Gefühle mit jemandem zu teilen. Andererseits hat der Patient, wenn die Krankheit für ihn eine Herausforderung bedeutet, die zwar schrecklich, aber nicht unüberwindbar ist, eine Basis, von der aus er mit ihr umgehen kann.

Die Antwort auf die Frage nach der persönlichen Bedeutung einer Krankheit ist zwar nützlich, aber Handlungen und Erwartungen offenbaren häufig viel mehr. Jennifer war von ihrem Arzt in ein Hospiz-Programm aufgenommen worden, weil er glaubte, daß sie innerhalb von sechs Monaten sterben würde. Aber sie lebte weiter. Als das Personal des Pflegeheims fragte, ob sie sich auf den Frühling freue, sagte sie: »Ja, sehr, ich schaue so gern zu, wie die Blumen rauskommen.« Sie fragten sie, ob sie den Sommer gern habe. »Ja, sehr.« Und den Herbst? »Ja, ich hab' es so gern, wenn die Blätter ihre Farbe verändern.« Und auch den Winter? »Ja, den Schnee.« Am Ende mußten sie ihr sagen, daß sie nicht mehr zu ihr kommen würden. Sie könnten erst wiederkommen, wenn sie bereit war zu sterben. Daraufhin verließ sie das Hospiz-Programm und schloß sich einer unserer ECaP-Gruppen an.

Als es Winter wurde, sagte Jennifer zu mir: »Ich glaube, ich werde mir keine Wintersachen kaufen.« Das deutete darauf hin, daß sie jetzt vielleicht bereit war zu sterben.

Bald danach kam sie in einem wunderschönen Winteranzug zu einem unserer Treffen. Ich sagte: »Aha! Wie ich sehe, haben Sie beschlossen, sich nun doch Wintersachen zu kaufen.«

»Nein«, meinte sie, »ich habe nur ein paar vom Speicher geholt.« Ich hatte den Eindruck, als habe sie einen Kompromiß geschlossen, in dem Sinn: »Erst mal abwarten, wie der Winter läuft. Ich habe nicht die Absicht, etwas in ihn zu investieren, aber ich werde ihm eine Chance geben.«

Ein anderer Krebspatient namens Matt kam eines Tages zu seinem Arzt und wirkte ausgesprochen mitgenommen. Als er wieder nach Hause kam, sah er viel besser aus. Seine Familie fragte: »Was hat denn der Doktor mit dir gemacht?«

Und Matt sagte: »Er hat mir meine Allergiespritze gegeben.« Daraus schloß er, daß der Arzt davon ausging, er werde den Frühling überleben, und sein Körper reagierte sofort darauf.

4. Warum haben Sie diese Krankheit gebraucht?

Ähnlich wie die vorherigen Fragen hilft auch diese dem Patienten, die psychischen Bedürfnisse zu verstehen, die die Krankheit vielleicht erfüllt. Eine Krankheit »erlaubt« den Menschen, Dinge zu tun, die sonst verboten wären. Sie macht es einem leichter, unwillkommene Lasten, Pflichten, Jobs oder Forderungen anderer zurückzuweisen. Sie kann dazu dienen, Dinge zu ermöglichen, die man schon immer tun wollte, die man aber nie in Angriff genommen hat, weil man »zu beschäftigt« war. Sie verschafft einem Zeit zum Nachdenken, zur Meditation und zum Pläneschmieden. Sie kann als Entschuldigung für Mißerfolge herhalten. Sie kann es einem erleichtern, Liebe zu fordern und entgegenzunehmen, Gefühle auszusprechen und überhaupt ehrlicher zu sein. Sogar eine Erkältung ist von Bedeutung. Häufig vermittelt sie die Nachricht: »Du hast zu schwer gearbeitet. Geh nach Hause und pflege dich.« Vergessen Sie nicht, man spricht von »krankfeiern«, nicht aber von »gesundfeiern«. Nehmen Sie sich ein paar Tage frei, um Ihre Bedürfnisse zu erfüllen, dann benötigen Sie keine Krankheit.

Da physische Krankheiten das Mitleid von Freunden und Verwandten wecken, können sie eine Möglichkeit darstellen, sich der Zuneigung und Sorge anderer zu versichern. Krankheiten können für einen Patienten zu der einzigen Möglichkeit werden, mit der Welt in Verbindung zu treten, die einzige Kontrolle, die er über sein Leben hat. Gladys, eine Patientin von mir, die 50 Jahre lang eine chronische Darmentzündung hatte, verstand es, auf diese Weise ihre ganze Familie zu manipulieren. Ich lernte sie kennen, nachdem sie Krebs bekommen hatte. Die Angehörigen sahen kränker aus als sie selbst, weil sie sich 24 Stunden am Tag versorgen ließ. Auch nachdem sie eine Krankenschwester eingestellt hatten, die sich um sie kümmerte, weckte Gladys nachts die Familie und ließ die Krankenschwester schlafen. Immer wieder bekam sie starke Schmerzen, die auf geheimnisvolle Weise verschwanden, wenn sie in ein Krankenhaus eingewiesen wurde. Fast jedes Wochenende mußten die Angehörigen, die unter der Woche nicht zu Hause waren, mit ihr in die Notaufnahme kommen, weil sie sich dort wegen neuerlicher Schmerzen im Brustkorb untersuchen ließ. Auf diese Weise bekam jeder sein Teil ab. Sie brauchte ständig jemanden, der ihr ein Glas Wasser oder ein Taschentuch reichte, auch wenn das Gewünschte nur wenige Zentimeter von ihr entfernt war.

Nachdem ich Gladys kennengelernt hatte, gab ich ihr Arnold Hutschneckers *The Will to Live* zu lesen. Am nächsten Morgen bei der Visite erklärte sie, ich hätte noch etwas vergessen – das Buch. Die Botschaft war klar: »Bitte, versuchen Sie nicht, mich von meiner Krankheit abzubringen, denn sie ist für mich die einzige Möglichkeit, mit Menschen in Verbindung zu treten.« Lieben zu lernen schien ihr furchterweckend.

Ich bemühte mich weiter, Gladys zu helfen, und sie sagte, ich sei der einzige Arzt, der ihr je Hoffnung gemacht habe. In Wirklichkeit war ich vermutlich der einzige, der sich weiter um sie kümmerte, ohne mich von ihren Manipulationen zermürben zu lassen wie zum Beispiel, daß jedes einzelne Medikament, das ich ihr verschrieb, unweigerlich Nebenwirkungen hervorrief. Ich ließ sie die meiste Zeit einfach reden und empfahl ihr dann Dinge, die ihrem Glauben entsprachen. Auf diese Weise wurde ich immer belohnt und als wunderbarer Arzt bezeichnet.

Schließlich erklärte ich ihr, als sie wieder einmal anrief, daß ich ein neues wirksames Medikament gegen ihren Krebs hätte. Ich bat sie, für eine Injektion in die Praxis zu kommen. Vorher hatte ich ihren Angehörigen meinen Plan erklärt und sie gebeten, Gladys' Reaktion zu beobachten. Ich versuchte, *sie* davor zu bewahren, die Opfer von *Gladys* Krankheit zu werden. Sie machte mit mir einen Termin für den nächsten Freitag aus, rief dann aber an, um ihn auf die darauffolgende Woche zu verschieben, weil das Wetter so schlecht sei. Am darauffolgenden Freitag konnte sie niemanden finden, der sie im Auto zu mir fuhr, und in der Woche darauf mußte sie einkaufen gehen. Kurz, Gladys kam nie mehr in meine Praxis, obwohl sie sich bemühte, unsere Beziehung per Telefon oder im Krankenhaus, wo ich das Medikament nicht vorrätig hatte, aufrechtzuerhalten. Ich hatte diesen Versuch nur unternommen, um der Familie zu helfen, denn ich wußte genau, daß Gladys mein Angebot nicht annehmen würde. Ihre Angehörigen mußten nun selbst entscheiden, ob sie nach alter Manier weitermachen oder sich weigern sollten, weiterhin die Opfer zu spielen.

Es ist wichtig, sich darüber im klaren zu sein, daß wir andere nicht zwingen können, sich zu ändern, wir können ihnen nur dabei helfen. Ich hatte zwei männliche Patienten, die Gladys sehr ähnlich waren, beide mit fortgeschrittenem Krebs. Zu beiden sagte ich: »Ich kann Ihnen garantieren, daß Sie geheilt werden, wenn Sie aus Ihrem Familienbetrieb aussteigen.« Beide empfanden ihre Tätigkeit zwar als sehr anstrengend, aber auch sinnvoll, während im Fall ihres Todes die Angehörigen einen großen Nutzen aus den Unternehmen hätten ziehen können. Beide Männer sagten genau das gleiche: »Ich muß erst mal nach Hause gehen und darüber nachdenken.«

Ein Krebspatient bekam von seinem Arzt den Rat, sein Geschäft zu verkaufen, weil der Arzt das Gefühl hatte, daß es mit dem Kranken zu Ende ging. Er verkaufte und wurde gesund. Eines Tages begegnete ich ihm im Krankenhaus. Er schrie seinen Arzt an – weil er jetzt gesund war und kein Geschäft mehr hatte. Ich erklärte ihm, daß er den richtigen Rat aus einem falschen Grund bekommen habe. Er war aufgefordert worden aufzugeben, weil die Statistiken sagten, daß er bald sterben würde, statt dessen führte das angenehmere Leben ohne Streß zu seiner Heilung.

Mir liegt nichts daran, die Motive von Patienten zu verurteilen, ich will sie nur offen darlegen, damit die Familie es weiß, wenn jemand gar nicht die Absicht hat, sich zu ändern, und den Konflikt mit Liebe austragen und auch die Bedürfnisse des Patienten befriedigen kann.

Während unseres ganzen Lebens bringen wir Krankheiten mit Belohnung in Verbindung. Wir bleiben im Bett und ruhen uns aus, die anderen schicken uns Karten und Blumen. Freunde besuchen uns und zeigen uns ihre Anteilnahme. Eltern und Partner bringen uns Hühnerbrühe und lesen uns etwas vor. Ich erinnere mich an eine Patientin namens Myrna, die mir erzählte, daß die glücklichste Zeit in ihrer Kindheit gewesen sei, wenn sie krank war, weil ihr Vater dann an ihrem Bett saß und ihre Hand hielt. Diese Erfahrung ist gar nicht so selten. Als Kinder bleiben wir zu Hause und gehen nicht in die Schule, und als Erwachsene können wir uns eine Arbeitspause gönnen. Wenn wir gesund bleiben, müssen wir entweder jeden Tag antreten, oder aber wir müssen *so tun*, als wären wir krank. Wir sollten es fertigbringen, anzurufen und zu sagen: »Ich möchte gesund bleiben, deshalb nehme ich heute meinen gesunden Tag.«

Selbst unser Versicherungssystem belohnt Krankheiten, indem es diejenigen bestraft, die auf sich achtgeben. Wenn Zahlungen das Interesse an unserer Gesundheit reflektieren würden und nicht statistische Auswertungen, die auf Alter, Familiengeschichte und einer flüchtigen Krankengeschichte beruhen, könnten wir die Menschen viel besser dazu bewegen, sich um ihre Gesundheit zu kümmern. Wir sollten grundsätzliche Anforderungen stellen – das Gewicht kontrollieren, nicht rauchen . . . Wenn sie erfüllt werden, würden damit gegen ein minimales Honorar alle medizinischen Kosten restlos abgedeckt sein. Und wer die Anforderungen nicht erfüllt, müßte viel höhere Prämien zahlen. Zigaretten- und Alkoholsteuern müßten für eine nationale Gesundheitsversicherung auf die Seite gelegt werden, um die Menschen, die an ihrer Gesundheit arbeiten, davor zu bewahren, die Rechnung für all die mitzubezahlen, die es nicht tun.

Wer Patienten verständlich zu machen versucht, daß ihr eigenes Verhalten zu der Krankheit beigetragen hat, wird oft kritisiert, weil er »dem Opfer die Schuld gibt«. Diese Einstellung trifft nicht den Punkt. Alle Menschen müssen einmal sterben, und wenn sie noch so wunderbare Dinge geleistet haben. Und selbst wenn der Lebensstil eines Menschen zur Krankheit beigetragen hat, sind Schuldgefühle keine geeignete Methode, sich mit den Auswirkungen der Vergangenheit auseinanderzusetzen. Kein Arzt sollte je einen Patienten dazu veranlassen, diese zusätzliche Last auf sich zu nehmen. Krankheiten und Sterben dürfen nicht als Mißerfolge angesehen werden, sondern als Motivationen.

Allerdings haben die meisten Krankheiten eine psychologische Komponente, wenn man sich der *Beteiligung* und Verantwortung an dem Krankheitsprozeß bewußt ist – mit Schuld hat das überhaupt nichts zu tun. Natürlich gibt es nur wenige Menschen, die sich eine lebensgefährliche Krankheit wirklich wünschen, aber normalerweise fungiert sie als Botschaft, um Menschen zu ändern oder ihnen etwas zu geben, was ihnen das Leben nicht gibt. Carl Simonton hat einmal gesagt: »Ich glaube, wir bekommen unsere Krankheiten aus ehrenwerten Gründen. Auf diese Weise sagt uns unser Körper, daß unsere Bedürfnisse – nicht nur die Bedürfnisse unseres Körpers, sondern auch unsere emotionalen Bedürfnisse – nicht erfüllt werden, und die Bedürfnisse, die mit Hilfe unserer Krankheiten erfüllt werden, sind wichtig.«

Es kann nicht genug betont werden, daß diese letzte und wichtigste Frage – *Warum haben Sie diese Krankheit gebraucht?* – konstruktiv gestellt werden muß und nicht etwa in dem Ton: »Schau, wie du dein Leben durcheinandergebracht hast!« Sie soll den Patienten dabei helfen, sich darüber klarzuwerden, daß die emotionalen Bedürfnisse, die durch die Krankheit erfüllt werden, sämtlich Gültigkeit besitzen. Und wenn diese Bedürfnisse akzeptiert werden, kann man damit beginnen, sie auch ohne die Krankheit auf konstruktive Weise zu befriedigen.

William James schrieb: »Die größte Entdeckung meiner Generation besteht darin, daß die Menschen die äußeren Aspekte ihres Lebens ändern können, indem sie die inneren Aspekte ihres Bewußtseins ändern.« Jahrelange Erfahrung hat mich gelehrt, daß der Krebs wie fast alle anderen Krankheiten psychosomatische Ursachen hat. Das mag sich merkwürdig anhören für Menschen, die psychosomatische Krankheiten nicht für »real« halten, aber glauben Sie mir, sie sind es in der Tat. Das neue Konzept bedeutet keine Ausflucht, sondern eine Quelle großer Hoffnung. Der Physiker David Bohm schlägt den Begriff »Soma-Bedeutung« vor, um diese Beziehung besser zu beschreiben. Der Körper weiß nur, was der Geist ihm mitteilt. Einen Teil der Verantwortung für die Krankheit zu übernehmen, um sich darüber klarzuwerden, daß man daran Anteil hat, ist ein äußerst positiver Schritt. Wenn man daran beteiligt war, krank zu werden, kann man sich auch daran beteiligen, gesund zu werden.

Allerdings ist die völlige Gesundung, wie ich später noch ausführlich darlegen werde, nicht das Hauptziel, denn dann würden Sie sich der Gefahr aussetzen, möglicherweise zu versagen. Wenn Sie sich ein rein physisches Ziel setzen, erreichen Sie es vielleicht nicht, aber wenn Sie sich zum Ziel setzen, mit sich selbst Frieden zu schließen, dann *können* Sie es erreichen. Meine Botschaft lautet: Es geht zuallererst um Seelenfrieden und nicht um die Heilung von Krebs, Blindheit oder einer Querschnittslähmung. Wenn man mit sich Frieden geschlossen hat, kann auch vielleicht Krebs geheilt, das Augenlicht wiederhergestellt und der Lähmung ein Ende gesetzt werden. Denn der innere Friede bewirkt im Körper eine heilende Wirkung. Jeder, der bereit ist, sich darum zu bemühen, kann es erreichen, und der erste Schritt in diese Richtung ist das Verständnis – realistisch und ohne Schuldgefühle oder Selbstmitleid – für den Beitrag des menschlichen Bewußtseins zur Krankheit des Körpers. Wenn man das verstanden hat, weiß man auch, welche Veränderungen nötig sind, damit man in Frieden mit sich selbst leben kann.

Botschaften aus dem Unbewußten

Geist und Körper stehen in ständiger Verbindung, aber der größte Teil dieser Kommunikation findet auf einer unbewußten Ebene statt. Daher muß der Arzt den Patienten nach seiner Einstellung fragen, darf aber nicht jede Antwort für bare Münze nehmen. Denn was wie ein starker Wille zu leben aussieht, könnte in Wirklichkeit ein oberflächlicher Entschluß oder nur vorgetäuscht sein, aber keiner echten inneren Lebenskraft entsprechen. Bevor man nicht hinter die verbale, bewußte Ebene gelangt, kann man nie wissen, ob das, was der Patient sagt, auch wirklich mit dem übereinstimmt, was er fühlt. Um zu erfahren, was tatsächlich in ihm vorgeht, muß man die Bilder kennen, die in seinem Unterbewußtsein vorherrschen.

Diese Bilder gelangen in Träumen an die Oberfläche und lassen sich manchmal dazu verwenden, physische Krankheiten zu diagnostizieren, wie es Carl Jung getan hat. Allerdings ist dieser Vorgang – aus mentalen Bildern somatische Tatsachen abzulesen – so kompliziert, und die Verbindungen scheinen so weit hergeholt, daß selbst Jung davon absah, ihn zur Diskussion zu stellen. Die Deutung diagnostischer und heilender Träume war ein wesentlicher Bestandteil der Methoden, die im Altertum in Griechenland und Ägypten von Hippokrates und Galen praktiziert wurden, aber heute ist dies eine verlorene Kunst, die gerade erst wieder von einigen wenigen Psychologen aufgegriffen und neu untersucht wird, sich aber noch nicht als allgemeines Hilfsmittel für die übliche ärztliche Praxis eignet.

Manche spontanen Träume lassen sich jedoch relativ leicht interpretieren. Nicht selten kommt es vor, daß ein Patient und ich einen Traum entschlüsseln, wenn wir ihn gemeinsam durchsprechen. Sandy hatte einen solchen Traum, als sie während ihrer zweiten Ehe Brustkrebs bekam. Sie sah drei Straßen vor sich: Eine war grau und schwarz, und alle Menschen trugen ein schweres Bündel, die zweite Straße war mit bunten Farben und aktiven, fröhlichen Menschen erfüllt, und die dritte war nicht deutlich zu erkennen. Nachdem sie von dem Traum ein Bild gemalt und in die ECaP-Gruppe mitgebracht hatte, wurde ihr klar, daß die erste Straße ihren Krebs als eine Last verkörperte, als etwas, das Verzweiflung mit sich brachte; die zweite Straße verkörperte ihn als eine Herausforderung, zu leben und sich weiterzuentwickeln, und die dritte verkörperte die Entscheidung, die sie würde treffen müssen. Sie wählte den Weg des Lebens, und während sie selbst wuchs, schrumpfte ihr Krebs. Sie sprach gut auf die Therapie an und wurde als neuer Mensch »wiedergeboren«. Sie gab ihre Erfahrung weiter, indem sie darüber schrieb, und schließlich ging sie wieder aufs College, hat jetzt einen neuen Beruf und ist völlig gesund.

Am leichtesten zu verstehen sind Träume, die sich aus ihren Bildern erklären oder deren Bedeutung dem Betreffenden sofort klar ist. Eine Patientin mit Brustkrebs hatte einen Traum, in dem ihr Kopf kahlgeschoren und das Wort Krebs darauf geschrieben war. Als sie aufwachte, wußte sie, daß sie Metastasen im Gehirn hatte. Physische Anzeichen oder Symptome gab es zu diesem Zeitpunkt keine, erst drei Wochen später, als die Traumdiagnose bestätigt wurde. Zu einer Zeit, in der ich bestimmte Symptome aufwies, die möglicherweise auf Krebs hindeuteten, sah ich mich in einem Traum als Mitglied einer Gruppe von lauter Krebskranken, wurde jedoch als jemand angesehen, der keinen Krebs hatte. Später bestätigten Untersuchungen die Aussage des Traums.

Eines Tages sprach ich im Operationssaal über Träume, und da erzählte mir eine Krankenschwester von einem Traum, der ihr »direkte Einsicht« gegeben hatte. Sie war mehrere Wochen lang sehr krank gewesen, aber niemand konnte feststellen, was mit ihr los war. Dann hatte sie eines Nachts einen Traum, in dem sich eine Muschel öffnete und sich zwischen ihren Schalen ein Wurm aufrichtete. Eine alte Frau deutete auf den Wurm und sagte: »Das ist los mit dir.« Die Krankenschwester wachte auf und wußte sofort, daß sie Hepatitis hatte, was sich in den darauffolgenden Untersuchungen bestätigte.

Direkte Träume liefern häufig Informationen, die medizinische Tests nicht erbringen können. Eine Leukämie-Patientin, bei der kurz zuvor eine Knochenmarkpunktion vorgenommen worden war, mit normalen Ergebnissen, träumte von Termiten, die am Fundament ihres Hauses fraßen. Wir gaben ihr den Rat, sich bei ihren Meditationen Kammerjäger vorzustellen, aber sie träumte daraufhin von Maden, die vor ihren Füßen Kartoffeln fraßen. Sie starb drei Wochen später. Sie hatte gewußt, was die Tests nicht erfaßt hatten.

Oft ist die Bedeutung von Träumen jedoch selbst für einen erfahrenen Psychotherapeuten sehr schwierig. Die Bedeutung der Symbole hängt oft von Emotionen oder Ereignissen im Leben des Patienten ab, die dem Bewußtsein verborgen bleiben. Träume können auf zwei Ebenen erforscht werden. Die erste ist die Ebene der persönlichen Bedeutung, die fast immer mit dem Patienten ausgearbeitet werden kann. Die andere ist die tiefere, unbewußte Ebene von Symbolen und Mythen, die viel problematischer ist. Jeder, der sich die Zeit nimmt, kann seine Träume auf der ersten Ebene erforschen. Dafür kann ihm auch eine Reihe von Büchern als Leitfaden dienen wie zum Beispiel Ann Faradays *The Dream Game* und *Creative Dreaming* von Patricia Garfield.

Zum Glück gibt es neben der Traumdeutung auch einfachere, verläßlichere Möglichkeiten, unbewußte Überzeugungen aufzudecken. Der Arzt bittet den Patienten einfach, ein Bild anzufertigen. Ich gebe allen neuen Patienten folgende Instruktionen:

1. Zeichnen Sie auf einem weißen Blatt Papier (mit der schmalen Seite nach oben) ein Bild von sich selbst, von Ihrer Behandlung, Ihrer Krankheit und Ihren weißen Blutkörperchen, wie sie die Krankheit eliminieren. Halten Sie dafür bitte Kreidestifte in allen Regenbogenfarben sowie Braun, Schwarz und Weiß bereit.
2. Auf einem anderen weißen Blatt Papier, das Sie horizontal legen, zeichnen Sie dann ein weiteres Bild oder eine Szene in Farbe, ebenfalls mit den Kreidestiften.
3. Sie können auch noch ein Bild von Ihrem Haus und von Ihrer Familie zeichnen oder andere Motive (etwa einen Baum, ein Boot oder einen Vogel usw.), die möglicherweise wichtige Informationen aus Ihrem Unterbewußtsein zutage bringen. Bilder, die mit Konflikten oder Entscheidungen zu tun haben – ein Job oder eine bevorstehende Operation –, können ebenfalls sehr wichtig sein.

Solche Zeichnungen setzen sich über verbale Täuschungen hinweg und dringen zur universellen symbolischen Sprache des Unbewußten vor. Wenn wir etwas aussprechen, wollen wir damit oft nur etwas vertuschen, weil wir, bewußt oder nicht, alle darin geübt sind, mit der Sprache Dinge zu verbergen, die uns stören. Aber mit den visuellen Bildern sagen wir die Wahrheit, denn ihre Sprache können wir nicht manipulieren. Es ist eine Sprache des kollektiven Unbewußten. Erscheinung, Religion, Rasse, Kultur und die Sprache des Patienten und des Arztes – all das ist unwichtig, denn die Urbilder in uns sind alle gleich und haben die gleichen Bedeutungen.

Natürlich sind Hintergrundinformationen über den Patienten wichtig, da die Bilder auch etwas über seine Lebensgeschichte aussagen können. Wenn sich ein Patient beispielsweise in einem schwarzen Anzug zeichnet und erläutert, er habe diese Farbe einfach deshalb gewählt, weil er an jenem Tag auch einen schwarzen Anzug getragen habe, dann sagt die schwarze Farbe nichts über seinen emotionalen Zustand aus.

Wenn die Bilder unter diesen Aspekten ausgewertet sind, stellen sie ein Fenster zum Unbewußten dar. Susan R. Bach, eine Therapeutin und Jungianerin, die sich systematisch mit der Deutung spontaner Bilder beschäftigt hat, schrieb:

> Die Untersuchung spontanen Materials könnte uns einen Einblick in die Beziehung von Psyche und Soma gewähren, verstanden als das älteste und bestverheiratete Paar auf dieser Erde, das gemeinsam dem Leben und der Gesundheit des Individuums dient, jeweils auf eigene Weise, mit eigenem Ausdruck und eigenen Gesetzen.
> Weitere Untersuchungen und ein besseres Verständnis haben mir bewußtgemacht, daß der somatische Aspekt ebenfalls in den Bildern von Träumen, in der Arbeit von Künstlern, in den Hauptmotiven der Märchen, in Heldenfiguren aus der Mythologie bis hin zu den prähistorischen Zeichnungen aus den Anfängen der Menschheit reflektiert wird. Sie können als ein Ausdruck des Menschen in seiner Ganzheit verstanden werden.

Ich habe festgestellt, daß die Auswertung dieser Bilder zu den zuverlässigsten Hilfsmitteln gehört, die dem Arzt für eine Prognose zur Verfügung stehen. Wenn genügend Zeit ist, verwende ich sie sogar in einer Notaufnahme. Malt beispielsweise ein kleines Mädchen mit Leibschmerzen nur seinen Kopf und seine Augen, die zu sagen scheinen: »Mir gefällt es hier nicht«, dann würde ich jede Wette eingehen, daß es keine ernsthafte Erkrankung im Unterbauch hat. Ich erinnere mich an einen jungen Mann, der seinen Unterleib in Grün malte, obgleich jede Eintragung auf seinem Krankenblatt »Operieren« sagte. Grün ist eine natürliche, gesunde Farbe, und das Bild drückte aus, daß die Schwierigkeiten im Kopf des jungen Mannes, in seinen Geschlechtsteilen und in einem seiner Füße lokalisiert waren. Das Bild deutete auf ein emotionales Problem, ein sexuelles Problem und einen verletzten Fuß hin. Wir warteten, und er erholte sich ohne Operation. Später erfuhren wir, daß seine Leibschmerzen auf eine Medikamentenreaktion zurückgingen, nicht auf eine Krankheit. Diese und ähnliche Erfahrungen haben mich dazu gebracht, mich als einen Jungschen Chirurgen anzusehen.

In meiner Praxis teilte ein Kind seinen Eltern zum ersten Mal seinen Traum mit, daß es in einem Jahr am rechten Fuß Krebs bekommen würde. Das kleine Mädchen hatte seine Schwester gebeten, nichts den Eltern zu erzählen, da diese sich dann nur ein Jahr lang Sorgen machen würden. Sie begann, einbeinige Teddybären zu zeichnen, und nach einem Jahr wurde wegen eines Sarkoms ihr rechtes Bein amputiert. Die ganze Geschichte kam zutage, weil ich der Familie in einer sicheren Umgebung ein offenes Gespräch ermöglichte, bei dem wir uns gemeinsam die Zeichnungen ansahen.

Wenn die Darstellung unserer Bilder mit anderen psychologischen Tests kombiniert wird, ist sie häufig nützlicher als Labortests bei der Aufgabe, die Aussichten des Patienten einzuschätzen. Die Simontons, Jeanne Achterberg und G. Frank Lawlis haben bei 126 Patienten mit fortgeschrittenem Krebs den prognostischen Wert psychologischer Faktoren mit dem chemischen Blutbild verglichen. Praktisch jeder psychologische Test wies eine statistische Verbindung zu einer oder mehreren Blutkomponenten auf. Am schlechtesten schnitten Patienten ab, die in ihrer Motivation und Selbstachtung stark auf andere Menschen wie etwa den Arzt, angewiesen waren, psychologische Abwehrmechanismen verwendeten, um ihren

Zustand zu verbergen, und sich ihren Körper als machtlos gegenüber der Krankheit vorstellten. Im Vergleich zu Patienten, die gut abschnitten, stimmten diejenigen, deren Krankheit am schnellsten fortschritt, mit sexuellen Rollenklischees überein und malten Bilder, die eher konkret als kreativ und symbolisch waren. Daraus schlossen die Wissenschaftler, daß »die chemische Beschaffenheit des Bluts nur Informationen über den gegenwärtigen Zustand der Krankheit liefert, während die psychologischen Variablen Aufschluß über künftige Entwicklungen geben«, und daß »für die Prognose zukünftiger Krankheitszustände die visuelle Darstellung am wichtigsten ist«. Aufgrund der Analyse von Bildern, die von 200 Patienten angefertigt worden waren, erzielte Achterberg später bei ihrer Voraussage, wer innerhalb von zwei Monaten sterben und wer sich wieder erholen würde, eine Genauigkeit von 95 Prozent.

Die Zeichnung eines jungen Patienten namens Toby illustrierte geradezu drastisch den prognostischen Wert von Bildern. Toby hatte seit vielen Jahren Enteritis regionalis (Morbus Crohn) und war von schmerzstillenden Tabletten abhängig. Er war so deprimiert und wütend über seinen Zustand, daß er jeden Abend zu Gott betete, am nächsten Morgen nicht aufwachen zu müssen. Nach zwei Monaten gelangte er zu dem Schluß, daß Gott wahrscheinlich genauere Instruktionen benötigte, daher betete er um einen Gehirntumor. Nach zwei Monaten wachte er eines Morgens auf und konnte nicht sprechen. Er hatte einen Gehirntumor. Am Ende bekam er eine Tetraplegie, eine Lähmung an allen vier Extremitäten. Diese Erfahrung veränderte seine Einstellung. Im Schlaf zu sterben war eine Sache, aber sich nicht bewegen oder verständigen zu können war etwas völlig anderes. Jetzt erinnerte sich Toby an einen Besuch bei mir, der schon Jahre zurücklag. Er kam zu mir und schloß sich der ECaP-Gruppe an, und von nun an sah er die Welt mit Liebe und brachte diese Liebe anderen gegenüber zum Ausdruck.

Als sich Toby unserer Gruppe anschloß, war sein Tumor dabei, sich zurückzubilden. Toby malte einen Baum, dessen Konturen fast genauso aussahen wie das Profil eines Gehirns.

Die Zweige füllte er ganz mit Schwarz. Dadurch wußte ich, daß seine Krankheit zurückkehren würde, obgleich die Untersuchungen des Gehirns nicht darauf hinwiesen. Ich wollte ihn nicht entmutigen oder erschrecken und sagte ihm nichts davon. Aber ich sprach mit der Gruppe darüber, wie er wohl mit der Rückkehr der Krankheit fertig werden würde, so daß er sich innerlich darauf vorbereiten konnte.

In diesem Fall verkörperte der Baum offenbar das Gehirn. Ein Baum kann auch für viele andere Dinge stehen – für das ganze Leben und auch für die Entwicklung eines Menschen.

Nach einem langen Kampf mit seinem Krebstumor und trotz der Tetraplegie beschloß Toby, das Krankenhaus zu verlassen. In dieser Zeit antwortete Toby, wenn er gefragt wurde, wie er sich fühle: »Gut.« Seine Antwort bedeutete, daß er Frieden geschlossen und keine Angst hatte. Für seinen Arzt bedeutete es, daß ich Toby, was seine Krankheit betraf, anlog. Sein Arzt sagte voraus, daß er noch zwei Wochen zu leben habe, und teilte Tobys Mutter mit: »Das ist kein Fernsehprogramm. Es wird schrecklich sein.« Seine Familie umgab ihn mit Wärme und Fürsorge. Und mit Liebe – der einzigen Therapie, mit deren Hilfe er sich so weit erholte, daß er wieder seine Arme bewegen konnte. Sein Neurologe hatte den Mut, ihn zu Hause zu besuchen, und er sagte hinterher: »Ich weiß jetzt, wovon Bernie spricht.«

Toby lebte zu Hause noch acht Monate. In dieser Zeit stand sich die ganze Familie näher als je zuvor, und das half ihnen allen auch über Tobys Tod hinaus. Am Memorial Day wurde sein Atem schwerer, und seine Mutter sagte zu ihm: »Toby, wenn du jetzt gehen möchtest, dann ist es gut so. Um mich brauchst du dir keine Sorgen zu machen. Wir lieben dich alle sehr und werden dich vermissen, aber wir werden damit fertig werden.« Er rang noch dreimal nach Luft, und dann starb er. An diesem Tag wird er immer mit all denen, die ihn lieben, zusammensein.

Der Philosoph Benedetto Croce schrieb: »Wahres Glück erringt man, indem man lernt, mit solch heiterer Kraft zu lieben, daß man die Macht hat, sich gegen den Schmerz zu behaupten... Überschreitet die alte Liebe mit einer noch größeren neuen Liebe!« In jenen acht Monaten verlieh Toby seiner Familie die Fähigkeit, diese Liebe zu erringen, und half ihr dadurch, weiterzuleben und ihren Kummer zu bewältigen.

Auf die Technik der Interpretation von Bildern werde ich in einem späteren Kapitel eingehen. An dieser Stelle möchte ich nur zwei wichtige Symbole einführen – den Regenbogen und den Schmetterling. In Träumen wie auch in der Mythologie und der Kunst ist der Regenbogen ein Symbol der Hoffnung und eine Manifestation unseres gesamten emotionalen Spektrums und unseres Lebens. Der Schmetterling ist ein universales Symbol der Metamorphose, der Veränderung von Häßlichkeit zu Schönheit, von Haß zu Liebe und von diesem Leben zum nächsten. In einem Konzentrationslager der Nazis haben Kinder in die Wände ihrer Zellen Schmetterlinge eingeritzt. In dem Ausschnitt aus der *Krebsstation*, der zu Beginn dieses Buches zitiert ist, hat Alexander Solschenizyn, der selbst eine Krebserkrankung und ein Konzentrationslager überlebt hat, aus seiner unbewußten kreativen Wahrnehmung heraus die Bedeutung dieser Bilder auf brillante Weise eingefangen.

Außergewöhnliche Entschlossenheit

Ganz gleich, was die Bilder enthalten – allein schon die Tatsache, daß ein Patient bereit ist, sie anzufertigen, beweist den grundsätzlichen Willen zu leben. Man braucht Mut, um Aspekte seiner selbst zu enthüllen, die man vielleicht lieber verbergen möchte. Manche Patienten sind nicht einmal bereit, soviel Arbeit zu leisten – eine klare Botschaft, daß sie sich nicht beteiligen wollen. Sie behaupten: »Ich habe die Kreidestifte verloren« oder: »Ich kann die Anweisungen nicht finden.« Andere wiederum rufen aus einem anderen Bundesstaat an und teilen mir mit, daß sie am nächsten Tag zum Gruppentreffen kommen werden. Dann entgegene ich: »Warten Sie. Zuerst müssen Sie Ihre Hausaufgaben erledigen, ein bißchen lesen und ein bißchen zeichnen.« »Gut«, ist die Antwort. »Wird bis morgen erledigt.« Dieser zupackende Typ eines Patienten hat die besten Chancen.

Der Entschluß, zu tun, was immer getan werden muß – und wenn es die Bloßlegung des Unbewußten ist –, ist eine der wichtigsten Voraussetzungen, um ein außergewöhnlicher Patient zu sein. Im nächsten Kapitel werde ich im einzelnen erklären, wie man das »reine Gewissen« erlangen kann, das Solschenizyn erwähnte. Aber keine Vorschrift für die Änderung wird auch nur das Geringste bewirken, wenn der Mut, die Herausforderung anzunehmen, fehlt – das heißt, selbst die Kontrolle über das Leben zu übernehmen, den richtigen Weg zu finden, nach der eigenen Pfeife zu tanzen, in jedem Alter selbst zu beschließen, was man sein möchte, wenn man erwachsen ist.

Vor einigen Jahren erhielt ich von Lois Becker, einer außerordentlich bemerkenswerten Frau, einen Brief. Sie hatte von meiner Arbeit gehört und schrieb, um mir ihre Erfahrungen mitzuteilen, und sie dankte mir dafür, daß ich ausgesprochen hätte, was sie intuitiv schon wußte.

Nach einem schrecklichen Jahr, in dem ihr Vater an Krebs starb, ihr Ehemann sich einer Operation unterziehen mußte, ihr Bruder geschieden wurde und ihre Mutter und Tante bei einem Autounfall schwer verletzt wurden, beschloß Lois Bekker, etwas Positives in die Wege zu leiten, indem sie zum zweiten Mal schwanger wurde. Bei einer Untersuchung entdeckte ihre Gynäkologin einen Knoten in ihrer rechten Brust und schickte sie augenblicklich zu einer Biopsie. In ihrem Brief schreibt Lois weiter:

> Drei Tage auf die Ergebnisse warten, die ich bereits im Kopf hatte. Drei Tage flach auf der Couch liegen und Stunde um Stunde auf den Fernseher starren, auf dem sich die Programme abwechseln. Das Telefon klingelt – am Montag werden sie meine Brust abschneiden. Ich bin seit dreizehn Wochen schwanger. Ich bin dreiunddreißig Jahre alt.
>
> Sie machen es. Sie haben es ernst gemeint. An der rechten Seite habe ich einen dreißig Zentimeter langen Schnitt; keine Lymphdrüsen, keine Brust. In meinen Drüsen sind zwölf weitere Tumore.
>
> Es gibt drei Möglichkeiten: sofortige Abtreibung, ein Kaiser-

schnitt oder eingeleitete Wehen nach etwa dreißig Wochen oder die Schwangerschaft voll austragen. Mein Krebs ist Hormon-positiv, und mein Körper hat jede Menge Hormone. Wenn ich das Baby behalten will, ist keine der üblichen Krebstherapien möglich. Selbst bei einer Abtreibung und einer Therapie stehen meine Chancen auf fünf weitere Lebensjahre ganze eins zu sechs.

Ich habe mich entschlossen, dreißig Wochen zu warten. Ich habe diese Wahl nicht getroffen, um das Baby zu retten. Ich habe sie getroffen, weil ich aus dem Krankenhaus raus will, damit sie nicht noch mehr mit mir anstellen. Sie haben mir die beiden langen Saugschläuche aus dem Körper gezogen, und dann bin ich nach Hause gegangen. Es ist Januar in Minnesota, alles eingefroren, wie's schlimmer nicht geht, außer natürlich, wenn man schwanger ist und Krebs hat.

Wenn man eine menschliche Zeitbombe ist, dauert es von Januar bis Mai sehr viel länger als fünf Monate. Jeden Tag wächst mein Baby ein kleines Stückchen, und die Hormone, die für mich so gefährlich sind, werden immer mehr und überfluten meinen Körper. Es besteht wenig Grund zu der Hoffnung, daß ich die Schwangerschaft beende, bevor sich der Krebs weiter ausgebreitet hat. Ich bin so betäubt, so wütend, so unheimlich traurig, daß mein Gesicht zu einer ausdruckslosen Maske erstarrt ist. Ich kann kaum noch lesen (früher eins meiner größten Vergnügen), weil ich mich einfach nicht konzentrieren kann. Ich glaube nicht, daß ich noch dabei bin, wenn meine Tochter am 30. Juni acht Jahre alt wird. Ich kaufe alle Geschenke für sie und packe sie schon im Februar ein. Ich plane meine Beerdigung.

Aber in Wirklichkeit kämpften in mir zwei Personen, die beide die Oberhand gewinnen wollten. Die eine hörte, was die Ärzte sagten, und reagierte genauso, wie ich es gerade beschrieben habe. Aber die andere schrie und tobte, wenn das Auto am Krankenhaus vorbeifuhr. Dieser zweite Teil von mir beschloß zu kämpfen, auch wenn der andere Teil ihn täglich, manchmal stündlich überreden wollte, aufzugeben und sich zu fügen.

Physisch hat meine Brustamputation nicht sehr weh getan.

Meine Brust, mein Oberarm und mein Rücken waren taub, aber es ist alles schnell verheilt, ohne Komplikationen. Nur mein Arm hat von Anfang an so weh getan, daß ich ihn tagelang nicht ausstrecken konnte. Unglücklicherweise war es mein rechter Arm, mit dem ich immer auf meiner Gitarre gespielt habe. Aber das machte nichts, weil ich sowieso viel zu unglücklich war, um noch zu singen.

Sobald ich das Krankenhaus verlassen hatte, bemühte ich mich, tief in mich hineinzuhören. Ich wollte, daß mein Körper und mein Kopf mir sagten, wie ich ihnen dabei helfen könnte, am Leben zu bleiben. Ich habe die Antwort erhalten, und ich habe versucht, sie zu befolgen, auch wenn ich viel zu deprimiert war, als daß ich mich hätte bewegen können oder als daß es mir etwas hätte ausmachen können. Mein Körper forderte: »Trink Orangensaft«, eine komische Sucht, die ich noch nie zuvor hatte. Ich trank und trank, und es fühlte sich richtig an. Ich machte mir ernsthaft darüber Gedanken, was ich in meinen Körper hineinsteckte. Ich mahnte meine Nahrung, mich ja stark zu machen. Ich befahl jedem Vitamin, während es meine Kehle hinunterglitt, an die richtigen Stellen zu gehen und die richtigen Dinge zu tun, weil sie die einzigen Pillen gegen den Krebs waren, die ich hatte.

Mein Körper sagte: »Du mußt dich bewegen, Lois, und zwar bald!« Und eine halbe Stunde, nachdem ich aus dem Krankenhaus entlassen worden war, ging ich bereits spazieren. Es war schwer. Ich hatte Angst, hinzufallen. Ich ging gebückt wie eine alte Frau. Aber meine Beine waren stark. Ich kaufte mir einen Schrittmesser und ging Meile für Meile. Als es Frühling wurde, ging ich, lief ich, ging und lief, bis das Baby zu groß wurde. Ich teilte meinem Körper durch gymnastische Übungen mit, daß ich ihn gern hatte und daß ich wollte, daß er gesund war. Ich begann noch in derselben Woche, in der ich nach Hause kam, wieder mit Yoga. Zuerst konnte ich meinen Arm nur etwas mehr als zehn Zentimeter bewegen, aber ich übte und übte und streckte ihn immer mehr. Ich holte meine Dreipfundgewichte hervor und zwang meine Armmuskeln und Sehnen, sich anzustrengen und zu arbeiten, auch wenn es weh tat. Ich habe meinen Arm ziemlich schnell wieder in Ordnung gebracht und kann ihn jetzt wieder völlig normal bewegen und belasten. In *Reach to Recovery* steht: »Bewegen Sie Ihre Finger langsam an der Tür nach oben.« Ich aber sagte: »Häng dich an die Tür, und mach Klimmzüge, wenn du kannst.«

Mein Kopf und mein Körper sagten: »Make love«, und sie hatten recht. Zu lieben (und andere Formen der Körperübung) waren für mich die einzige Gelegenheit, mich frei zu fühlen, die einzige Gelegenheit, bei der ich wieder *ich selbst* war, die einzige Möglichkeit, nicht Krebs zu haben.

Mein Kopf sagte: »Ich brauche Frieden. Ich muß mich täglich von dem überwältigenden Druck ausruhen. Hilf mir, mich auszuruhen!« Ich habe früher nie meditiert, aber jetzt ging ich in die Bibliothek und suchte mir die Arten heraus, die bei mir funktionierten. Ich praktizierte sie. Die Meditation hat meinen angespannten Körper in eine stille Wiege gelegt, tief und dunkel und erfrischend friedlich. Ich habe buchstäblich nur noch dafür gelebt.

Die Meditation hat es mir auch ermöglicht, ohne Studium Medizin zu praktizieren. Ich habe meinem Körper gesagt, daß er gesund sein muß. Ich habe meinem Immunsystem gesagt, daß es mich beschützen soll. Ich habe mir mein Gehirn angesehen, meine Knochen, meine Leber und meine Lungen, jeden Abend. Ich habe sie gefühlt und ihnen gesagt, daß sie keinen Krebs haben. Ich habe beobachtet, wie mein Blut durch meinen Körper geflossen ist. Ich habe meinen Wunden gesagt, daß sie schnell heilen sollen und daß die angrenzenden Stellen sauber sein müssen. Ich habe meiner Brust gesagt, daß sie auf sich aufpassen muß, weil sie jetzt die einzige Brust ist, die mein Mann und ich übrig haben. Ich sage meinem Körper und meinem Kopf noch immer jeden Abend: »Ich widersetze mich dem Krebs. Ich stoße ihn von mir ab.«

Die Ärzte stöbern alles durch, sehen sich meine Röntgenbilder an, lassen mich wieder hinaus in die Welt. Ich mache es bis zum Frühjahr, bis zum Mai.

In der letzten Maiwoche versuchen wir eine Induktion, um die Wehen künstlich einzuleiten. Das dauert zehn Stunden, tut sehr weh und bewirkt gar nichts. Sie, die nicht im Bett sind, wollen es am nächsten Tag noch mal probieren. Das Baby und ich wollen nach Hause. Wir gehen, und ich rede mir ein, daß mich drei oder vier Wochen länger auch nicht gleich umbringen werden! Ich bin glücklich, denn wenn ich die Schwangerschaft bis zum Ende durchstehe, kann ich mit den Hebammen entbinden. Vielleicht wird dann wenigstens die Geburt schön, auch wenn die Schwangerschaft die Hölle war.

Meine Zimmergefährtin im College hat am 13. Juni ein Baby bekommen, und ich schätze, das werde ich auch. Als das Fruchtwasser zu tropfen beginnt, gehe ich ins Krankenhaus in ein wunderschönes Zimmer mit Pflanzen und einem großen Doppelbett. Meine Hebamme ist in jeder Hinsicht gut. Die Wehen fangen an und werden stärker, und ich verliere die Angst, die alle Frauen haben. Ich werde es schaffen. Es wird schön sein.

Sie öffnet die Fruchtblase, und das ganze Bett, und ich auch, ist durchweicht. Sie sagt, ich bin sechs Zentimeter offen, aber ich sehe, wie sie das Gesicht verzieht. Ich stoße die Nabelschnur vor dem Baby aus. Ich weiß sofort, daß es sterben kann – schnell. Sie drückt den Kopf des Babys von der Schnur weg, schiebt ihn nach oben, während ich nach unten drücke, und ich weiß jetzt, was Marter bedeutet. Als wir zum Operationssaal hasten, höre ich sie sagen, daß der Puls des Babys bei 60 liegt.

Vielleicht war ein Kaiserschnitt keine schlechte Idee. Sie verbrachten eine weitere Stunde damit, sich mein Inneres anzusehen. Sie finden nichts, und als mein Mann es mir sagt, fühle ich mich sehr erleichtert.

Das Baby wiegt acht Pfund, ist 53 Zentimeter groß und ein Junge. Er heißt Nathan Scott. Er ist sehr niedlich, hat braune Haare, lange dunkle Wimpern – und einen Herzklappenfehler, den die Glücklichen, die Nichteingeweihten als Herzgeräusche oder als Loch im Herzen kennen. Das ist angeboren. Es ist sehr ernst. Er muß wahrscheinlich operiert werden. Es könnte zu seinem Tod führen. Und was für mich das Schlimmste ist – es bedeutet ständige Fahrten in Krankenhäuser, die ich hasse, Fahrten, nach denen ich tagelang erschöpft und deprimiert sein werde. Es bedeutet, daß mein Baby aufgeschnitten werden muß, genauso wie ich, zu seinem eigenen Besten.

Nathan hat in den ersten sechs Monaten seines Lebens eine kongestive Herzinsuffizienz. Er bekommt zweimal täglich Digitalis. Er schwitzt, wenn er ißt. Seine kleine knochige Brust hebt und senkt sich viel zu schnell, und seine Leber und sein Herz sind vergrößert. Er kommt für eine Weile ins Krankenhaus. Ich bleibe bei ihm, und das wirft mich um. Seine ursprünglich fünfzigprozentigen Chancen eines Verschlusses sinken auf 25 Prozent.

Aber dann, irgendwann in seinem siebten Lebensmonat, beginnt er, Fortschritte zu machen. (Ich denke gern, daß es vielleicht in einem jener Augenblicke begann, als ich ihm in sein kleines Ohr flüsterte: »Nathan, du wirst *bestimmt* wieder gesund!«)

Die Ärzte sind überrascht. Die EKGs werden besser. Er nimmt zu. Seine Atmung verlangsamt sich, und die Flüssigkeit, die seine Leber anschwellen läßt, verschwindet.

Im Mai 1979 hat Nate sein erstes normales EKG, ein schöneres Ereignis als der erste Geburtstag. Der Muskel rings um das Loch hat sich geschlossen. Nathan zieht sich hoch, bis er aufrecht auf den Beinen steht, und ich beginne, an seine Existenz zu glauben.

Als mein Bauch wieder flacher wurde, erlebte ich eine große Überraschung. Ich hatte *tatsächlich* auf der rechten Seite keine Brust. Jetzt war die Zeit gekommen, in der die meisten frischgebackenen Mütter gern wieder ihre alten Kleider anziehen oder sich neue kaufen oder von zweiteiligen Badeanzügen träumen. Meine zeltartigen Kleider hatten mich sechs Monate lang beschützt. Jetzt mußte ich meinen wahren Gefühlen über meinen Körper ins Auge sehen, ein weiterer Kampf, der zu all den anderen hinzukam.

Meinen Zustand als deprimiert zu bezeichnen wäre viel zu milde ausgedrückt. Aber ich gab mir immer wieder einen

Schubs, mit den positiven Dingen in meinem Leben weiterzumachen. Sieben Monate lang behielt ich mein Babyfett, aber als es Nathan besserging, erfüllte mich neue Entschlossenheit.
Ich nahm zwanzig Pfund ab. Ich meditierte wieder und schluckte all meine Vitamine. Drei Monate nach der Entbindung ging ich wieder in die Gymnastik. Jetzt brauchte ich nicht mehr vorsichtig zu gehen; ich konnte laufen. Und ich kann so schnell laufen, daß ich mir überlege, ob ich nicht an irgendwelchen Wettrennen teilnehmen soll. Mein Programm für Leibesübungen besteht aus Yoga, Laufen und Fahrradfahren. Ich tu es jeden Tag. Ich muß es tun. Ich glaube, daß es mir hilft, weiterzuleben.
Ich habe wieder meine alte Figur, jedenfalls wenn ich angezogen bin. Allmählich glaube ich sogar, daß ich, auch wenn ich keine Kleider anhabe, vielleicht gar nicht so schrecklich grotesk aussehe. Meine Narbe vom Kaiserschnitt hat mein Selbstvertrauen auch nicht gerade erhöht, aber mein Mann sieht meine Narben gar nicht, und ich fange an, mich mit seinen Augen zu sehen.
Ich habe mich bemüht, zuerst an *mich selbst* zu denken. Niemand hat mir dabei geholfen. Niemand hat gesagt, daß ich vielleicht eine Chance hätte. Die Ärzte haben mich mit ihren schrecklichen Statistiken immer nur deprimiert. Freunde und Bekannte, die es gut meinten, haben mich mit ihrem Mitleid richtiggehend kaputtgemacht. Aber trotz allem hat das, was *ich* tat, funktioniert, und jeder neue Tag, an dem ich gesund bleibe, stärkt mein Vertrauen in »Geist über Materie«.
Ich denke jeden Tag an Krebs, aber ich denke auch daran, wie stark mein Körper ist, wie gut er sich die meiste Zeit anfühlt. Ich spreche noch immer mit meinem Innern. Noch nie zuvor habe ich die Integration von Körper, Geist und wahrscheinlich Seele so stark gespürt. Durch den Krebs habe ich mich selbst erst richtig kennengelernt, und darüber bin ich sehr froh.

Nach sechs Jahren, in denen ihre eigenen Anstrengungen allmählich nachließen, starb Lois, aber die Qualität, die ihr Leben während dieser Zeit annahm, hätten ihre Ärzte niemals für möglich gehalten. Im allgemeinen scheint Krebs als Reaktion auf einen Verlust aufzutreten – wie die traurigen Ereignisse, die in dem Jahr, bevor sich ihr Tumor entwickelte, in Lois' Familie stattgefunden hatten. Ich glaube, wenn solche Ereignisse im Leben eines Menschen nicht zu emotionaler Reife führen, können sie leicht in ein bösartiges physisches Wachstum umschlagen. Russell A. Lockhart, der ein Therapeut der Jungschen Schule ist, schrieb:

> Die Phänomenologie von Krebs ist voll von Bildern der Schuld und der Strafe und des Versprechens an sich selbst und andere, daß im Falle einer Genesung Opfer gebracht werden, daß sich die Dinge ändern werden, daß das Leben jetzt richtig gelebt werden wird. Die Psychologie solcher ungewollten Opfer unterscheidet sich grundlegend von der Psychologie der gewollten Opfer.
> Es gibt in jedem Leben Augenblicke und Zeiten, in denen ein ehrliches Opfer dessen, was man *am meisten* schätzt, zur emotionalen Reife nötig ist. Wenn dieses Opfer nicht freiwillig gebracht wird, das heißt bewußt und im vollen Bewußtsein des Verlusts, dann wird das Opfer unbewußt gebracht werden. Dann wird man nicht opfern, um seelisch zu wachsen, sondern man wird einem wuchernden Gewächs geopfert werden.

Aus dem gleichen Grund ist auch die darauf folgende psychische und spirituelle Entwicklung fähig, den Krankheitsprozeß wieder umzukehren. Es ist, als würde die Energie des Krebses diesen nun selbst entlarven und als würde das Immunsystem den Tumor angreifen. Der Tumor ist jetzt fremd und überflüssig. Fast hat es den Anschein, als würde der Betreffende neu geboren und legte das alte Selbst zusammen mit seiner Krankheit ab und wäre daher fähig, den Tumor als etwas Eigenständiges anzusehen, das mit dem neuen Selbst nichts zu tun hat. Diese Veränderung hat erstaunliche Ähnlichkeit mit den Erkenntnissen, die aus neueren Untersuchungen an Patienten mit multiplen Persönlichkeiten gewonnen wurden. Die eine Persönlichkeit ist vielleicht Diabetiker und die andere nicht. Allergien und Medikamentenempfindlichkeiten können bei der einen vorhanden sein, aber bei der anderen nicht. Wenn sich die eine Persönlichkeit mit einer Zigarette die Haut verbrennt, könnte das Brandzeichen verschwinden, wenn die andere Persönlichkeit die Kontrolle übernimmt, und wieder auftreten, wenn die erste Persönlichkeit wieder in Erscheinung tritt. Auf ganz genau die gleiche Weise können bei einem Patienten mit einer physischen Krankheit, der eine gründliche und positive Persönlichkeitsveränderung durchmacht, die Abwehrsysteme des Körpers diese Krankheit, die nicht Teil des neuen Selbst ist, auslöschen.

II
Den Geist verkörpern

Die Welt ist nicht göttliches Spiel, sie ist göttliches Schicksal. Daß es die Welt, daß es den Menschen, daß es die menschliche Person, dich und mich gibt, hat göttlichen Sinn.
Schöpfung – sie geschieht an uns, sie glüht sich uns ein, glüht uns um, wir zittern und vergehn, wir unterwerfen uns. Schöpfung – wir nehmen an ihr teil, wir begegnen dem Schaffenden, reichen uns ihm hin, Helfer und Gefährten.

Martin Buber

5
Beginn der Reise

Die Bemühungen eines Patienten oder einer Patientin, Verantwortung zu übernehmen und sich an den medizinischen Entscheidungen zu beteiligen, müssen beginnen, während er oder sie noch immer unter dem Schock der Diagnose steht und versucht, neuen Lebenswillen zu mobilisieren. Wie in Kapitel 2 besprochen, ist es die Pflicht des Arztes, sofort Vertrauen herzustellen, indem er die bewußten und unbewußten Überzeugungen des Patienten herausfindet und akzeptiert. Am schnellsten läßt sich Vertrauen und Unabhängigkeit des Patienten herstellen, wenn man ihn menschlich behandelt, seinen Schmerz mit ihm teilt und es vermeidet, die Rolle eines Lebensrettungsmechanikers zu spielen. Weil aber so viele Ärzte in dieser Rolle gefangen sind, müssen die Patienten oft dabei mithelfen, sie zu ändern. Ich rate Patienten, auf folgenden Regeln zu bestehen, und zwar in Form eines offenen Briefes an ihre Ärzte.

> Lieber Herr/liebe Frau Doktor . . .
> Bitte, verschweigen Sie mir nichts. Wir wissen beide, daß ich zu Ihnen gekommen bin, um zu erfahren, ob ich Krebs oder irgendeine andere schlimme Krankheit habe. Wenn ich weiß, was ich habe, dann weiß ich auch, wogegen ich mich wehren muß. Ich habe keine Angst. Wenn Sie mir den Namen und die Tatsachen verheimlichen, habe ich keine Möglichkeit, mir selbst zu helfen. Wenn Sie sich erst überlegen, ob Sie es mir sagen sollen, weiß ich es bereits. Vielleicht ist Ihnen wohler, wenn Sie mir nichts sagen, aber mich würde die Täuschung kränken.

Erzählen Sie mir nicht, wie lange ich noch zu leben habe! Ich allein kann entscheiden, wie lange ich leben werde. Es sind meine Wünsche, meine Ziele, meine Wertvorstellungen, meine Kraft und mein Wille zu leben, die diese Entscheidung treffen werden. Erklären Sie mir und meiner Familie, wie und warum ich diese Krankheit bekommen habe. Helfen Sie mir und meiner Familie, *jetzt* zu leben. Sagen Sie mir etwas über die Ernährung und über die Bedürfnisse meines Körpers. Sagen Sie mir, wie ich mit dem Wissen umgehen soll und wie mein Kopf und mein Körper zusammenarbeiten können. Heilung kommt von innen heraus, aber ich möchte meine Stärke mit Ihrer Stärke vereinen. Wenn Sie und ich ein Team sind, werde ich ein längeres und besseres Leben führen.
Doktor, lassen Sie nicht zu, daß Ihre negative Einstellung, Ihre Ängste und Ihre Vorurteile meine Gesundheit beeinflussen. Stehen Sie mir nicht im Weg, wenn ich gesund werden und Ihre Erwartungen übertreffen kann. Geben Sie mir die Chance, in Ihrer Statistik die Ausnahme zu sein.
Bringen Sie mir Ihren Glauben und Ihre Behandlungsmethoden bei, und helfen Sie mir, sie mit meinen zu vereinen. Aber denken Sie daran, daß das, woran ich glaube, am wichtigsten ist. Denn das, woran ich nicht glaube, wird mir nicht helfen.
Sie müssen erfahren, was meine Krankheit für mich bedeutet – Tod, Schmerzen und Furcht vor dem Unbekannten. Wenn ich an eine alternative Therapie und eine nicht übliche Therapie glaube, dann lassen Sie mich bitte nicht im Stich. Bemühen Sie sich nicht, mich zu ändern, sondern haben Sie Geduld, und warten Sie, bis ich bereit bin, mich selbst zu ändern. Vielleicht geschieht das zu einem Zeitpunkt, an dem ich sehr krank bin und Sie und Ihre Therapie dringend brauche. Doktor, helfen Sie mir und meiner Familie, mit meinen Schwierigkeiten auch ohne Ihre Anwesenheit fertig zu werden. Nehmen Sie sich Zeit für unsere Fragen, und schenken Sie uns Ihre Aufmerksamkeit, wenn wir Sie brauchen. Es ist wichtig, daß ich das Gefühl habe, offen mit Ihnen reden und Ihnen Fragen stellen zu können. Mein Leben

wird länger und sinnvoller sein, wenn Sie und ich ein Vertrauensverhältnis entwickeln. Ich brauche Sie, um meine neuen Ziele erreichen zu können.

Den Patienten helfen, Entscheidungen zu treffen

Ich bemühe mich immer, die Patienten dazu zu bringen, die üblichen medizinischen Behandlungsmethoden – Bestrahlung, Chemotherapie und operative Eingriffe – als eine Energie zu sehen, die sie heilen kann. Dadurch wird Zeit gewonnen, in der ich dem Patienten helfen kann, den Willen zum Leben, zu Veränderung und Heilung zu finden. Viele der Unstimmigkeiten über den Wert alternativer Therapien kommen deshalb auf, weil sich manche Menschen, unabhängig von jeder Art äußerer Hilfsmittel, selbst heilen, solange sie nur hoffen und ein wenig Kontrolle über die Therapie haben. Ich unterstütze sie, solange der Patient seine Entscheidung aus einer positiven Überzeugung heraus getroffen hat und nicht aus Angst. Wenn ein Patient sagt: »Ich fürchte mich vor einer Operation zu Tode« und sich deshalb für etwas anderes entscheidet, kann ich ihn dabei nicht unterstützen. Bestätigung hilft dem Körper, Angst ist destruktiv. Eine Behandlung, die aus Angst gewählt wurde, hilft wahrscheinlich nicht sehr viel.

Ich versuche, den Patienten zu erklären, daß der *Körper* die Heilung bewirkt, nicht die Therapie. Jede Art von Heilung ist wissenschaftlich. Kürzlich erzählte mir jemand auf einer Tagung, daß er einen Patienten kenne, der sich an makrobiotische Diät halte, einen weiteren, der eine völlig gegensätzliche Diät befolge, und einen dritten, der mit Chemotherapie und Bestrahlungen behandelt worden sei. Alle drei wurden wieder gesund, und er könne einfach nicht verstehen, wieso der Körper so etwas fertigbringe oder was für einen Sinn die Behandlungen ergäben. Aber der Körper kann jede Form von Energie zum Heilen verwenden – selbst Krebiozen oder reines Wasser –, solange der Patient daran glaubt.

Nehmen wir an, ich würde empfehlen, zur Heilung von

Krebs pro Tag drei Scheiben Brot mit Erdnußbutter zu essen. Manche Menschen würden tatsächlich geheilt werden und davon überzeugt sein, daß sie es der Erdnußbutter zu verdanken haben. Das würde wiederum anderen Menschen neue Hoffnung geben, die dann ebenfalls Erdnußbutter essen und gesund werden. Aber wir wissen, daß es nicht an der Erdnußbutter liegt. Es liegt an der Hoffnung und an den Veränderungen, die sie in ihrem Leben vornehmen, während sie die neue Therapie befolgen.

Es ist wichtig, eine Therapie zu wählen, an die man glaubt und zu der man eine positive Einstellung hat. Jeder muß seine eigenen Wege gehen. Der eine wünscht sich vielleicht eine umfassende Zusatzdiät von Vitaminen und Spurenelementen, während ein anderer die Einnahme von so vielen Tabletten pro Tag für lästig hält, wodurch sie auch nichts Gutes bewirken können. Manche »überlassen ihre Probleme einfach Gott« und werden geheilt. Und wieder andere benötigen eine »Footballcoach-Methode«, wie ich es nenne, bei der ein Patient alle Einzelheiten im voraus plant. Dieser Begriff ging mir durch den Kopf, als ich mit Eileen, einer Patientin von mir, zusammenarbeitete, die regelmäßig einen Hypnotherapeuten aufsuchte, den Termin für die Operation selbst bestimmte und private Krankenschwestern anstellte. Sie sorgte dafür, daß sie alles im Griff hatte und für jede Eventualität gerüstet war. Sie lebt und ist gesund; erst vor kurzem hat sie anläßlich ihres ersten krebsfreien Jahrestags in ihrem Haus eine große Party gegeben. Ihre Botschaft an die anderen Menschen, die Krebs haben, lautet: »Ich sage euch, was ihr tun müßt: Einfach *anpacken.*«

Da Krebspatienten normalerweise wenig Autonomie in ihrem Leben empfinden bis zu dem Punkt, an dem ihre Körperzellen protestieren, kann schon allein die Tatsache, daß man eine Entscheidung trifft, der Wendepunkt sein. Für Herbert Howe kam dieser Augenblick, als er beschloß, die Chemotherapie abzubrechen, weil ihm davon unerträglich übel wurde. Sein Onkologe erklärte ihm, daß er verrückt sei und bald sterben werde. Howe war darüber so wütend, daß er ihm am liebsten eine runtergehauen hätte. Statt dessen begann er zu joggen. Und er hat aus diesem Sport inzwischen fast so etwas wie eine Karriere gemacht – Laufen, Rudern, bergsteigen und ganz allgemein seine ganze Energie ins Leben stecken und zum Leben verwenden. Heute, nach sieben Jahren, ist er völlig gesund.

Meditation ist eine der besten Möglichkeiten, Patienten über ihre Angst hinweg zu neuen Entscheidungen zu verhelfen, die auf ihrer eigenen Überzeugung beruhen. Das zeigte sich sehr deutlich bei Bruce, einem Familientherapeuten, der mit Meditation begann, nachdem er ein paar Vorträge von mir gehört hatte. Bruce war von Opiaten und Alkohol abhängig. Er hatte sich damit die Schmerzen nach einem Skiunfall gelindert und war süchtig geworden. Er bekam ein schweres Leberleiden, und man riet ihm zu einer Shunt-Operation zur Umleitung des Blutes an der erkrankten Leber vorbei. Beim Meditieren vernahm er eine innere Stimme: »Du mußt das Blatt wenden.« Dieselbe Stimme gab ihm später ein Vierpunkteprogramm:

1. Eine Woche lang intravenös Vitamin C.
2. Tägliche Meditation.
3. Rücksprache mit einem Ernährungswissenschaftler.
4. Verwendung eines Computers.

Zu diesem Zeitpunkt wußte Bruce noch nichts über den Wert von Vitamin-C-Spritzen unter diesen Umständen, aber er fand trotzdem jemanden, der sie ihm verabreichte. Der letzte Punkt des Programms war ihm rätselhaft, bis er ein paar Tage später in einer Zeitung einen Artikel las, in dem es darum ging, wie ein Computer programmiert wurde, um unterschwellige Informationen zu liefern. Bruce, der Zugang zu einem Computer hatte, entwarf das Bild einer spirituellen Figur, die ihn beschützte und heilte, und gab es in den Computer ein, so daß dieser das Bild mehrmals auf dem Videoschirm zeigte. Inzwischen wurde schon wiederholt bewiesen, daß ins Unbewußte gesandte Bilder von weißen Zellen, die die Krebszellen verspeisen, dem Patienten helfen, wieder gesund zu werden. Nach wenigen Monaten ergaben die Lebertests von Bruce normale Ergebnisse, und nachdem er auch seine anderen Probleme bewältigt hatte, war keine Operation erforderlich.

Gruppendiskussionen sind ebenfalls sehr hilfreich, um Patienten davon zu überzeugen, daß sie es selbst in der Hand haben, welcher Weg für sie der richtige ist. In der ECaP-Gruppe hatten wir schon Patienten, die Vitamin C bekamen, nach einer strengen Diät lebten oder denen die üblichen Behandlungen zuteil wurden, und auch einige, die sich gar keiner medizinischen Therapie unterzogen. Anfangs machte ich mir Sorgen, daß sie sich vielleicht streiten würden, wer das Richtige tat. Aber statt dessen haben sie nur alle den gemeinsamen Glauben, gesund zu werden. Sie vergeuden keine Energie mit Auseinandersetzungen darüber, wessen Therapie besser sei. Diese Unterschiede in der Behandlung verhelfen ihnen höchstens zu der Erkenntnis, daß es nicht nur eine Antwort gibt, sondern praktisch jeder Weg richtig sein kann. Die Gruppe ist eine Familie, aber offener, als die meisten Familien es sind. Sie schafft eine Atmosphäre, in der man ruhig alles sagen und fühlen kann und in der die Teilnehmer, die in ihrer psychischen Entwicklung schon weiter sind, selbst zu Therapeuten werden, die den Neuen helfen, ihrem Leben einen Sinn zu geben, egal, welche Behandlung sie gewählt haben.

Im allgemeinen habe ich das Gefühl, daß es für die Patienten am besten ist, ihre Energie auf eine oder zwei Methoden zu konzentrieren, an die sie am stärksten glauben. Aber vieles – wie etwa Zusatznahrung, Leibesübungen und Meditation – sind wertvolle Hilfen für jede Behandlungsart und daher ein wichtiger Teil des ECaP-Programms.

Wenn ein Patient wegen eines bestimmten Medikaments extra nach Mexiko fliegen will, frage ich: »Warum wollen Sie das? Woran glauben Sie? Wovor fürchten Sie sich?« Und wenn er überlegt: »Du liebe Zeit, das kostet eine Menge Geld. Soll ich hinfahren?«, dann rate ich ihm: »Lieber nicht, wenn Sie es von vornherein in Frage stellen.« Glaubt der Patient aber fest an dieses Mittel, dann unterstütze ich diese Reise vielleicht, jedoch mit der Einschränkung: »Wenn ich hätte, was Sie haben, würde ich es nicht tun.« Aber ich versichere dem Patienten auch immer: »Ich bin hier – als Alternative, falls sich die Sache bei Ihnen doch nicht bewährt.«

Die Nebenwirkungen niedrig halten

Ich versuche niemanden mit aller Gewalt dazu zu bringen, sich einer Strahlen- oder Chemotherapie zu unterziehen, wenn er sie für schädlich hält, weil er mir dann nur beweisen würde, daß er recht hat. Er wird jede erdenkliche Nebenwirkung aufweisen und erklären: »Jetzt sehen Sie sich an, was dabei herausgekommen ist. Hätte ich bloß nicht auf Sie gehört.« Oder er wird sich noch viel direkter widersetzen, indem er seine Medikamente einfach in die Toilette schüttet und runterspült. Ein Onkologe verschrieb einem ECaP-Mitglied einmal Medikamente mit der Anweisung, eine Woche lang täglich eine Tablette zu nehmen, ohne ihr jedoch zu sagen, daß nur fünf Tabletten in der Packung waren. Die Patientin rief ihn später an, um ihm mitzuteilen, daß ihr schlecht geworden sei und daß sie nicht genügend Tabletten für volle sieben Tage habe. Er sagte zu ihr: »Wir werden die Dosis angleichen. Auf jeden Fall sind Sie innerhalb von zwei Jahren die erste Patientin, die angerufen hat, um sich darüber zu beklagen, daß die Tabletten nicht reichen.« Anscheinend warfen die meisten anderen die Medizin einfach weg, als sie merkten, daß sie Übelkeit verursachte. Dr. Alexandra Levine stellte bei einer entsprechenden Untersuchung fest, daß 60 Prozent der Patienten in ihren Blutproben keine Spur eines Medikaments aufwiesen. Und doch gehen die Statistiken der Chemotherapie davon aus, daß alle Patienten ihre Tabletten einnehmen. Viele Onkologen bestehen jetzt darauf, daß ihre Patienten die Tabletten unter Aufsicht nehmen, aber Offenheit und Vertrauen wären besser.

Meiner Meinung nach gehen ungefähr drei Viertel aller Nebenwirkungen der Strahlen- und Chemotherapie auf die negative Einstellung der Patienten zurück, die noch durch eine destruktive Art Hypnose vom Arzt gefördert wird. Viele Ärzte sagen zum Beispiel: »Es können so viele schreckliche Dinge geschehen, aber vielleicht haben Sie Glück, und es passiert Ihnen nichts.« Kein verantwortungsbewußter Hypnotherapeut würde je ein Protokoll schreiben, wie es gewöhnlich Krebspatienten erhalten. Zuerst wird alles aufgezählt, was schlecht ist, so daß der Patient in Abwehrhaltung geht. Und wenn dann, ganz unten auf der Seite, darauf hingewiesen wird, daß es möglicherweise auch Gutes gibt, sagt der Patient nur noch: »Nein, nein, nein.«

Niemand wird einen Arzt dafür belangen, das Positive hervorgehoben zu haben, und der Arzt braucht ja auch keinerlei Garantien zu geben. Es ist gar nichts weiter nötig, als die Betonung zu ändern: »Mit dieser Behandlung können wir viel erreichen. Aber es wäre möglich, daß folgende Nebenwirkungen auftreten, obwohl ich nicht damit rechne.« Dann sagen die Patienten: »Ja, ja, ja«, und werden am Ende überzeugt sein, daß bei ihnen wahrscheinlich keine der Nebenwirkungen auftritt. Die Patienten sollten auch daran erinnert werden, daß sich normale Zellen von starken Medikamenten besser erholen als schwache, empfindliche Krebszellen.

Martin, ein Arzt aus unserer ECaP-Gruppe, ist ein gutes Beispiel dafür. Bevor er sich einer Chemotherapie unterzog, sprachen wir über die Macht der Erwartung, die die Reaktionen bestimmt. Die Arzthelferin des Onkologen trug Martin auf, eine Tablette gegen Übelkeit um acht Uhr abends zu nehmen, das Medikament für die Chemotherapie um neun Uhr abends und eine weitere Tablette gegen Übelkeit um zehn Uhr abends. Dann riet man ihm noch, auf dem Teppich seines Schlafzimmers Zeitungen auszubreiten, falls er es nicht rechtzeitig bis ins Badezimmer schaffe. Und daß er neben das Bett einen Eimer Wasser stellen solle, damit das Erbrochene nicht am Kübel festklebe. Diese Anweisungen machten ihn so fertig, daß er weitere zwei Stunden brauchte, bis er sich überwinden konnte, die Tabletten einzunehmen. Dann erinnerte er sich an unser Gespräch und rief sich immer wieder all die guten Dinge ins Gedächtnis, die passieren konnten anstatt der schlimmen. Schließlich nahm er alle Medikamente ein, legte sich schlafen und wachte am nächsten Morgen ohne irgendwelche Beschwerden auf. »Wenn wir nicht darüber gesprochen hätten«, sagte er, »hätte ich es nie geschafft.«

Die negative Programmierung ist ein wesentlicher Grund, warum ein Viertel aller Patienten mit Chemotherapie sich schon *vor* der nächsten Behandlung übergeben muß. In England nahm eine Gruppe Männer eine Salzlösung ein, und man sagte ihnen, daß es sich um Chemotherapie handle – woraufhin 30 Prozent ihre Haare verloren. Verhaltensforscher haben gezeigt, daß die Techniken, die zur Bekämpfung von Phobien verwendet werden, diese Übelkeit verhindern, aber wenn die Chemotherapie von einer vertrauensvollen Arzt-Patienten-Beziehung und einem Vorstellungstraining begleitet ist unter Berücksichtigung der emotionalen Probleme des Patienten, dann erledigt sich das meistens von selbst. Die Patienten können auch ein tragbares Tonbandgerät in die Praxis des Arztes mitbringen, um Musik oder positive Botschaften zu hören, so daß eine kontrollierte Umgebung geschaffen wird, die ihnen hilft, die Therapie durchzustehen. Eine Frau namens Estelle kam mit unglaublichen Nebenwirkungen zu mir. Als ich sie aufforderte, ihre Behandlung in einem Bild wiederzugeben, zeichnete sie den Teufel, wie er ihr Gift verabreichte. Bis dahin hatte sie niemandem gestanden, was sie wirklich über ihren Arzt und die Behandlung dachte, aber es gelang uns, das Problem auszuräumen, ihr das Gefühl zu vermitteln, daß sie selbst alles unter Kontrolle hatte und nicht die Familie, und ihre Beziehung zu ihrem Arzt zu ändern, so daß sie die Behandlung fortsetzen konnte.

Wenn ich die Patienten vor der Therapie sehen und ihnen bei ihrer Entscheidung helfen kann, haben sie weit weniger Schwierigkeiten mit der Behandlung als andere Patienten, bei denen das nicht der Fall ist. Dann sind weder Marihuana noch irgendwelche Mittel gegen Übelkeit nötig. Marie, eine Frau aus unserer Gruppe, wurde vorgewarnt, ihr würde schlecht werden. Sie widersprach und behauptete, ihr würde nicht schlecht werden, aber der Arzt und das Personal bestanden darauf, daß sie *Compazine* mit nach Hause nahm. Sie erzählte: »Ich ging nach Hause, und nach ungefähr ein oder zwei Stunden mußte ich aufstoßen und dachte: ›Hoppla, jetzt geht's los.‹« Also ging sie zur Schublade, nahm eine Tablette heraus, schluckte sie und fühlte sich augenblicklich besser. Ein paar Stunden später mußte sie wieder aufstoßen und rief ihre Tochter: »Würdest du mir bitte mein *Compazine* aus der Kommode holen?«

Nach einer Viertelstunde sagte ihre Tochter: »Mom, ich sehe

hier keine Compazine-Tabletten. Da ist nur *Coumadin.*« Marie hatte eine Tablette mit einem großen C gesehen und angenommen, daß es sich um *Compazine* handle, sie hatte sie geschluckt und sich sofort besser gefühlt. *Coumadin* ist ein Antigerinnungsmittel, aber bei Marie funktionierte es als wunderbares Placebo. Ihr wurde klar, daß sich alles nur in ihrem Kopf abgespielt hatte. Daß ihr nur in Gedanken schlecht geworden war und daß sie eigentlich beides nicht nötig hatte, weder die Nebenwirkung noch die Tabletten.

Ich erinnere mich auch an eine andere Frau, Lillian, die es ganz zu Anfang nicht einmal fertigbrachte, bei der Gruppe mit uns im Kreis zu sitzen. »Ich bin es nicht gewöhnt, mich über diese Dinge mit anderen Leuten auszusprechen«, sagte sie. Am Ende schloß sie sich nicht nur dem Kreis an, sondern trat mit mir und mehreren anderen Patienten sogar im Fernsehen auf. Lillian hatte erhebliche Schwierigkeiten mit den Nebenwirkungen der Chemotherapie gehabt. Ihr wurde schon auf dem Weg zum Arzt schlecht, und sie nahm Marihuana, um sich gegen die Übelkeit zur Wehr zu setzen. Nachdem wir uns darüber unterhalten hatten, sprach sie auch mit ihrem Arzt über ihr Problem. Dann fragte sie eines Tages in der Gruppe: »Wer kann mir sagen, wann ich meine Chemotherapie hatte?« Niemand wußte es. »Vor genau fünfundvierzig Minuten«, erklärte sie triumphierend. »Und jetzt sitze ich hier und fühle mich prächtig.«

Maxine, eine andere Patientin, kam nach einem erneuten Auftreten von Brustkrebs zu mir. Nachdem ich aus ihrer Achselhöhle einen Knoten entfernt hatte, schlug ich Strahlen- und Chemotherapie vor. Maxine leitete einen Biokostladen und hatte seit siebzehn Jahren keine Tablette mehr geschluckt, daher sah sie sich außerstande, meinen Vorschlag zu akzeptieren. Sie hatte von all den Nebenwirkungen gehört, und ihre Freundinnen malten ihr aus, wie schrecklich es für sie sein würde.

Ich erklärte ihr, daß diese Behandlung helfen könne – mit erträglichen oder gar nicht erst auftretenden Nebenwirkungen –, wenn man nur an sie glaube und die Behandlung als eine Energie ansehe. Ich erzählte ihr von einer anderen Patientin mit ähnlichen Ansichten, deren Onkologe ihr die Nebenwirkungen erklären wollte, worauf sie ihn mit den Worten unterbrach: »Ach, ich bekomme bestimmt keine. Sie haben wohl vergessen, wer mich operiert.« Sie hatte eine Woche lang etwas Verstopfung – das war alles, was sie von der Chemotherapie bemerkte –, und während der ganzen Behandlung arbeitete sie wie üblich und nach ihrem ganz normalen Zeitplan weiter als Lehrerin.

Ich versuchte, Maxine dazu zu bewegen, sich beide Therapieformen als Energie vorzustellen, die dem Körper dabei helfen konnten, sich selbst zu heilen. Sie sagte, daß sie sich die Röntgenstrahlenbehandlung so vorstellen könne, und sie reagierte außerordentlich gut darauf. Später gelang es ihr, auch die Chemotherapie als Energie anzusehen, und sie erzielte ebenfalls positive Resultate. Sie führte ihr Geschäft weiter und kümmerte sich auch um ihre Kinder. Die Träume, die sie während der Therapie hatte, spiegelten ihren Konflikt wider. Sie träumte von einem Gärtner und von einer Putzfrau, die mit natürlichen Stoffen arbeiteten, aber auch Kunstdünger und ätzende Reinigungsmittel verwendeten. Aber nachdem sie sich mit ihren Ängsten der Diskussion gestellt hatte, konnte sie die Therapie akzeptieren und für sich arbeiten lassen. All ihre Freunde warnten sie vor den Giften, die sie einnahm, aber als sie immer gesünder wurde, waren sie überrascht und änderten ihre Meinung.

Manchmal können ganz einfache Dinge die Konditionierung ändern. Ein ECaP-Mitglied mußte sich immer unmittelbar nach der Chemotherapie übergeben. Ihr Ehemann hatte stets eine Tüte parat, wenn er sie im Auto mitnahm. Eines Tages machte sie die Tüte auf und fand ein Dutzend Rosen. Seither hat sie sich nach der Chemotherapie nie wieder übergeben müssen.

Der Glaube bestimmt die Wirksamkeit der Behandlung und das Ausmaß ihrer Nebenwirkungen. Strahlen können töten oder heilen. Da die Chemotherapie vor allem Zellen mit einer hohen Stoffwechselrate angreift wie die in Tumoren und Haarwurzeln, kann und sollte der Haarausfall als Beweis dafür gesehen werden, daß das Medikament wirkt. Patienten, die den Haarausfall verhindern wollen, können die Vorstellung einer Eiskappe oder eine ähnliche Visualisierungstechnik verwenden. Aber sie dürfen nicht vergessen, daß sie dieses Zeichen nicht als therapeutische Wirkung ansehen dürfen. Eine Krankenschwester glaubte so stark an die Wirksamkeit ihrer Behandlung, daß sie sich als Chemotherapie-Junkie bezeichnete. Greta, ein ECaP-Mitglied, stellte sich ihre Chemotherapie als »Seifenschaum« aus einem Fernsehwerbespot für Sanitärreiniger vor. Sie bedeutete ihrem Arzt, er brauche ihr nicht jede mögliche Nebenwirkung zu beschreiben, sie würde schon mit ihm sprechen, wenn sich eine einstelle, aber sie wolle nicht schon vorher negativ programmiert sein. Sie erlebte zu keinem Zeitpunkt irgendwelche unangenehmen Reaktionen, die von Bedeutung gewesen wären.

Später sagte Greta: »Ich glaube, Krebs ist das Beste, was mir passieren konnte. Wenn ich irgendeinem Menschen helfen kann, ihm sagen kann, wie er den Krebs bekämpfen muß, hat sich schon alles gelohnt. Ich bin ganz sicher, daß ich nur aus diesem Grund Krebs bekommen habe.« Patienten, die so oder ähnlich sprechen, gehören zu den Menschen, die so viel Schweres haben durchmachen müssen, daß die durch die Krankheit ausgelöste Neuorientierung ihrem Leben eine entscheidende positive Wende gibt. Das soll nicht heißen, daß sie sich ihrer Krankheit nicht innerhalb der nächsten Minute entledigen würden, wenn sie könnten, aber auf die darauf beruhenden Veränderungen würden sie nicht verzichten wollen. Der Wunsch, aus dieser Erfahrung zu lernen und anderen zu helfen, macht die Behandlung erträglicher. Dr. Kenneth Cohn schrieb, nachdem er von einen Lymphknotentumor geheilt war: »Die Gelegenheit zu persönlichem Wachstum während der Chemotherapie kann und sollte dem Patienten klargemacht werden, weil das erhöhte Selbstwertgefühl, das aus diesem Wachstum gewonnen wird, die Lebenskraft des Patienten erhöht ... und die Wahrscheinlichkeit eines vorzeitigen Abbruchs der Therapie verringert.«

Gleich, welche Methode zur körperlichen Genesung gewählt wird – wichtig ist vor allem, sie so zu planen, daß die seelische Gesundheit nicht beeinträchtigt wird. Eine Chemotherapie kann zum Beispiel so angeordnet werden, daß sie sich mit den anderen wichtigen Dingen im Leben eines Menschen vereinbaren läßt. Ein junger Mann namens Denny wurde von seinem Onkologen an mich verwiesen, weil er durch die Chemotherapie sehr schwere Nebenwirkungen erlitten hatte. Als er in meine Praxis kam, sagte er: »Sagen Sie ›es‹ nicht.«

Ich fragte: »Was meinen Sie mit ›es‹?«

»Sie wissen, was ›es‹ ist«, sagte er.

»Krebs?« fragte ich.

»Ja«, sagte er und ging zum Waschbecken und erbrach sich. Dann berichtete er: »Ich bekomme meine Medizin am Freitagabend und Samstag, damit mir am Wochenende schlecht ist und ich am Montag wieder ins College gehen kann. Aber ich kann nie eine Verabredung treffen oder Sport treiben.«

Ich fragte ihn, warum er seine Behandlung nicht auf Montag verlege. Er erwiderte: »Mein Onkologe und meine Mutter glauben, daß es so am besten ist. Es ist Bestanteil des Protokolls.«

Ich sagte zu ihm: »Nun ja, es ist Ihr Leben, aber wenn ich Sie wäre, würde ich mal ein Wochenende überspringen oder die Behandlung vielleicht doch auf den Montag verlegen, damit Sie was von Ihrem Leben haben.«

Am nächsten Freitag bekam ich einen Anruf. Man fragte mich, ob ich wüßte, wo Denny sei. Ein paar Stunden später wurde ich aus Montreal angerufen. Er war mit dem alten Auto der Familie nach Montreal gefahren, um sich mit seiner Freundin zu treffen. Er kam am Montag zur Chemotherapie zurück und hatte keinerlei Nebenwirkungen. Seither hatte er überhaupt keine Probleme mehr – während der ganzen Therapie nicht, und heute geht es ihm gut.

Am darauffolgenden Donnerstag kam Dennys Mutter zu einem ECaP-Treffen. Zuerst glaubte ich, sie wolle mich verprügeln, aber sie sagte: »Nein, ich weiß, daß Sie recht hatten.« Als ich sie nach dem Grund fragte, erklärte sie: »Er ist mit unserem alten Auto bis nach Montreal und wieder zurück gefahren. Ich wäre mit diesem Auto nicht mal um die nächste Ecke gefahren. Am Montag, als er zurück war, fuhr ich tatsächlich damit um die Ecke, und es brach zusammen. Da wußte ich, daß er einen spirituellen Beschützer hat!«

Das wichtigste Ziel der ECaP-Gruppe besteht darin, Autonomie und Bewußtsein bei den Patienten und den Menschen, von denen sie geliebt werden, herzustellen. Die Gruppe hilft ihnen, geistigen Frieden zu finden, um mit dem Leben besser umgehen zu können. Wir glauben, daß die Lösung von Konflikten, das Erkennen des authentischen Ichs, spirituelles Bewußtsein und Liebe unglaubliche Energien abgeben, die den biochemischen Vorgang des Heilens fördern.

Zu unserer Gruppe gehörte auch Herb, ein Arzt. Er meditierte jeden Abend, wenn er mit seinem Hund spazierenging. Eines Abends hörte er, als er die Straße hinunterging, wie Gott zu ihm sagte: »Du bist Jesus.« Herb sagte: »Ich bin Jude.«

»Ich weiß. Jesus war auch Jude«, sagte Gott.

Herb dachte: »Ich glaube, Gott will, daß ich mich durch Auflegen der Hände selbst heile.« Und während er dort auf der Straße stand, strich er sich mit den Händen über den ganzen Körper.

Als er zu uns kam und uns seine Geschichte erzählte, fragte ich ihn: »Ist Ihnen je in den Sinn gekommen, daß Gott vielleicht meinte: ›Du mußt Liebe geben und spirituell werden‹? Sie sind Arzt, daher haben Sie auf mechanische Weise reagiert, als Sie Ihren Körper berührt haben, aber in Wahrheit lautet die Botschaft: ›Verändere dich und werde spirituell.‹«

In der ECaP-Gruppe fördern wir diese Veränderung. Wir treffen uns einmal wöchentlich zwei Stunden. Die ECaP ist ein gemeinnütziger Verein. Wir erheben nur einen bescheidenen Beitrag, um die Kosten abzudecken, aber auch wer diese Summe nicht aufbringen kann, darf zu uns kommen. Ich bin der Meinung, daß man diese Therapieform nicht als etwas ansehen sollte, womit man seinen Lebensunterhalt verdient. Ich verbringe viel Zeit mit meinen Patienten, und ich möchte nicht, daß sie denken: »Wieviel wird mich das wohl kosten?«

Die Empfehlung eines Arztes ist nicht erforderlich, und niemand wird weggeschickt. Die einzige Bedingung zur Teilnahme sind die Bilder und das Anmeldeformular mit den vier Fragen sowie einige Informationen über die Vorgeschichte. Jedes Mitglied zeichnet erst ein Bild von sich selbst, seiner Krankheit, seinen weißen Blutkörperchen und seiner Therapie. Dann sprechen wir in mindestens einer Einzelsitzung über die Bilder. Erst danach schließt sich der Patient der Gruppe an. Wir haben eine Leihbibliothek, damit sich unsere Mitglieder so gut wie möglich informieren können. Außerdem versorgen wir die Mitglieder mit verschiedenen Materialien zur Förderung der Selbsthilfe.

In unseren Gruppensitzungen besprechen wir jeden Aspekt unseres Lebens – Behandlungsziele und -möglichkeiten, Ernährung, Körperbewegung, die psychologischen Ursprünge der Krankheit, den Umgang mit Schmerzen und Angst und schließlich Techniken zur Verminderung von Streß. Wir helfen den Patienten, sich für ihr Leben Ziele zu setzen, Gelegenheit zum Spielen und zum Lachen zu finden, mit sexuellen Problemen umzugehen und mit ihren Freunden und Verwandten ein System zur gegenseitigen emotionalen Unterstützung zu entwickeln. Aber zuallererst versuchen wir, ihnen dabei zu helfen, sich der größten Herausforderung ihres Lebens zu stellen, indem sie ihre einzigartige Persönlichkeit voll entwickeln und sich *an ihr erfreuen*. Wir bemühen uns auf vielerlei Weise, dasselbe zu erreichen, was die Anonymen Alkoholiker für alkoholsüchtige Menschen anstreben: Veränderungen im Lebensstil, Eigenverantwortlichkeit, spirituelles Bewußtsein, Gemeinsamkeit. Auch wir stellen wie die Anonymen Alkoholiker eine »unmittelbare Familie« dar, die niemanden verurteilt. Im allgemeinen sprechen wir darüber, warum wir leben und wozu wir existieren. Jede Sitzung schließt mit Meditation und einer gezielten Visualisierungsübung, und wir helfen den Patienten, diese Techniken im Alltag anzuwenden. Die ECaP-Familie ist oft liebevoller und hilfreicher als die biologische Familie.

Ein Onokologe hat mich einmal gefragt: »Sie sind kein ausgebildeter Psychotherapeut. Woher wollen Sie wissen, daß Sie den Patienten keinen Schaden zufügen?« Ich erwiderte: »Weil ich sie liebe. Vielleicht kann ich ihnen nicht helfen, aber ich bin sicher, daß ich ihnen nicht schade.« Die ECaP kann durch weitere psychotherapeutische Behandlungen ergänzt werden, aber ein Patient, der sich von einer lebensgefährlichen Krankheit bedroht fühlt, kann sich vielleicht den Luxus einer Tiefenanalyse nicht leisten. Selbstzerstörerische Tendenzen neu zu durchleben ist keine Botschaft fürs Leben. Wir müssen einen therapeutischen Ansatz verwenden, der das Leben mit Freude erfüllt. Ich rate den Patienten: »Gehen Sie mit Ihren Gefühlen und Ihrem Leben so um, als würden Sie morgen sterben. Später haben Sie vielleicht Zeit, zurückzublicken und festzustellen, warum Sie so sind, wie Sie sind.«

In den (zu dem Zeitpunkt, an dem ich dies schreibe) sieben Jahren, in denen die ECaP besteht, haben wir nur zwei Briefe erhalten, die das, was wir tun, in Frage gestellt haben, und beide kamen von Psychiatern, die sich darüber Sorgen zu machen schienen, sie könnten die Kontrolle über ihre Patienten verlieren. Einer beschwerte sich darüber, daß wir seinem Patienten ein Buch gegeben hatten, und der andere verdammte uns, weil wir einem Patienten geholfen hatten, der ein Medikament gegen Depressionen abgesetzt hatte. Ich habe keine Bedenken, diese Methode anderen Ärzten zu empfehlen, unabhängig von ihrem spezifischen Training. Anteilnahme ist das, worauf es ankommt. Untersuchungen haben gezeigt, daß Patienten sich auch besser fühlen, wenn man einen Pförtner in die Praxis eines Psychiaters setzt – vorausgesetzt, er ist einfühlsam.

Der Rest dieses Kapitels betrifft das »äußere« Programm – Methoden, mit denen man das, *was man tut*, ändert. In den folgenden Kapiteln werden wir die »inneren Dinge« erforschen – Möglichkeiten, zu ändern, *wer man ist*. Bitte, vergessen Sie nicht, daß es bei dieser Diskussion zum größten Teil um Krebs geht, weil ich als Chirurg viel mit Krebspatienten zu tun habe. Allerdings glaube ich, daß diese Praktiken auch auf alle anderen Krankheiten anwendbar sind, und wir haben in der ECaP auch schon bei Diabetes, Sklerodermie, multipler Sklerose,

Arthritis, neurologischen Störungen, Übergewicht, Asthma und Aids positive Ergebnisse erzielt. Ein Patient kam zwar wegen Krebs, machte sich aber mehr Sorgen wegen seines Asthmas. Nach ein paar Monaten, in denen wir mit Meditation und Visualisierungsübungen daran arbeiteten, seinen Lebensstil zu ändern, brauchte er kein Cortison mehr und auch sonst kaum noch ein Medikament. Er war jetzt davon überzeugt, daß er auf dem richtigen Weg war, denn in seiner Familie hatten immer Asthma und Emphysem, nicht aber Krebs zum Tode geführt. Der Onkologe Sam Bobrow antwortete einem Reporter der Bostoner Zeitschrift *Globe*, der ihn fragte, wie es meinen Patienten ergehe: »Ich glaube nicht, daß die Patienten von Bernie länger leben, aber sie fühlen sich wohler, solange sie leben, und das ist doch das wichtigste.« Doch ich sage: »Zeigen Sie mir einen Patienten, der das Leben genießt, dann werde ich Ihnen jemanden zeigen, der länger leben wird.«

Ernährung

Gute Ernährung ist ein wesentlicher Teil eines jeden Therapieprogramms, aber ich glaube nicht, daß für alle Patienten ein strikter Plan erstellt werden muß. Ich gebe den Patienten Richtlinien für ihre Ernährung und biete ihnen Vitaminpräparate in meiner Praxis an, aber ich halte es für wichtiger, daß die Menschen lernen, sich selbst zu lieben und auf ihren Körper zu hören. Wenn sich jemand nicht um sich selbst kümmert, dann wird er meinen Rat, sich genügend zu bewegen, richtig zu essen und nicht zu rauchen, auch nicht befolgen. Informationen über vernünftige Ernährung sind überall erhältlich, und ich rate allen dringend, davon Gebrauch zu machen. Viele Patienten haben den Kontakt zu ihrem Körper verloren, genauso wie man sich an das Ticken einer Uhr im Zimmer gewöhnt und es am Ende gar nicht mehr hört. Ich versuche meinen Patienten dabei zu helfen, die Kommunikation zwischen Geist und Körper wiederherzustellen. Denn dann ernähren sie sich nicht nur richtig, sondern sind auch fähig, ihre geistigen und seelischen Kräfte zu ihrer Heilung zu verwenden.

Im allgemeinen schließe ich mich bei meinen Ernährungstips den Empfehlungen des verstorbenen Gesundheitsforschers Nathan Pritikin an, die sich nach der Ernährung in Ländern orientieren, wo die Menschen nicht selten hundert Jahre alt werden. Oder ich empfehle Nahrung, die auf Diätrichtlinien basiert, die vom American Institute for Cancer Research zusammengestellt und von der National Academy of Sciences bestätigt wurden:

1. Reduzieren Sie den Fettgehalt in Ihrer Nahrung – sowohl saturiertes wie unsaturiertes Fett – auf ein maximales Maß von 30 Prozent der Gesamtkalorien. Das kann geschehen, indem Sie die Verwendung von Fleisch einschränken, das Fett wegschneiden, gebratene Nahrung vermeiden und weniger Butter, Sahne, Salatsoßen und ähnliches verwenden.
2. Nehmen Sie mehr frisches Obst, Gemüse und Vollkornprodukte zu sich. Dadurch erhöht sich automatisch auch die Aufnahme folgender fünf Nahrungsmittel, die vor Krebs schützen: Beta-Carotin (eine Vorstufe von Vitamin A), Vitamin C, Vitamin E, Selen und faserreiche Nahrung.
3. Nehmen Sie stark gesalzene und gebratene Nahrung möglichst wenig (oder gar nicht) zu sich.
4. Nehmen Sie alkoholische Getränke nur mit Maßen (oder gar nicht) zu sich.

Der Pritikin-Ernährungsplan streicht außerdem noch folgendes:

1. Salz fast völlig, außer soweit es sich in den Nahrungszutaten selbst befindet.
2. Alle Stimulanzien wie etwa Kaffee und Tee.
3. Raffinierten Zucker und weiterverarbeitetes Mehl.
4. Gehärtete Fette.
5. Pfeffer und andere scharfe Gewürze.
6. Nahrungsmittel, die künstliche Zusätze oder Konservierungsstoffe enthalten.

Der letzte Punkt schließt auch mit Nitrit behandeltes Fleisch, etwa Hot dogs, mit ein und läßt sich darüber hinaus auf alle käuflich zu erwerbenden Fleischsorten von Tieren, die mit Hormonen, Antibiotika und anderen Nahrungszusätzen gefüttert wurden, ausweiten.

Manche früheren Krebspatienten schreiben ihre Heilung ihren strikt eingehaltenen Diätplänen zu. Dr. Anthony Sattilaro, Präsident des Methodist Hospital in Philadelphia, führt seinen Sieg über eine fortgeschrittene Prostatakrebserkrankung mit Metastasen im Knochenmark auf die Makrobiotik zurück, ein ganzheitliches Überlebensprogramm, das nicht nur auf eine strenge Diät, sondern auch auf Gedanken und Lebensstil Wert legt. In seinem Bericht über diese Erfahrung in dem Buch *Recalled by Life,* das er zusammen mit Tom Monte schrieb, ist ein wunderbares Beispiel dafür angeführt, wie es häufig vorkommt, daß gerade dann, wenn er am nötigsten gebraucht wird, wie durch ein Wunder ein Lehrmeister erscheint. Sattilaros Vater war gerade an Krebs gestorben, und der Sohn, überwältigt von dem Bewußtsein, daß er auch bald sterben werde, tat etwas, was er noch nie zuvor getan hatte – er nahm auf dem Rückweg von der Beerdigung zwei Tramper im Auto mit. Einer der beiden war zufällig ein makrobiotischer Küchenchef, der dem Arzt erklärte, er müsse gar nicht unbedingt sterben, und ihn auf den richtigen Weg zur Gesundung brachte.

Ich glaube an Synchronität oder das bedeutsame Zusammentreffen verschiedener Ereignisse. Allerdings will ich Ihnen nicht zureden, Tramper mitzunehmen, und ich zwinge meine Patienten auch nicht, Vegetarier zu werden. Ich glaube, daß die geistige und spirituelle Anschauung für die Gesundheit viel wichtiger ist als irgendeine spezielle Diät, obwohl Vegetarier bei Krebserkrankungen tatsächlich bessere Überlebensstatistiken aufweisen. So kommt bei den vegetarischen Adventisten Darm- und Rektalkrebs nicht so häufig vor wie bei der restlichen amerikanischen Bevölkerung, aber bei den Mormonen in Utah kommen diese beiden Krebsarten sogar noch seltener vor, obwohl sie im allgemeinen *mehr* Rindfleisch konsumieren als der durchschnittliche amerikanische Bürger.

Ich erinnere mich an einen Krebspatienten namens Charlie,

der gern Salami und Hot dogs aß. Trotz seiner Krankheit bat er seine Frau, ihm diese Fleischprodukte zu kaufen. Sie tat ihm den Gefallen, hatte dann aber das Gefühl, es würde ihm schaden, und warf beides in den Müll, was zu einem heftigen Streit zwischen den Eheleuten führte. Auf Charlies Frage, was ich für richtig hielte, erwiderte ich, daß es meiner Meinung nach das wichtigste sei, sich wohl zu fühlen. All die Predigten und »Stirb-nicht«-Botschaften seitens seiner Familie halfen gar nichts, sondern führten nur zu Konflikten. Ich glaube, daß es wichtig ist, vernünftig zu essen, aber genauso wichtig, auch darauf zu achten, daß das Essen Spaß macht und nicht zu einer freudlosen Last wird. Daher sagte ich zu Charlie: »Wenn ich Krebs im fortgeschrittenen Stadium hätte, der schon meine Leber erfaßt hat, würde mich niemand daran hindern, einen Hot dog zu essen, wenn ich Appetit darauf hätte. Aber wenn man an einem Punkt angelangt ist, an dem man das Leben genießt und das Gefühl hat, daß einem diese Nahrung vielleicht nicht bekommt, hört man schon von selbst auf, sie zu essen.«

Körperbewegung

Unsere Körper sind dazu gemacht, sich zu bewegen, und sie können nicht gesund bleiben, wenn wir die ganze Zeit sitzend oder liegend verbringen. Menschen, die ihren Körper regelmäßig bewegen, sind nicht so oft krank wie Menschen, die die meiste Zeit sitzen. Im Krankenhaus erholen sich die Patienten, die so bald wie möglich aufstehen und herumgehen, am schnellsten von einer Operation.

Kräftige Körperbewegungen tun dem Körper direkt wie auch indirekt gut. Sie kräftigen das Immunsystem und befähigen uns, mit Streß fertig zu werden. Viele Versuche haben gezeigt, daß die Körper von Tieren, die unter Streß stehen und gleichzeitig nicht genügend Bewegungsspielraum haben, degenerieren. Wenn sie dem gleichen Streß unterliegen, sich aber frei bewegen können, bleiben sie gesund. In den dreißiger Jahren gelang es zwei Forschern, die Tumorrate bei krebsanfälligen Mäusen von 16 bis zu 88 Prozent zu variieren, allein durch den Unterschied, daß sie einige auf eine kalorienarme Diät setzten und ihnen viel Bewegungsfreiheit gaben, während sie anderen unbegrenzt Nahrung und wenig Gelegenheit zu physischer Betätigung gaben. 1960 stellte eine andere Gruppe Wissenschaftler fest, daß ein Extrakt aus trainierten Muskeln, das man Mäusen, die Krebs hatten, injizierte, das Wachstum der Tumore verlangsamte und manchmal völlig zum Verschwinden brachte. Ein Extrakt aus nichttrainierten Muskeln erzielte keine Wirkung.

Aber der psychologische Effekt ist genauso wichtig. Schon allein die Tatsache, daß für diese fundamentale und lohnenswerte Handlung regelmäßig Zeit aufgewendet wird, erhöht das Selbstwertgefühl und vermittelt den Eindruck, das eigene Leben unter Kontrolle zu haben. Darüber hinaus hilft einem jede Form von Körperbewegung dabei, den eigenen Körper und seine Bedürfnisse zu »hören«, während andere Interessen ausgeschlossen werden. Körperübungen, vor allem Laufen, Spazierengehen, Schwimmen und andere gleichbleibende Bewegungsabläufe, geben Gelegenheit zum Meditieren, weil wir nicht darüber nachzudenken brauchen, was wir tun. Das kommt jedem zugute, solange diese Übung nicht ein Vorwand ist, vor den Problemen oder der Familie davonzulaufen. Körperübungen wurden schon mit viel Erfolg bei Depressionen angewandt, und aus dem gleichen Grund sind sie eine wirksame Waffe gegen physische Schmerzen.

Wie und wieviel man seinen Körper bewegt, muß ganz individuell festgelegt werden. Ich empfehle eine halbe Stunde bis eine Stunde pro Tag oder jeden zweiten Tag, je nachdem, wie sich der einzelne fühlt. Aber bedenken Sie auch, daß sich ein kranker Körper nicht so schnell bewegen darf wie ein gesunder. Warnsignale – Schmerzen oder übergroße Müdigkeit – müssen beachtet werden, aber sie zeigen nur an, daß man es sich ein wenig leichter machen soll, nicht aber, daß man gänzlich damit aufhören soll. Leibesübungen, die zu Arbeit werden, bewirken das Gegenteil von dem, was mit ihnen erreicht werden soll. Anstatt Geist und Körper zu verbinden, erzeugen sie nur neuen Streß. Jeder muß selbst wissen, was für ihn gut ist und wieviel er seinem Körper zutrauen kann, ohne ihn zu strapazieren. Wenn man aber nicht in der Lage ist, Körperübungen auszuführen, dann muß man es sich eben vorstellen – das regt den Körper ebenfalls an. Ich verwende diese Technik immer auf langen Autofahrten.

Spielen und Lachen

Ein College-Professor lag vor seiner Operation hilflos auf dem Operationstisch, als eine Krankenschwester erwähnte, daß sie eine frühere Studentin von ihm sei. »Ich hoffe, Sie haben die Prüfung bestanden«, spöttelte er. Lachen, laut Sir William Osler die »Musik des Lebens«, macht das Unerträgliche erträglich, und ein Patient mit einem gut entwickelten Sinn für Humor hat bessere Chancen, gesund zu werden, als ein schwerfälliger Mensch, der selten lacht.

Ich erinnere mich an Joselle, ein ECaP-Mitglied mit einem außergewöhnlichen Sinn für Humor. Obwohl Joselle ziemlich kräftig gebaut war, kam sie in einem sehr engen Hemd, Shorts, hochhackigen Schuhen und einem ausladenden Hut zu der Sitzung – alles nur, damit die anderen etwas zu lachen hatten. Eines Tages erzählte sie, daß die Röntgenaufnahmen auf eine Rückbildung der Krebstumore in ihrer Brust hinwiesen. Ich sagte: »Ich weiß auch, warum.« Alle beugten sich vor und warteten auf eine kluge Erklärung. »Das kommt, weil kein Tumor, der was auf sich hält, in einer solchen Aufmachung unter die Leute gehen würde.« Wer sich einen kindlichen Geist bewahrt, bewahrt sich auch seinen Humor – ein Gefühl von Unschuld und Verspieltheit –, und ich bin mir ganz sicher, daß Joselles Sinn für Humor zu ihrer Heilung beigetragen hat. Solange die Menschen am Leben sind, gibt es komische Dinge, über die sie lachen können. Und wir können ihnen zum Lachen verhelfen.

Es gibt fundierte wissenschaftliche Gründe, warum wir lautes, freies Lachen als »herzhaft« bezeichnen. Denn Lachen setzt eine entspannte Handlung des Zwerchfells in Gang, trainiert die Lunge, erhöht den Sauerstoffspiegel im Blut und reguliert das gesamte Herz- und Kreislaufsystem. Norman Cousins bezeichnete Lachen als »internes Jogging«, und andere haben es mit einer Tiefenmassage verglichen. Eine Geschichte oder eine Situation, von der wir erwarten, daß sie Komik mit sich bringt, schafft eine zunehmende Spannung, die sich im Pulsschlag, in der Hauttemperatur und im Blutdruck widerspiegelt. Diese Spannung löst sich bei der Pointe durch muskuläre Kontraktionen auf. Alle Muskeln der Brust, des Bauchs und des Gesichts werden dabei trainiert, und wenn der Witz wirklich umwerfend ist, dann bekommen sogar Arme und Beine ihren Teil ab. Nach dem Lachen sind alle Muskeln entspannt einschließlich die des Herzens – der Pulsschlag und der Blutdruck gehen vorübergehend zurück. Physiologen haben festgestellt, daß Muskelentspannung und Angst nicht zusammen vorkommen können, und dieser Zustand der Entspannung nach einem guten Gelächter wurde bis zu fünfundvierzig Minuten lang gemessen.

Aufgrund von wissenschaftlichen Untersuchungen erhöht Lachen auch die Produktion bestimmter chemischer Stoffe im Gehirn, der Kathecholamine. Dazu gehören auch die Verbindungen, die unter gewissen Umständen die Kampf-Flucht-Reaktion anregen, durch die eine Heilung verhindert wird. Allerdings können erhöhte Mengen einiger dieser Verbindungen im Blut auch Entzündungen reduzieren, indem sie einen anderen Teil des Immunsystems aktivieren. Außerdem erhöhen sie die Produktion von Endorphinen, den natürlichen Opiaten des Körpers. Es sieht so aus, als seien dies die beiden Dinge, die beim Lachen geschehen. Somit kann Humor Schmerzen direkt auf physiologischem Weg erleichtern wie auch indirekt, weil er uns ablenkt und zur Entspannung verhilft. Norman Cousins stellte fest, daß er trotz einer Wirbelsäulenankylose, nachdem er Fernseh-Situationskomik und Videobänder der Marx Brothers gesehen hatte, nach zehn Minuten herzhaften Lachens zwei Stunden lang ohne Schmerzen schlafen konnte. Da die meisten Krankenhauszimmer Fernsehgeräte zur Verfügung haben, werden wir hoffentlich eines Tages auch ein eigenes »Heilprogramm« haben – mit vielen erheiternden Filmen sowie Musik, Meditation und heilenden Bildern.

Die wichtigste psychologische Funktion des Humors besteht darin, uns aus unserem üblichen Denkrahmen herauszulösen und uns neue Perspektiven zu geben. Psychologen haben schon seit längerem festgestellt, daß eine der besten Methoden zur Herstellung geistiger Gesundheit die Fähigkeit ist, auf eine sanfte, spöttische Art über sich selbst zu lachen – wie die nette alte Lehrerin, eine Kolektomie-Patientin, die ich vor einigen Jahren hatte, die ihre beiden künstlichen Ausgänge Harry und Larry nannte. Wenn sie mich anrief, um mir zu sagen, daß Harry sich wieder einmal nicht benehmen wolle, verhalf uns ihre leichte Art dazu, mit der Situation besser fertig zu werden.

Julie, eine junge Dame, die in die ECaP-Gruppe kam, weil sie aufgrund eines Diabetes erblindet war, zeigte uns allen, wie Lachen das Leben erleichtern kann. Als sie einmal mit ihrer Familie und Freunden in ein Restaurant zum Essen ging, setzte man sie auf einen Stuhl, und da sie annahm, daß sich der Tisch vor ihr befand, schob sie ihren Stuhl nach vorn. Sie schob ihn immer weiter vor, bis sie an der anderen Ecke des Raums angelangt war. Alle schwiegen, weil sie nicht wußten, was sie tun sollten. Schließlich stieß sie gegen einen anderen Tisch, und die Leute dort fragten sie: »Möchten Sie sich nicht zu uns setzen?« Als ihr klar wurde, was geschehen war, brach sie in lautes Lachen aus, und das gesamte Restaurant lachte mit.

Eines Tages ging Julie mit einem Freund aus, der immer sehr um sie besorgt war. Andauernd ermahnte er sie: »Sei vorsichtig. Geh eine Stufe runter, eine Stufe rauf.« Er war so um sie besorgt, daß am Ende *er* über den Rinnstein stolperte. Sie reichte ihm ihren Stock und sagte: »Hier, du brauchst ihn mehr als ich.« Julie hat ihr Augenlicht inzwischen wiedergewonnen – ein wahres Wunder – und fürchtet sich nicht mehr vor Blindheit. Sie sagte zu mir: »Blindheit hat mich sehen gelehrt, und der Tod hat mich leben gelehrt.« Sie ist jetzt eine unserer Therapeutinnen.

Körperbewegung, Lachen und Spielen sind eng miteinander verbunden. Alle drei erfordern eine ähnliche Geisteshaltung, alle drei erzeugen ähnliche Wirkungen an Körper und Geist. Humor ist ein wesentlicher Teil unserer Gruppenerfahrung in der ECaP. Wir müssen weinen, aber wir müssen auch lachen. Wir arbeiten mit kranken Menschen zusammen, weil wir ihnen helfen wollen, das Kind in sich freizugeben, denn wir glauben, daß es für starre Menschen, die nicht spielen können, am schwersten ist, wieder gesund zu werden und ihr Leben zu ändern. Es gibt Menschen, denen man das Spielen verordnen muß, damit sie kein schlechtes Gewissen haben, wenn sie spielen.

Wenn jemand seine Gefühle als kleine schwarze Schachtel oder als einen geschlossenen roten Kreis darstellt, dann läßt sich daraus leicht erkennen, wie eingeengt seine Gefühle sind. Entsprechendes gilt für positive Gefühle. Als Erwachsene müssen sich viele Menschen sehr bemühen, die lebenslange Konditionierung, die vielen destruktiven Botschaften zu überwinden wie etwa: »Sei tapfer«, »Sei ein Vorbild«, »Beeil dich«, »Mach's besser«, »Sei stark« und »Sei mir zu Gefallen«. Folglich müssen viele Menschen hart »arbeiten«, um spielen zu können. Carl Simonton war ein solcher Mensch, er verordnete sich regelmäßig Zeit zum Spielen und lernte Jonglieren, um das Kind aus sich herauszulassen. Auf diese Weise war er fähig, etwas zu werden, für das er nicht konditioniert worden war. Er gab sich Mühe, spielen zu lernen.

Wir müssen lernen, Spiel und Spaß einen hohen Stellenwert einzuräumen. Wie alle anderen positiven Veränderungen beginnt auch diese mit dem wesentlichen Schritt – zu lernen, uns selbst zu lieben. Jeder von uns muß sich die Zeit nehmen, humorvolle Bücher und Filme zu genießen, Spiele zu spielen, die ihm Spaß machen, seinen Freunden Witze zu erzählen, einfach etwas auf ein Blatt Papier zu kritzeln oder was immer dem Kind in uns gerade Spaß macht. Spielen vermittelt einem nicht nur ein gutes Gefühl; es befreit auch und öffnet der Kreativität Türen und Tore. Spielen ist ein wesentliches Element für die inneren Veränderungen, von denen wir in Kapitel 8 sprechen werden. Entscheiden Sie sich dafür, zu lieben und andere glücklich zu machen, und Ihr Leben wird sich ändern, denn Sie werden dadurch selbst Glück und Liebe finden. Der erste Schritt zu innerem Frieden besteht in dem Entschluß, Liebe zu geben, nicht zu empfangen.

6

Den Geist auf Heilung einstellen

Die grundsätzlichen Techniken, mit dem Unbewußten in Verbindung zu treten und seine Kräfte zu nutzen, gehören in vielen Kulturen zur Standardausrüstung für den Lebensweg. Im industrialisierten Westen sind sie zugunsten logischer Denkprozesse und der Manipulation der Außenwelt fast völlig vernachlässigt worden. Seit etwa zwanzig Jahren jedoch hat sich die zunehmende Attraktion östlicher Praktiken mit dem schon lange vorhandenen Interesse innerhalb der Psychologie verbunden, wodurch auch die Medizin auf die Heilfähigkeiten des geübten Geistes aufmerksam wurde.

Von den vielen psychologischen Techniken zur Förderung physischer Heilung hat sich die Visualisierung, der gezielte Einsatz der Vorstellungskraft, am besten bewährt. Ich werde erklären, wie sie funktioniert, und dann einige Beispiele vorlegen, wobei ich mich auf Krankheitsfälle konzentriere, bei denen nicht viel mehr als ein stilles Zimmer und ein Freund oder ein Kassettenrecorder erforderlich ist. Ich werde über Entspannung, Hypnose, Meditation und Visualisierung getrennt sprechen, aber diese Vorgänge sind, wie Sie sehen werden, wenn Sie sie praktizieren, alle Teil ein und desselben Prozesses.

Entspannung

Mit Entspannung meine ich nicht, vor dem Fernseher einzuschlafen oder mit Freunden herumzuhängen. Ich meine damit die Eindämmung geistiger Aktivität und das Abschirmen von Körper und Geist vor äußeren Reizen, »das Löschen der Tafel«, das Ausmerzen aller weltlichen Interessen und die Vorbereitung auf eine Begegnung mit tieferen geistigen Ebenen. Das gelingt, indem man sich in einen leichten Trancezustand versetzt, den Alpha-Zustand, wie er manchmal genannt wird, weil seine Gehirnwellen vorwiegend aus Alpha-Wellen bestehen, die eine Frequenz zwischen acht und zwölf Zyklen pro Sekunde haben und die bei Entspannung auftreten. Die Auslösung dieses Zustands ist der erste Schritt zu Hypnose, Biofeedback, Yoga-Meditation und allen anderen Formen zur Erforschung des menschlichen Geistes.

Es gibt viele Methoden der Entspannung, aber sie ähneln sich zumeist beträchtlich. In Dr. Herbert Bensons Bestseller *The Relaxation Response*, einem der ersten Bücher, das sich diesem Thema vom medizinischen Gesichtspunkt aus nähert, werden sie zusammen mit ihren physiologischen Wirkungen eingehend diskutiert.

Eine Methode unterscheidet sich jedoch von den meisten anderen. Dr. Ainslie Meares aus Melbourne in Australien glaubt, daß alle verbalen Instruktionen, selbst zu Beginn, dazu angetan sind, logische Gedanken zu wecken. Er berichtet von einigen bemerkenswerten Rückentwicklungen von Krebstumoren, bei denen eine nichtverbale Methode verwendet wurde, die auf sanften Berührungen und zuversichtlichen Geräuschen beruht. Er glaubt auch, daß die besten Ergebnisse erzielt werden, wenn der Patient erst ein Gefühl des Unbehagens überwinden muß – zum Beispiel durch Sitzen auf einem niedrigen Schemel oder einem Stuhl mit einer kerzengeraden Rükkenlehne. Die heilende Berührung mit den Händen ist ganz sicher von Bedeutung, wenn der Patient jemanden hat, der sie regelmäßig durchführt, aber es gibt auch noch andere Möglichkeiten, Entspannung herbeizuführen, die ebenfalls ausgezeichnete Ergebnisse erzielen.

Wie ein Entspannungszustand herbeigeführt werden kann, ist im Anhang dieses Buchs ausführlich dargelegt.

Lassen Sie sich nicht entmutigen, wenn Sie Entspannungsübungen zuerst als schwierig empfinden. Unsere ständige geistige Ernährung mit Werbung, Lärm, Gewalt und elektronischen Medien macht es uns sehr schwer, auch nur wenige Minuten Inaktivität und Ruhe zu ertragen. Wir haben eine Mauer um uns gezogen, um diese Reizüberflutung abzublocken. Aber bei diesem Prozeß hören wir auch auf zu fühlen, und dann kann die Stille bedrohlich sein. Weil wir dadurch wieder Zeit zum Denken und Fühlen haben.

Meditation

Jemand hat einmal gesagt: »Beten ist Sprechen, Meditieren ist Zuhören.« Tatsächlich kann man bei dieser Methode vorübergehend Druck und Ablenkung des Alltags vergessen und dadurch andere Dinge wahrnehmen – unsere tiefen Gedanken und Gefühle, Produkte unseres Unbewußten, den Frieden des reinen Bewußtseins und spirituelle Wahrnehmung.

Der Begriff »zuhören« mag den Eindruck von etwas völlig Passivem vermitteln, aber Meditation ist zugleich auch ein aktiver Vorgang, wenn auch nicht im üblichen Sinne. Durch Meditation läßt sich der menschliche Geist in einen Zustand versetzen, in dem das Bewußtsein völlig entspannt ist, so daß es sich, ohne abgelenkt zu werden, mehr als sonst auf Dinge konzentrieren kann, mit denen wir uns befassen wollen – zum Beispiel mit Bildern des Heilens.

Es gibt viele Möglichkeiten, diesen Zustand zu erreichen. Manche Meditationslehrer empfehlen, sich auf ein symbolisches Geräusch oder Wort zu konzentrieren (Mantra) oder auf ein einzelnes Bild, eine Kerzenflamme oder ein visuelles Symbol (Mandala). Andere konzentrieren sich auf den entspannten Atemfluß oder verschließen sich vor den Gedanken, die an der Oberfläche flackern. Am Ende bewirken alle Methoden stets das gleiche: eine tiefe friedliche Leere oder Trance, die den Geist stärkt, der nun von dem üblichen Chaos befreit ist.

Unter Anleitung und mit Übung kann die Meditation zu der beglückenden Erfahrung der Einheit mit dem Kosmos und zur Erleuchtung führen, aber zu Beginn gehen die Veränderungen gewöhnlich ganz behutsam und fast unmerklich vor sich.

Wenn man mit Meditation beginnt, wird man feststellen, daß sich die Konzentrationsfähigkeit erhöht. Nach und nach zieht man sich auf sich selbst zurück und reagiert nicht mehr so sehr auf äußere Streßsituationen. Wird man zum Beispiel auf der Autobahn von einem anderen Wagen geschnitten, kann man den aufsteigenden Zorn und den daraus resultierenden erhöhten Blutdruck vermeiden oder zumindest zeitlich verkürzen. Diese innere Ruhe trägt auch dazu bei, Gefahren zu vermeiden, die durch Handlungen anderer Menschen heraufbeschworen werden.

Ich kenne keine andere Art der Aktivität, die für sich allein eine derartige Verbesserung in der Lebensqualität herbeizuführen in der Lage wäre. Ich erhielt einmal einen Brief von einer Gruppe Frauen, die mit Meditation begonnen hatten, um größere Brüste zu bekommen. Tatsächlich hatten sie Erfolg, aber die Erfahrung der Meditation an sich hat ihr Leben so sehr bereichert, daß ihnen die Größe ihrer Brüste am Ende gar nicht mehr so wichtig vorkam und sie sich vielmehr für die Erneuerung ihrer Lebenskräfte interessierten, die dabei stattfand.

Der physische Nutzen der Meditation ist vor gar nicht langer Zeit von medizinischen Wissenschaftlern des Westens, vor allem von Dr. Herbert Benson, nachgewiesen worden. Meditation reduziert oder normalisiert den Blutdruck, den Pulsschlag und die für Streß zuständigen Hormonspiegel im Blut. Sie erzeugt Veränderungen im Muster der Gehirnwellen, so daß Erregungszustände verhindert werden. Diese physischen Veränderungen spiegeln Veränderungen im Verhalten wider – bei psychologischen Tests zeigt sich eine Reduzierung des übertriebenen Konkurrenzverhaltens der Typ-A-Persönlichkeit, das mit einem erhöhten Infarktrisiko verbunden ist. Meditation hebt die Schmerzschwelle an und setzt das biologische Alter herab. Und die Vorteile der Meditation werden noch um ein Vielfaches multipliziert, wenn sie mit regelmäßigen Körperübungen kombiniert werden. Meditation reduziert also den Verschleiß von Körper und Geist und verhilft den Menschen zu einem besseren und längeren Leben.

Die westliche Wissenschaft hat gerade erst damit begonnen, bei Krankheiten die Wirkungen der Meditation und der Visualisierung zu untersuchen, obgleich die Wechselbeziehungen zwischen Gehirn, endokrinen Drüsen und Immunsystem, wie sie in Kapitel 3 beschrieben sind, wahrscheinlich der Grund für diese Wirkungen sind. Besonders gezielt erforschte dieses Phänomen wohl eine Pilotstudie von Gurucharan Singh Khalsa, dem Gründer des Kundalini Research Institute in Boston, im Jahre 1976. Die Untersuchung, die im Veterans Administration Hospital in La Jolla in Kalifornien durchgeführt wurde, zeigte, daß das regelmäßige Ausüben von Yoga und Meditation den Blutspiegel von drei wichtigen Hormonen des Immunsystems um 100 Prozent erhöhte. Leider konnte diese Arbeit nur mit einigen wenigen Versuchspersonen durchgeführt werden, und bis jetzt stehen für die Weiterführung dieses Projekts noch keine finanziellen Mittel zur Verfügung.

1980 zeigte der Psychologe Alberto Villoldo vom San Francisco State College jedoch, daß regelmäßige Meditation und selbstheilende Visualisierung die Reaktion der weißen Blutkörperchen erhöhten und die Effizienz der Hormonreaktion auf physischen Streß – bei einem Standardtest, bei dem ein Arm in eiskaltes Wasser getaucht wird – verbesserten. Die Testpersonen, die im Meditieren geübt waren, ertrugen die Schmerzen weit besser als diejenigen, die nicht meditierten. Und nach einem Bluttest gelang es zwei Dritteln der in Meditation geübten Teilnehmer, die Blutung sofort zu stoppen, indem sie ihre Gedanken einfach nur auf die Vene konzentrierten, nachdem die Nadel herausgezogen worden war. Das ist ganz einfach, und ich schlage vor, Sie probieren es das nächste Mal, wenn man Ihnen eine Blutprobe entnimmt. Und Dr. Joan Borysenko vom Beth Israel Hospital in Boston hat ebenfalls den Beweis erbracht, daß Entspannung und Meditation bei Diabetikern den Bedarf an Insulin reduzieren.

Typ-A-Menschen sind fast immer sehr konkurrenzfreudig, haben ein größeres Bedürfnis nach Macht, werden durch gesellschaftliche Zwänge in ihrem Verhalten und ihrer emotionalen Ausdrucksfähigkeit behindert und werden häufig krank, wenn ihnen der Weg zur Macht versperrt ist oder wenn ihnen eine Belohnung für ihre Leistungen versagt bleibt. Meistens verfolgen ihre Handlungen das Ziel, ihrem Ego Belohnungen von außen zu verschaffen, aber dabei vernachlässigen sie häufig die wesentlichen Bedürfnisse ihres Körpers – vielleicht, weil sie die Ego-freie Liebe und den inneren Frieden, von denen das Selbstwertgefühl letztlich abhängt, nicht hoch genug einschätzen. Typ-B-Menschen haben ein größeres Bedürfnis nach Zusammenarbeit als nach Macht, sind nicht so blockiert und nicht so anfällig für Krankheiten. Diese Entwicklung erreichen Menschen, deren primäres Motiv Geben, nicht Nehmen ist. Manche Eltern zum Beispiel sind fähig, ihr primäres Interesse für sich selbst in ein noch größeres Interesse für ihre Kinder zu verwandeln. Paradoxerweise bestärkt dieser Altruismus – der auf bedingungsloser Liebe beruht und nicht auf der Erwartung von Lob oder anderen Belohnungen – die wahre Selbstachtung, die auch Menschen dazu befähigt, sich um sich selbst zu kümmern. Beide, der Gebende und der Nehmende, werden durch den Akt der Liebe belohnt.

Alle bisherigen Forschungen deuten darauf hin, daß das Streben nach Macht mit seinen Ängsten den sympathetischen (stimulierenden) Teil des Nervensystems aktiviert und daß darauf eine Deaktivierung der parasympathetischen (beruhigenden) Nerven erfolgt. Dadurch bleibt die Flucht-Kampf-Streßreaktion des Adrenalinflusses weiter erhalten und vermindert die Fähigkeit des Körpers, auf andere Streßsituationen, zum Beispiel Krankheiten, zu reagieren. Der Harvard-Psychologe Professor David C. McClelland stellte vor kurzem fest, daß Personen, die durch Macht motiviert werden, in ihrem Speichel niedrigere Mengen Immunoglobulin A aufweisen als Personen, die durch ihr Interesse an anderen motiviert werden. McClelland erklärte: »Daraus läßt sich schließen, daß Streß und Krankheiten, die mit einem starken Machtbedürfnis verbunden sind, vermieden werden können, wenn sich der Betreffende weiterentwickelt und sein Machtbedürfnis in die Unterstützung anderer Menschen umwandelt. Reife, Liebe und Loslösung verringern die sympathetische Aktivierung und ihre negativen Auswirkungen auf die Gesundheit.« Es gibt nichts, das ebenso wirksam wäre wie Meditation, um die Ruhe und die Perspektive zu erringen, die für diesen Reifeprozeß erforderlich sind.

Visualisierung und Hypnose

Der Anthropologe Claude Lévi-Strauss hat bemerkt, daß sich überall in der Welt ein großer Teil der Volksmedizin auf »psychologische Manipulation des kranken Organs« mit Hilfe eines extrem lebendigen Bildes stützt, das dem Patienten eingegeben wird, während er sich in einem tiefen Trancezustand befindet. Carl und Stephanie Simonton haben sich ähnlicher Techniken bedient, die sie von Silva Mind Control übernommen haben. Sie begannen damit, nachdem sie erfahren hatten, daß die Kommunikation mit dem Körper bei Anwendung der Biofeedback-Methode besser über die Vorstellung eines Bildes gelingt als durch die direkte Einflußnahme auf ein bestimmtes Organ oder eine bestimmte Körperfunktion. Zum Beispiel konnte eine Frau eine bedrohliche Herzrhythmusstörung unter Kontrolle bringen, indem sie sich ein kleines Mädchen vorstellte, das immer im selben Rhythmus und völlig gleichmäßig auf einer Schaukel vor- und zurückschwang.

In *Beyond Biofeedback* berichten Elmer und Alyce Green von der Menninger Clinic von ihren Erfahrungen mit dem Biofeedback. Sie waren zu einem Mann gerufen worden, der durch einen im Becken verbreiteten Krebs heftige Schmerzen hatte. Sie versetzten ihn in Hypnose und forderten ihn auf, den Teil seines Gehirns ausfindig zu machen, der den Blutstrom in seinem Körper kontrollierte, und dann den Hahn zuzudrehen, der die Blutzufuhr zum Tumor regelte. Er folgte den Anweisungen, und der Tumor schrumpfte auf ein Viertel seiner ursprünglichen Größe zusammen. Die Schmerzen verschwanden, und er konnte aus dem Krankenhaus entlassen werden, anstatt dort zu sterben. Als dieser Mann später aufgrund einer Komplikation nach einer anderen Operation starb, stellten die Ärzte fest, daß alle Metastasen verschwunden waren und daß sein Tumor, der vorher die Größe einer Grapefruit gehabt hatte, jetzt kaum noch größer war als ein Golfball.

In einer Untersuchung, die 1984 veröffentlicht wurde, stellte Dr. Nicholas Hall vom George Washington Medical Center in Washington, D. C., fest, daß bildhafte Vorstellungen die Zahl der zirkulierenden weißen Blutkörperchen und das Thymosin-

Alpha-1 – ein Hormon, das für die weißen T-Helfer-Zellen besonders wichtig ist – erhöhen. Thymosin-Alpha-1 trägt auch dazu bei, Gefühle des Wohlbefindens zu erzeugen, was beweist, daß das Immungsystem den seelisch-geistigen Zustand direkt beeinflussen kann und umgekehrt.

Die Simontons hatten Glück, als sie 1971 zum ersten Mal einem Krebspatienten dazu verhalfen, ihre Methoden der Visualisierung anzuwenden. Ihr erster Patient war außerordentlich phantasiereich und diszipliniert, und die Ergebnisse waren besser, als irgend jemand erwartet hätte. Der Patient, ein Mann mit fortgeschrittenem Kehlkopfkrebs, hatte schon zwei Monate lang Bestrahlungen bekommen, obwohl die Ärzte seine Chancen sehr gering einschätzten. Aber der Patient machte sich von der Therapie und seinen weißen Blutkörperchen ein äußerst positives Bild. Und so traten überhaupt keine Nebenwirkungen auf, und er wurde geheilt. Danach machte er sich daran, mit Hilfe der Visualisierungstechnik seine Arthritis und seine seit zwanzig Jahren anhaltende Impotenz zu heilen – alles innerhalb von nur vier Monaten. Diese dramatisch guten Ergebnisse veranlaßten die Simontons, ihre Methode weiterzuentwickeln, weil sie wußten, daß sie damit Leben retten konnten, auch wenn sie sich nicht bei allen Patienten so gut bewähren würde. Oft wirkt eine neue Behandlungsmethode aufgrund des Placebo-Effekts bei den ersten Patienten besonders gut. Das liegt zumeist am intensiven Interesse und den Wünschen und Hoffnungen der Forscher.

Die Visualisierung macht sich eine Tatsache zunutze, die man fast als »Schwäche« des Körpers bezeichnen könnte: Er vermag nicht zwischen einer lebhaften psychischen Erfahrung und einer tatsächlichen physischen Erfahrung zu unterscheiden. Der Psychologe Charles Garfield hat am University of California Medical Center in San Francisco Personen untersucht, die eine Krebserkrankung überwunden hatten, und gelangte zu dem Schluß, daß die meisten von ihnen die Fähigkeit besaßen, sich in einen Geisteszustand zu versetzen, der ihre Körper – genauso wie bei Sportlern – befähigte, sich selbst zu übertreffen. Garfield stellte bemerkenswerte Ähnlichkeiten fest zwischen dem Verhalten von geheilten Krebspatienten und den Methoden sowjetischer und osteuropäischer Sportler, die in den vergangenen Jahrzehnten bei Olympischen Spielen so große Erfolge errungen haben. Diese Techniken, die vor allem in Bulgarien entwickelt wurden, wurden vor einiger Zeit in allen Einzelheiten in dem Buch *Superlearning* von Sheila Ostrander und Lynn Schroeder dargelegt.

Osteuropäische Trainer veranlassen ihre Schüler und Sportler oft dazu, sich hinzulegen und beruhigende Musik zu hören, wie vor allem ein Barock-Largo mit seinem gleichmäßigen Baßrhythmus von etwa 60 Schlägen pro Minute. Schon nach wenigen Minuten schlägt das Herz des Zuhörers im gleichen Takt wie die Musik und erzeugt einen Zustand tiefer Entspannung. Dann müssen sich die Athleten farbig und in allen Einzelheiten vorstellen, wie sie gewinnen. Diese Übung wird so lange wiederholt, bis der physische Akt fast zu einer Verdopplung des mentalen Akts wird. Sowjetische Forscher weisen darauf hin, daß Sportler, die bis zu drei Vierteln ihrer Zeit mit mentalem Training verbringen, bessere Ergebnisse erzielen als Sportler, die mehr Gewicht auf die physische Vorbereitung legen.

Obwohl die Russen Barockmusik bevorzugen, eignen sich auch viele andere Musikarten – klassische Musik, Balladen und spirituelle Musik. Akustische Aufzeichnungen natürlicher Umgebungen wie etwa das Meer oder Vogelgezwitscher in einem Wald oder Geräusche eines Wasserfalls sind ebenfalls sehr wirksam. Hauptsache ist, daß die Töne beruhigen und nicht stimulieren und daß sie dem Betreffenden gefallen. Wir verwenden nicht nur beim Meditieren Musik, sondern wir beginnen auch jede ECaP-Sitzung mit beruhigender Musik. Das erleichtert es uns, einen Zustand »liebevoller Konfrontation« zu schaffen. Mit Musik können wir uns besser entspannen, und sie hilft uns auch, unangenehmen Wahrheiten offen ins Gesicht zu sehen, und gibt uns das sichere Gefühl, daß wir uns wirklich umeinander kümmern.

Aber auch wenn es vielleicht hilft – unbedingt *nötig* ist Musik für eine Visualisierung nicht. Je besser man sich konzentrieren kann, um so eher kann man an jedem beliebigen Ort meditieren, sogar in der U-Bahn. Oft können die Geräusche der Umgebung in die Vorstellung oder das hypnotische Bild eingewoben werden und dazu beitragen, den Trancezustand noch zu vertiefen. Wirklich wichtig ist für eine wirksame Visualisierung nur die eigene Phantasie. Wer mit dem Meditieren Schwierigkeiten hat, sollte sich bei einem geübten Therapeuten Hilfe holen. Nicht jeder ist visuell veranlagt, und für erfolgreiche Visualisierung oder Hypnose gibt es unterschiedliche Techniken. Auf diesen Punkt gehe ich im Anhang noch ausführlicher ein.

Wieviel Macht eine lebendige Phantasie besitzt, habe ich am eindrucksvollsten bei Glen erlebt, einem kleinen Jungen, der einen Gehirntumor hatte. Sein Arzt hielt weitere Tests und Behandlungen für sinnlos und schickte ihn zum Sterben nach Hause. Seine Eltern brachten ihn zum Biofeedback-Zentrum in der Mayo Clinic. Dort hatte er jemanden, der jede Woche mit ihm sprach. Die Vorstellungstechnik der Simontons stand ebenfalls zur Diskussion. Glen ging zuerst nicht darauf ein, fand dann aber, daß ihm die Idee von Raumschiffen, die wie in einem Videospiel in seinem Kopf herumflogen und auf den Tumor schossen, gefiel. Er stellte sich den Krebs »groß, grau und stumm« vor und jagte ihn regelmäßig in die Luft.

Ein paar Monate später sagte er zu seinem Vater: »Ich bin gerade mit einem Raumschiff durch meinen Kopf geflogen, und weißt du was? – Ich kann den Krebs nicht mehr finden.«

»Toll«, sagte Glens Vater. Als Glen einen neuen CAT-Test haben wollte, sagte der Arzt, das wäre Geldverschwendung, weil der Tumor unheilbar sei. Da Glen sich wohl fühlte, ging er wieder in die Schule. Eines Tages stürzte er in der Schule, und der Arzt sagte: »Siehst du, was ich dir gesagt habe. Daran ist der Gehirntumor schuld, sonst wärst du nicht gestürzt.« Kurz darauf ließen Glens Eltern einen CAT-Test machen, und der Tumor war verschwunden.

Wenn wir einfach nur jedem zu sagen bräuchten: »Holt eure Raumschiffe hervor«, dann wäre das Problem leicht zu lösen. Leider funktioniert das nicht immer. Wir wissen eben noch zu wenig über den Vorgang, bei dem einzelne Menschen die Chance haben, in ihrem Unterbewußtsein eine Veränderung hervorzurufen.

Aus jahrelangen Erfahrungen mit der Visualisierungstechnik wissen wir, daß jeder sein Bild selbst wählen muß. Der Betreffende muß sein Bild so deutlich im Kopf sehen, als nähme er es mit den Augen wahr. Es muß ein Bild sein, mit dem sich der Patient absolut wohl fühlt. Was ich im Buch der Simontons vermisse, ist das Fehlen des spirituellen Aspekts des Heilens. Da ihre ersten Patienten alle aggressiv veranlagt waren, schlossen sie daraus, daß jeder geeignet sei, seinen Krebs anzugreifen und zu töten. Aber sehr viele Menschen fühlen sich zutiefst gestört, wenn sie sich vorstellen, daß sie irgend etwas töten, auch wenn es sich dabei um einen Krankheitsorganismus handelt. Das in der Medizin oft vorherrrschende Kriegsvokabular ist für diese Menschen schrecklich störend, selbst wenn es ihnen nicht bewußt ist. Der medizinische Jargon beinhaltet Begriffe wie *Angriff, Beleidigung, in die Luft jagen, vergiften* und *töten* und löst bewußt und unbewußt bei den Patienten eine ablehnende Haltung aus. Ein ECaP-Mitglied, ein junger Mann namens Ian, hörte sich an, wie sein Onkologe davon sprach, mit seiner Behandlung die Leukämie abzutöten. Ian stand auf und ging. Auf dem Weg zur Tür sagte er: »Ich bin Quäker, und ich töte *nichts* und *niemanden*.«

Ian ging in psychotherapeutische Behandlung, einzeln und in der Gruppe, er bemühte sich um ein reines Gewissen, nahm täglich zwanzig Gramm Vitamin C zu sich, meditierte und entschied im allgemeinen selbst, was für ihn richtig war. Er stellte sich die Zellen des Immunsystems vor, wie sie die Krebszellen, anstatt sie zu töten, vorsichtig aufhoben, wegtrugen und aus seinem Körper schwemmten. Innerhalb von vier Jahren verbesserte sich sein Zustand langsam und beständig. Eines Tages stürzte er im Winter auf dem Eis, zog sich Verletzungen am Kopf zu und hatte eine Gehirnerschütterung. Er mußte einen Monat lang liegen. Er nutzte diese Zeit fast ausschließlich für Meditationen und Visualisierungen. Als er zu seiner routinemäßigen Untersuchung ging, sagte sein Arzt: »Das ist das beste Blutbild, daß Sie je hatten.« Seine Frau meinte: »Wir sollten ihm einfach jeden Monat eins auf den Kopf geben, dann würde er bestimmt gesund werden.«

Was den Krebs betrifft, so ist Ians Einstellung eigentlich viel realistischer als das Kriegsmodell, weil bösartige Zellen die einzigen Zellen im Körper darstellen, die vom Weg abgekommen sind. Und folglich wäre dann ein direkter Angriff in gewisser Hinsicht ein Angriff auf einen selbst. Mehr noch, die meisten Menschen können die Vorstellung zu töten nur akzeptieren, wenn sie es aus Liebe tun, um Menschen, die sie lieben, ihre Freunde, ihre Familie oder ihre Kinder, zu verteidigen. Psychologische Untersuchungen zeigen, daß nur etwa 15 Prozent aller Soldaten den Feind ohne Unbehagen töten – es sei denn, sie fühlen sich ihren Kameraden verbunden und tun es zu ihrer Verteidigung.

Aber Krebspatienten haben ihr ganzes Leben lang Mühe, sich selbst so sehr zu lieben, als daß sie zu ihrer Selbstverteidigung töten könnten. Aus diesem Grund wirkt es nur bei manchen Patienten, wenn sie sich ihre weißen Blutkörperchen als Haie oder Eisbären vorstellen, aber bei vielen anderen nicht. Als eine ziemlich erfolgreiche Form von Visualisierung hat sich bei der ECaP-Gruppe die Vorstellung von Tumoren als *Nahrung* herausgestellt, die von den weißen Zellen in der Verkleidung von Pac-Man oder ähnlich netten Verbrauchertypen vertilgt wurden. Genauso wie die Medizinmänner in primitiven Stämmen den Menschen raten, sich mächtiger Tiere zu bedienen, schlage ich unseren Patienten ähnlich beseelte Symbole vor. Ein Kind stellte sich seinen Krebs als Katzennahrung und die Immunzellen als weiße Kätzchen vor. Ein anderer Patient stellte sich Vögel und Vogelfutter vor. Wenn man sieht, wie der Krebs aufgegessen wird, kann das bedeuten: »Dieser Tumor wird mich ernähren und mir dabei helfen, gesund zu werden.« Diese Bildform entspricht der wahren Natur der weißen Blutzellen besser und bietet auch Gelegenheit, die Krankheit als psychische Nahrung für das eigene Wachstum zu verwenden. Ein anderes wohltuendes Bild ist es, die Krankheit als Übeltäter oder ungezogenes Kind oder nichtfunktionierenden Körperteil anzusehen. Durch Behandlung und Disziplin wird der nichtfunktionierende Teil oder die Krankheit wieder in Ordnung gebracht.

Einige Visualisierungstechniken sind im Anhang angeführt.

7

Krankheit und Heilung in Bildern

Als ich mit Vorstellungsbildern und Krebs zu arbeiten begann, richtete ich mich nach der Methode, wie sie von den Simontons und von ihren Mitarbeitern Jeanne Achterberg und Frank Lawlis dargelegt wurde. Auch ich stellte dabei Unterschiede fest zwischen den Vorstellungen von Patienten, die gute Fortschritte machten, und denen der Patienten, die keine so guten Fortschritte machten. Die Unterschiede liegen in den Bildelementen wie auch in der Größe des Krebstumors, der Aggressivität der weißen Blutzellen und in der Art und Weise, wie die Behandlung symbolisch dargestellt wurde.

Ein Jahr lang habe ich diese Methode ziemlich mechanisch angewandt, um die Patienten auf den Weg zur Heilung zu bringen. Im Herbst 1979 nahm ich dann an einem Workshop teil, der unter der Leitung von Elisabeth Kübler-Ross abgehalten wurde. Die Bilder, die ich in diesem Workshop zeichnete, halfen mir, die starke Beziehung zwischen dem unbewußten und dem emotionalen Leben besser zu verstehen.

Diese Technik der Verwendung von Bildern zur Erforschung des Unbewußten wurde über Jahrzehnte hinweg von Susan Bach, Gregg Furth und anderen entwickelt. Ich lernte sie durch Dr. Kübler-Ross kennen, und als ich sie in meiner Praxis anwandte, stellte ich fest, daß es ganz bestimmte Muster für Farbsymbolik gab und daß dabei häufig Zeitsequenzen aus Vergangenheit, Gegenwart und Zukunft enthüllt wurden. Aber ich sah auch, daß die symbolischen Assoziationen oft genauso komplex und aufschlußreich waren wie in Träumen.

1933 deutete Jung einen Traum, der ihm von einem Arzt ohne jede weitere Information über den Patienten übermittelt worden war:

> Jemand neben mir sagte dauernd etwas über das Ölen einer Maschine. Als bestes Schmiermittel wurde Milch vorgeschlagen. Offenbar dachte ich, daß feuchter Schlamm besser sei. Dann wurde ein Teich entwässert, und im Schlamm befanden sich zwei ausgestorbene Tiere. Das eine war ein winziges Mastodon. Was das andere war, weiß ich nicht mehr.

Jung stellte die richtige Diagnose – ein Stau der Hirn- und Rückenmarksflüssigkeit, der wahrscheinlich auf einen Tumor zurückzuführen war. Seine Deutung gründete sich unter anderem darauf, daß sich »Mastodon« aus zwei griechischen Wörtern zusammensetzt, die »Brust« und »Zähne« bedeuten. Er schloß daraus, daß sich das Mastodonbild auf die brustwarzenförmigen Strukturen beziehen müsse, die am Boden der dritten Hirnkammer liegen, einem »Teich« aus Rückenmarksflüssigkeit an der Basis des Gehirns.

Die Einzelheiten der Jungschen Interpretation hat der Psychologe Russell Lockhart von der University of California in Los Angeles in seinem Artikel »Krebs in Mythos und Traum« hervorragend wiedergegeben. Auf die Frage, wie er denn zu der richtigen Lösung gekommen sei, erwiderte Jung nur:

> ... warum man den Traum als organisches Symptom ansehen muß, würde einen großen Aufruhr hervorrufen, und Sie würden mich des schlimmsten Obskurantismus bezichtigen ... Wenn ich von archetypischen Grundmustern spreche, so werden mich diejenigen, die wissen, worum es geht, verstehen, und diejenigen, denen das alles ganz fremd ist, werden denken: »Der Mann ist vollständig verrückt; er spricht von Mastodonten und von ihrem Unterschied zu Schlangen und Pferden.« Ich müßte Ihnen zuerst eine Vorlesung von vielleicht vier Semestern über Symbolik halten, damit Sie sich ein Bild davon machen könnten, um was es hier geht.

Lockhart schloß daraus: »Körperorgane und -prozesse besitzen die Fähigkeit, die Produktion psychischer Bilder anzuregen, die in einem bedeutsamen Zusammenhang mit der physischen Störung und ihrem Sitz stehen.« Diese Verbindung geht wahrscheinlich auf elektrische und/oder chemische Botschaften von dem kranken Teil des Körpers an das Gehirn zurück, die als Bilder interpretiert werden. Genausowenig, wie bei Salamandern ein neues Glied nachwächst, wenn die Nerven, die zu ihm führen, zertrennt sind, können wir diese Botschaften empfangen, wenn das Nervensystem beschädigt ist oder wenn unserem Geist eine bewußte Kommunikation mit der Psyche und dem Soma verwehrt ist.

Wie Sie sehen, ist sehr viel Wissen über Sprache und Mythologie nötig, um Träume richtig deuten zu können. Wie Jung, so glaube auch ich, daß uns dafür die Erfahrungen unseres gesamten vorangegangenen Lebens zur Verfügung stehen. Das ist der Grund, warum Menschen in Sprachen träumen, die ihrem Bewußtsein unbekannt sind, oder in einer universalen Sprache aus Symbolen, deren Bedeutung sie nicht kennen, während sie wach sind. Bilder sind leichter zu deuten, weil ihr Symbolismus im allgemeinen einfacher, enger mit dem täglichen Leben verbunden ist und weil er auf ein ganz bestimmtes Thema gelenkt werden kann.

Wie ich schon schrieb, fordere ich meine Patienten zunächst auf, sich selbst zu zeichnen, ihre Behandlung, ihre Krankheit und ihre weißen Blutkörperchen, wie sie die Krankheit ausmerzen. Um weitere, nicht gesteuerte Informationen aus dem Unbewußten ans Licht zu bringen, bitte ich jeden Patienten um mindestens ein weiteres Bild seiner eigenen Wahl. Je nachdem, um welche Konflikte es geht, bitte ich manchmal noch um zusätzliche Darstellungen aus dem Erfahrungsbereich des Patienten.

Ein Konflikt, der mir häufig begegnet, betrifft die Einstellung des Patienten zu seiner Behandlung. Auf einer bewußten oder intellektuellen Ebene sagt der Patient oft: »Diese Behandlung ist gut für mich«, obgleich er unbewußt das Gefühl hat: »Das ist Gift für mich.« In einem solchen Fall gibt es nur eine einzige Möglichkeit: Wenn der Patient reagiert, als würde er vergiftet, muß die Behandlung abgebrochen werden. Wenn eine Zeichnung jedoch enthüllt, daß der Patient der Behandlung nur ablehnend gegenübersteht, läßt sich diese Einstellung ändern. Sie kann ins Bewußtsein gebracht und dann geändert werden. Dazu ist die Visualisierung einer erfolgreichen Therapie nötig, eine Neuprogrammierung im Unterbewußtsein.

Ich spreche mit jedem meiner Patienten über seine Zeichnungen, manchmal stundenlang, bevor die erste ECaP-Sitzung stattfindet oder auch vor der Operation. Die Zeichnungen bieten eine wunderbare Gelegenheit, die Menschen dazu zu bringen, sich zu öffnen und über Dinge zu sprechen, die sie normalerweise nicht preisgeben würden. Schließlich haben *sie* das Bild angefertigt, und die Konflikte und Einstellungen, die es verkörpert, sind jetzt auf dem Papier und damit für Arzt wie Patient zugänglich. Darüber hinaus ist es auch gleichgültig, wie viele meiner Vorlesungen ein Patient besucht hat oder wieviel er über die Bildermaltechnik weiß. Das Unterbewußtsein kennt stets neue Symbole und findet neue Möglichkeiten, etwas zu enthüllen, das vom Bewußtsein verborgen gehalten wird. Susan Bach hat über dreißig Jahre lang mit dieser Methode gearbeitet und viel Zeit in Kinderkrankenhäusern verbracht, in denen die Verwendung von Zeichnungen in dieser Weise gefördert wurde. Und sie hat festgestellt, daß bestimmte Krankheiten immer wieder auf eine ganz spezielle Art wiedergegeben wurden.

Sie schreibt:

> Wir dürfen davon ausgehen, daß der Mensch durch diese wortlose Kommunikation und in seiner eigenen Sprachweise sowohl seinen somatischen als auch seinen psychischen Zustand auszudrücken vermag. Somatisch können solche Bilder auf Ereignisse in der Vergangenheit hinweisen, die etwas über die Vorgeschichte der Krankheit, über frühere Diagnosen und über Prognosen aussagen. Psychisch können wir vielleicht erkennen, was zur Zeit tief im Innern vor sich geht und früher vor sich gegangen ist – zum Beispiel frühere Traumata – und wie das Bild helfen kann,

Hoffnungen, Ängste und Vorhersagen auszudrücken. Mehr noch, diese Bilder können eine Brücke zwischen dem Arzt und dem Patienten, der Familie und der Umwelt bauen. Tatsächlich könnten ihre Bedeutungen und was sie beinhalten die heilende Zunft anleiten, vor allem dem schwerkranken Patienten dabei zu helfen, so nahe an seinem tiefsten Wesen wie möglich zu leben, ob bei der Genesung oder auch, bevor sich sein Lebenskreis schließt.

Schließlich können wir fragen, wie es denn möglich sei, daß spontane Bilder genauso wie Träume die gesamte Situation des Menschen widerspiegeln. Ich bin nach jahrzehntelanger klinischer Arbeit zu der Einsicht gelangt, daß durch die Bildmotive in spontanen Darstellungen und in Träumen etwas zum Vorschein kommt, was ich als »inneres Wissen« bezeichnet habe. Vielleicht erschließt sich uns hier eine völlig neue Dimension.

Auf ihre Weise wiederum hat die Psychologin Joan Kellogg gezeigt, daß die Bilder, die Patienten von Mandalas anfertigen – einem alten indischen kreisförmigen Symboltyp, der für Ganzheit oder das gesamte Leben eines Menschen steht –, viel über ihr unbewußtes Leben enthüllen können. Der Patient zeichnet in einen abgegrenzten Kreis bunte geometrische Figuren oder Bilder, die dann in einem Gespräch mit dem Therapeuten gedeutet werden.

8

Wie man außergewöhnlich wird

Der Psychologe Al Siebert begann sich für die Persönlichkeit von Überlebenden zu interessieren, als er 1953, gleich nach dem College, zu den Fallschirmjägern ging. Sein Übungskader bestand aus den wenigen Überlebenden einer Einheit, die in Korea praktisch ausgelöscht worden war. Er stellte fest, daß diese Veteranen hart waren, aber geduldiger, als er erwartet hätte. Auf Fehler reagierten sie gewöhnlich mit einem Witz, anstatt sich zu ärgern. Aber noch wichtiger war, wie Siebert schrieb: »Ich beobachtete, daß ihnen eine entspannte Wahrnehmungsfähigkeit eigen war. Jeder schien eine Art persönliche Radarantenne zu besitzen, die immer ausgerichtet war.« Ihm wurde klar, daß es nicht reines Glück gewesen war, das diese Männer ihre schweren Prüfungen hatte bestehen lassen.

Während seines ganzen beruflichen Lebens hat Siebert immer wieder Überlebende beobachtet. Er stellte fest, daß eine ihrer herausragendsten Merkmale ein äußerst komplexer Charakter ist, eine Einheit vieler gegensätzlicher Eigenschaften, die er als biphasische Merkmale bezeichnete. Sie sind ernsthaft *und* verspielt, zäh *und* sanft, logisch *und* intuitiv, harte Arbeiter *und* Faulpelze, scheu *und* aggressiv, introvertiert *und* extrovertiert und so weiter. Es sind paradoxe Menschen, die sich in die üblichen psychologischen Kategorien nicht so recht einordnen lassen. Das macht sie flexibler als die meisten anderen Menschen, und es stehen ihnen vielseitigere Hilfsmittel zur Verfügung, auf die sie jederzeit zurückgreifen können.

Siebert überlegte, wie es die Überlebenspersönlichkeit fertigbringt, von ihren Widersprüchen nicht blockiert zu werden.

Mit den Konzepten von Ruth Benedict und Abraham Maslow als Ausgangspunkt und nachdem er Hunderte Menschen interviewt hatte, die alle möglichen Strapazen durchgemacht hatten, stellte Siebert fest, daß Überlebende eine Hierarchie von Bedürfnissen haben und daß sie im Unterschied zu den meisten Menschen *allen* nachgeben. Das sind ihrer Reihenfolge nach: Überleben, Sicherheit, von anderen akzeptiert zu werden, Selbstachtung und Selbstverwirklichung. Eines der wichtigsten Bedürfnisse, die Überlebende von anderen Menschen unterscheiden, geht jedoch noch über Selbstverwirklichung hinaus: das Bedürfnis nach Synergismus. Siebert definiert das Bedürfnis nach Synergismus als den Wunsch, daß die Dinge für einen selbst *und* andere gut laufen.

Überlebende handeln demnach selbst in Situationen größter Anspannung nicht nur aus Selbstinteresse, sondern auch im Interesse anderer.

Sie bringen die Dinge ins Lot und machen alles sicherer oder wirksamer. Kurz, sie geben etwas von sich selbst, und sie hinterlassen die Welt besser, als sie sie vorgefunden haben. Ihre entspannte Aufnahmebereitschaft und das Selbstvertrauen, das damit verbunden ist, erlaubt es ihnen, ihre Energie für die wirklich wichtigen Dinge aufzusparen. Wenn alles gut läuft, lassen sie die Dinge einfach laufen und halten sich frei für ihre Neugier auf neue Entwicklungen oder potentielle Probleme. Sie mögen manchmal vielleicht so aussehen, als seien sie völlig unbeteiligt, aber sie sind »Freunde in der Not«. Wenn es Ärger gibt, sind sie zur Stelle.

Überlebende von Krankheiten

Sieberts Überlebensmerkmale ähneln auf bemerkenswerte Weise den Eigenschaften von Patienten, die auf das Simonton-Programm und in der ECaP-Gruppe gut ansprechen. Die Simontons haben das psychische Profil ihrer außergewöhnlichen Patienten folgendermaßen zusammengefaßt: Gewöhnlich sind sie in den Berufen, die sie gern ausüben, erfolgreich, und sie üben ihren Beruf auch während ihrer Krankheit aus oder kehren schon bald wieder an ihren Arbeitsplatz zurück. Sie sind empfänglich und kreativ, aber manchmal feindselig, haben ein starkes Ego und wissen, was sie leisten. Sie haben einen hohen Grad an Selbstachtung und Selbstliebe. Sie sind selten besonders fügsam. Sie behalten stets die Kontrolle über ihr Leben. Sie sind intelligent, haben einen starken Sinn für die Realität. Sie haben Selbstvertrauen: Sie *brauchen* nicht von anderen miteinbezogen zu werden, obwohl sie Beziehungen zu anderen Menschen sehr *schätzen*. Sie sind zwar um ihr eigenes Wohlergehen besorgt, aber trotzdem tolerant und an anderen Menschen interessiert. In moralischen Dingen sind sie eher nonkonformistisch. Sie haben keine Vorurteile, und sie schätzen es, wenn sich Menschen unterschiedlich verhalten.

Als Patienten verlassen sich Menschen mit Überlebensmerkmalen auf ihr eigenes Urteil und suchen nach Lösungen, anstatt sich Depressionen hinzugeben. Probleme deuten sie als Anlässe für neue Wege, nicht als Mißerfolge. Wenn sie im Wartezimmer des Arztes sitzen, lesen sie oder meditieren, anstatt mit leerem Blick vor sich hin zu starren. Ein ECaP-Mitglied hat es einmal so ausgedrückt: »Pessimismus ist ein Luxus, den ich mir nicht leisten kann.« Eine Krebspatientin erbrach während ihrer Strahlenbehandlung so oft, daß sie nicht mehr genügend Nahrung bekam. Daher stellte sie jeden Morgen den Wecker auf vier Uhr, frühstückte und nahm dann um acht Uhr ihr Mittagessen zu sich. Auf diese Weise hatte sie bereits zwei Mahlzeiten verdaut, bevor sie am Nachmittag zur Behandlung ging, und konnte wieder neue Kräfte gewinnen.

Das Ziel der ECaP-Gruppe ist es, Menschen dabei zu helfen, die Flexibilität, Anpassungsfähigkeit und das Selbstvertrauen der Überlebenspersönlichkeit zu entwickeln. Eine meiner Patientinnen erzählte mir, daß sie ihren Arzt gefragt habe, ob je irgend jemand die Krankheit, die sie hatte, überlebt habe. Ich sagte zu ihr: »Wenn Sie in einem Konzentrationslager wären, würden Sie dann den Wärter fragen: ›Ist hier schon mal jemand wieder rausgekommen?‹« Wie sich herausstellte, war sie selbst früher in einem Konzentrationslager gewesen, daher wußte sie genau, wovon ich redete.

Genauso wie sich das Negative selbst nährt, nährt sich auch

die positive Einstellung eines Überlebenden aus sich selbst, und der Körper spiegelt das, was im Kopf vor sich geht, wider. Als ich im April 1979 zusammen mit drei ECaP-Mitgliedern an einer Fernseh-Show teilnahm, kam ein Mann, der uns schminken sollte, in unsere überfüllte Garderobe, sah sich um und fragte: »Und wo sind die Krebspatientinnen?« Ich schätze, er erwartete drei grüne Frauen oder so. Er konnte sie nicht erkennen, und das war für diese drei Patientinnen eine der besten psychotherapeutischen Sitzungen, die sie je miterlebt hatten, und half ihnen sehr.

Eine dieser drei Frauen traf in Chicago einen alten Freund wieder, blieb dort und heiratete ihn. Eine Strahlentherapie gegen ihren Brustkrebs lehnte sie ab. Sie lebt, und es geht ihr gut, und ich habe das Gefühl, daß ihre neue Ehe und die Umstellung ihres Lebens sie gerettet haben. Eine der beiden anderen, die schon zweimal Krebs hatte, ist heute auch wieder völlig gesund.

Die dritte Patientin namens Melanie ist inzwischen gestorben – aber nicht an Krebs, sondern an den Komplikationen, die die Behandlung nach sich zog; sie starb an einer Infektion nach ihrer Knochenmarktransplantation. Das Ganze begann während ihrer Scheidung, als ihr Ehemann sie fragte, wie es ihr gehe. Sie erwiderte: »Zur Zeit geht es mir wirklich nicht gut«, und er meinte nur: »Du siehst aber blendend aus.« »Ich werde ihm nie wieder etwas sagen«, dachte sie. Sie unterdrückte ihre Gefühle und bekam Leukämie. Sie veränderte ihren Lebensstil völlig. Und immer, wenn ihre Ärzte nicht mehr glaubten, daß sie noch weiterleben würde, schaffte sie es doch. Das passierte so oft, daß ihre Ärzte später, als es *wirklich* so aussah, als würde sie es nicht überleben, selbst ihren Überlebenswillen zu bestärken suchten. Sie versicherten ihr, daß sie ganz fest davon überzeugt seien, daß sie sich wieder erholen würde, und sie schaffte es wiederum. Melanie gelangte schließlich an einen Punkt, an dem sie praktisch keine Wahl mehr hatte. Eine Chemotherapie kam für sie nicht mehr in Frage. Am Ende unterzog sie sich einer Knochenmarktransplantation, die in ihrem Alter ungewöhnlich ist. (Sie war über dreißig.) Ich schrieb einen Brief an das Krankenhaus, um ihnen zu sagen, was für eine außergewöhnliche Patientin sie sei. Sie akzeptierten sie und lernten von ihr, daß das Alter allein nicht ausschlaggebend ist, sondern vielmehr der Wille zu leben und die Fähigkeit zu überleben.

Einer der ermutigendsten Aspekte der Arbeit in unserer Gruppe ist die Art und Weise, wie sich unsere Mitglieder gegenseitig helfen. Vor kurzem erzählte mir eine meiner Patientinnen, daß sie einen Telefonanruf von ihrem Bruder bekommen habe, der vor einer schweren Rückenoperation stand. Sie brachte ihm bei, sich wie ein außergewöhnlicher Patient zu verhalten, und ein paar Tage später rief er sie wieder an, um ihr zu sagen, daß er sechs Tage nach der Operation aus dem Krankenhaus entlassen worden sei, obgleich ihm sein Arzt gesagt hatte, daß er zwölf bis vierundzwanzig Tage würde bleiben müssen.

Auch Siebert stellte fest, daß es möglich ist, sich eine Überlebenspersönlichkeit anzueignen, genauso wie man Algebra oder Chemie lernen kann. Er stellte es sich als einen psychologischen und neurologischen Reifeprozeß vor: erwachsen zu werden und paradoxerweise dabei gleichzeitig ein Kind zu bleiben. Siebert führt folgende Punkte an, die zum Wachstum aus eigener Motivation heraus gehören:

- Ziellose Verspieltheit wie die eines glücklichen Kindes.
- Die Fähigkeit, sich so tief in eine Tätigkeit zu versenken, daß man die Zeit und alles um sich herum vergißt, während man pfeift, eine Melodie summt oder geistesabwesend mit sich selbst spricht.
- Die unschuldige Neugier eines Kindes.
- Die Umwelt beobachten, nicht verurteilen.
- Die Bereitschaft, dumm auszusehen, Fehler zu machen und über sich selbst zu lachen.
- Offenheit für Kritik an einem selbst.
- Phantasie, Tagträume, Gedankenspiele und Gespräche mit sich selbst.

Als Zeichen dafür, daß ein Mensch synergistisch funktioniert, hat Siebert folgende Punkte angeführt:

- Mitgefühl für andere Menschen einschließlich der Gegner.
- Die Fähigkeit, Muster und Zusammenhänge in Organisationen oder technischen Anordnungen zu erkennen.
- Die Anerkennung von unterschwelliger Wahrnehmung oder Intuition als gültige Informationsquelle.
- Gutes Timing, vor allem beim Sprechen und Handeln.
- Die Fähigkeit, frühzeitig Hinweise auf zukünftige Entwicklungen zu erkennen und angemessene Maßnahmen zu ergreifen.
- Kooperativer Nonkonformismus: die Weigerung, sich von unangemessenen Regeln und sozialen Normen beherrschen zu lassen, verbunden mit der Bereitschaft, sie meistens doch zum Wohle anderer zu befolgen – außer man versucht, sie zu ändern. Mit anderen Worten, die Vermeidung leerer Gesten.
- Sich in komplizierten, verwirrenden Situationen wohl fühlen, die anderen erschreckend oder furchterweckend vorkommen.
- Eine positive Einstellung und guten Mut auch im Unglück aufrechterhalten.
- Die Fähigkeit, neue, unerwartete oder unerfreuliche Erfahrungen aufzunehmen und sich von ihnen ändern zu lassen.
- Das Talent für den »glücklichen Zufall«: die Fähigkeit, das, was andere als Unfall oder Unglück ansehen, in etwas Nützliches zu verwandeln.
- Das Gefühl, dazuzulernen und das Leben mit zunehmendem Alter immer mehr zu genießen.

Wenn man sich all diese Punkte zum Ziel setzt, kommen sie einem vielleicht außerordentlich schwierig vor, aber da ich die wichtigsten in diesem Kapitel ausführlich besprechen werde, hoffe ich, zeigen zu können, daß sie durchaus die Möglichkeit bieten, zu persönlichem Wachstum und dem Ausdruck von Liebe zu gelangen – Liebe für sich selbst *und* Liebe zu anderen. Und obwohl es nicht leicht ist, seine Persönlichkeit zu ändern, kann man sich jede dieser Eigenschaften aneignen. Dazu gehört natürlich ein bißchen mehr als der Wunsch, es zu tun. Es gibt zwei Möglichkeiten, sich die Veränderungen zu erleichtern: Man kann mit einer unterstützenden Therapiegruppe zusammenarbeiten oder sich dem Menschen, der einem am nächsten steht und den man am meisten liebt, anvertrauen, um sich mit den eigenen Gewohnheiten und Verhaltensweisen auseinanderzusetzen. Die zweite Möglichkeit besteht in regelmäßiger Meditation, bei der man sich vorstellt, wie man gern sein möchte. Dieser Vorgang spielt sich im Unterbewußtsein ab, in dem alle wichtigen Veränderungen stattfinden, und nicht auf einer bewußten Ebene.

Selbstachtung und Kreativität

»Wichtig ist, was man von sich selbst hält. Man muß im Leben finden, was zu einem paßt, und dann damit aufhören, irgendeine Rolle zu spielen, denn nur auf das Sein kommt es an.« So schrieb Quentin Crisp, der englische Autor und Dozent, der sich auf seinen Steuererklärungen als »pensioniertes Strandgut« bezeichnet und in *The Naked Civil Servant* den mühsamen Weg beschreibt, den er zurücklegen mußte, bis er sich selbst akzeptierte. Als er noch ein kleiner Junge war, wollten seine Brüder Football-Spieler und Schiffskapitän werden. Er wollte Invalide werden. Bis Crisp damit aufhörte, »eine Rolle zu spielen«, war er tatsächlich ein Invalide. Und als er aufhörte, sich darum zu kümmern, was andere Leute von seiner exzentrischen Kleidung, seinem homosexuellen Lebensstil, seinen rotgefärbten Haaren und seinen leicht subversiven Meinungen hielten, wurde er kerngesund und machte lange und hektische Vortragsreisen, bis er weit über siebzig war.

Es gibt immer mehr wissenschaftliche Beweise dafür, daß Menschen, die mit ihren Gefühlen ehrlich umgehen und sich selbst akzeptieren, gesünder sind als andere. 1979 stellten Dr. Walter Smith und Stephen Bloomfield beispielsweise fest, daß Menschen, die hemmungslos weinen können, nicht so oft an Erkältungskrankheiten leiden wie Menschen, die ihre Tränen immer zurückhalten. Diese Dinge können Frauen viel besser verstehen als Männer, denn Frauen sind mehr daran gewöhnt, mit Gefühlen umzugehen und sie zu akzeptieren, während sich das Leben des typischen Mannes doch meist um die Arbeit dreht. Das ist auch der Grund, warum sich die ECaP-Gruppen bis jetzt hauptsächlich aus Frauen zusammengesetzt haben. Frauen haben auch bessere Überlebenschancen als Männer, selbst wenn es um ein und dieselbe Krebskrankheit geht.

Die Psychologen schätzen, daß weniger als 20 Prozent der Bevölkerung von innen heraus ihr Leben kontrolliert, also eigenen Standards folgt und nicht irgendwelchen Überlegungen, was andere denken könnten. Diese Integrität macht einen großen Teil der Überlebenspersönlichkeit aus, und die 20 Prozent entsprechen etwa dem Prozentsatz an außergewöhnlichen Patienten unter allen übrigen Patienten, wie ich ihn festgestellt habe. Elida Evans hat in ihrer bahnbrechenden Untersuchung über die Krebspersönlichkeit bereits 1926 beobachtet: »Individualität ist ein Schutz für Leben und Tod. Sie hebt einen Menschen über die kollektive Autorität hinaus.« Nach meiner Erfahrung gibt es in ländlichen oder zerklüfteten Gebieten eine relativ größere Zahl außergewöhnlicher Patienten: Die Menschen dort sind von vornherein unabhängig und eigenständig.

Wenn man sich selbst verwirklicht, wird Kreativität frei. Der menschliche Geist wird von der Einengung durch die Konventionen und die Angst vor der Meinung anderer befreit und reagiert mit neuen Lösungen, neuen Zielen und dem Bewußtsein, daß Schönheit und Frieden von innen kommen, nicht von außen. Man wird fähig, Risiken einzugehen und mit dem eigenen Leben zu experimentieren.

In seinen Memoiren *Most of All, They Taught Me Happiness* gibt Robert Müller ein extremes Beispiel für die lebenswichtige Fähigkeit, kreativ zu denken, wenn man unter Druck steht. 1943 war Müller Mitglied der französischen Résistance. Unter dem Namen Parizot hatte er sich in die Vichy-Regierung eingeschleust, um Informationen über deutsche Truppenbewegungen zu erhalten. Er bekam den Tip, daß die Nazis ihn verhaften wollten, und konnte gerade noch rechtzeitig, während sie schon vor seinem Haus vorfuhren, auf den Speicher fliehen. Später ließ man ihn wissen, daß ein halbes Dutzend Gestapo-Männer, die genau wußten, daß er dort war, das Gebäude gründlich durchsuchten.

Müller hatte sich nach dem Programm von Dr. Emile Coué Autosuggestion und positives Denken beigebracht. Er hatte diese Methode durch einen Freund kennengelernt, der mit Tuberkulose im Krankenhaus lag und nicht glaubte, daß er seine Krankheit überleben würde. Er hatte Müller gebeten, ihm Bücher von Coué zu bringen, und Müller hatte sie dann ebenfalls gelesen. Sein Freund erholte sich von der Tuberkulose und bestärkte Müllers Glauben an Coués Methode.

Indem sich Müller immer wieder sagte, daß diese Situation ein äußerst aufregendes Abenteuer darstellte, gelang es ihm, sich zu beruhigen und zu überlegen, was die Nazis auf keinen Fall von ihm erwarten würden – daß er zu ihnen hinunterkommen und ihnen entgegentreten würde.

Er nahm seine Brille ab, strich sich die Haare mit Wasser glatt, nahm von einem ansonsten leeren Schreibtisch einen Aktenordner und zündete sich eine Zigarette an – und so gelang es ihm, Parizots äußere Erscheinung zu ändern und Ruhe auszustrahlen. Er ging die Treppe hinunter und stieß auf seine Sekretärin, die gerade verhört wurde. Er fragte sie, was los sei. Ohne mit der Wimper zu zucken, erklärte sie ihm, daß die »Herren« Monsieur Parizot suchten. »Parizot?« rief er. »Den habe ich eben noch im vierten Stock gesehen!« Die Nazis liefen die Treppe hinauf, und Müller wurde von seinen Freunden in Sicherheit gebracht.

Wenige von uns müssen sich einem derart direkten Test stellen, aber jeder hat die Möglichkeit, erfinderisch zu leben. Menschen, die ihre volle Individualität entwickeln, wechseln häufig ihre Jobs, von einem Beruf, der sie langweilt, ihnen aber Sicherheit verleiht, zu einem anderen, der ihrem Leben neue Bedeutung verleiht und ihnen die Gelegenheit vermittelt, der Welt etwas zu geben, anstatt immer nur von ihr zu nehmen. Der verstorbene Senator Frank Church aus Idaho zum Beispiel ging 1947 auf die Harvard Law School, als man feststellte, daß er unheilbar krebskrank war, und schätzte, daß er höchstens noch sechs Monate zu leben hatte. Daraufhin suchte er sich einen anderen Arzt, der ihm die damals noch relativ neue Strahlentherapie verschrieb, die zur Heilung führte.

Dreißig Jahre später beschrieb Church in einem Interview,

wie er zu der Entscheidung gelangt war, in die Politik zu gehen, um zu versuchen, etwas für die Menschen zu tun: »Früher neigte ich eher dazu, vorsichtig zu sein – aber nachdem ich mit dreiundzwanzig dem Tod so nah gewesen war, hatte ich das Gefühl, daß das Leben ein einziger Zufall ist und die einzige Möglichkeit, zu leben, darin besteht, große Chancen zu nutzen.« Folglich hatte er auch keine Angst, der erste Senator zu sein, der sich öffentlich gegen den Vietnamkrieg aussprach, die Verbrechen der CIA und des FBI unter die Lupe nahm und politisch heikle Bürgerrechte und Gesetze zum Umweltschutz förderte. Seine spätere persönliche Niederlage und die Unterdrückung seiner Ziele durch den konservativen Erdrutsch der achtziger Jahre hat vielleicht dazu beigetragen, daß er 1984 an Krebs gestorben ist, siebenunddreißig Jahre später als ursprünglich vorausgesagt.

Es steht außer Frage, daß die Zufriedenheit mit dem Beruf, den man ausübt, für die Gesundheit wichtig ist. Hans Selye, der international renommierteste Streß-Spezialist, hat betont: »Wenn man das tut, was man will, arbeitet man eigentlich nie wirklich. Dann ist die Arbeit ein Spiel.« Jemand traf einmal George Halas, den Besitzer des Football-Teams Chicago Bears, an einem Wochenende in seinem Büro an. Er fragte Halas, der damals schon über achtzig war: »George, was tust du denn hier, in deinem Alter noch bei der Arbeit?« Und Halas erwiderte: »Arbeit ist es nur, wenn es irgendeinen anderen Ort gibt, an dem man lieber wäre.«

Ein Mensch mit einem unbefriedigenden Beruf bringt häufig das Argument vor, daß es nicht genügend interessante; kreative Jobs gäbe. Das mag vielleicht stimmen, aber es gibt nur wenige Menschen, die ihre schöpferische Fähigkeit wirklich nutzen, so daß für alle, die danach suchen, genügend Gelegenheiten vorhanden sind. Ohne Anstrengung läßt sich nichts erreichen, und die meisten Menschen leben – wie William James sagte – viel zu oft innerhalb ihrer selbstgesteckten Grenzen.

Es besteht hier ein scheinbarer Widerspruch, auf den viele Menschen reinfallen. Die meisten von uns haben gelernt, daß Eigenliebe und Liebe für andere sich nicht miteinander vertragen, daß wir nicht unsere eigenen Bedürfnisse befriedigen und gleichzeitig anderen etwas von uns selbst geben können. Aber wenn wir überleben wollen, wird uns klar, daß wir ein tiefes Bedürfnis nach Liebe und nach Harmonie haben und daß unsere Motivation spirituell und selbstlos sein muß, nicht egoistisch. Wenn man in dem Wissen lebt, eines Tages zu sterben, kann man sich entscheiden, der Welt etwas zu geben. Im Verlauf dieses Prozesses entwickeln wir einen inneren Sinn für den Wert der Dinge und können damit Ziele zur Verbesserung der Lebensqualität anpeilen und erreichen. Wir streben nach dem widersprüchlichen Ziel des Überlebenden – für uns selbst *und* die anderen alles zum Besten zu richten.

Menschen, die mit ihrer Arbeit nicht zufrieden sind, sehen sich als Opfer. Nichts wird ihnen helfen, wenn sie sich nicht selbst helfen. Arbeit wird sowieso viel zu sehr als Job definiert. Nicht selten kommt jemand in meine Praxis und sagt: »Ich würde gern als Therapeut arbeiten. Wo kann ich das tun?« Dann frage ich: »Wo arbeiten Sie denn jetzt?« Und wenn sie es mir sagen, erwidere ich: »Okay, und nun sehen Sie sich um, dann werden Sie feststellen, daß an Ihrer Arbeitsstelle so gut wie jeder in irgendeiner Bedrängnis ist. Helfen Sie den Leuten, dann sind Sie auf der Stelle ein Therapeut.« Ted, ein Patient von mir, der vor acht Jahren zwei Gehirntumore hatte, einen bösartigen und einen gutartigen, drückte es so aus: »Früher war ich ein mieses Schwein. Ich habe Teppiche verlegt und den Leuten gesagt: ›Ich bin nur an Geld interessiert.‹ Heute arbeite ich umsonst [als freiwilliger Helfer im Krankenhaus], und es gefällt mir.«

Stephanie Matthews sagte einmal: »Das größte Hindernis, das wir überwinden müssen, ist die Vorstellung, Arbeit sei der einzige Lebenszweck von Bedeutung – und für manche Frauen sind es angeblich nur ihre Kinder.« Das ist ein weiterer Bereich, in dem Meditation und Visualisierung von großer Hilfe sein können. Dadurch wird man vorübergehend von dem Druck und dem Unglück des gegenwärtigen Jobs erlöst und kann sich eine Zukunft vorstellen, die einem mehr zusagt. Bildvorstellungen kanalisieren die geistige Energie in die Richtung, in der erwünschte Ziele liegen, und sobald man damit beginnt, nach einem neuen Bewußtsein zu handeln, werden neue Möglichkeiten geschaffen – sowohl bewußt als auch unbewußt.

Wir bereiten unsere Zukunft durch das vor, was wir denken und tun. Ich schlage vor, daß alle Patienten ein Tagebuch führen und ihre Gedanken aufschreiben. Wenn sie es später lesen, werden sie sehen, wie sie ihre Zukunft mit ihren Gedanken, durch die ihre Handlungen motiviert wurden, vorbereitet haben. Laut Jung ist die Zukunft auf unbewußter Ebene schon lange im voraus angelegt, und daher können Hellseher sie voraussagen.

In der ECaP helfen wir Menschen, mit der Ungewißheit der Krankheit zu leben, wir sprechen über ihre Gründe zum Leben. Viele Patienten wehren sich gegen diese Bemühungen, weil sie das Gefühl haben, daß es keinen Sinn hat, sich Ziele zu stecken, die sie vielleicht gar nicht mehr erreichen können. Und tatsächlich gehört dazu viel Mut, denn je schöner das Leben ist, um so größer der Verlust.

Vor einiger Zeit rief mich ein Mann namens Howard an, dem sein Arzt gesagt hatte, daß er in drei Monaten tot sein würde. Er ging nach Hause, setzte sich ins Wohnzimmer und bat seine Frau, seinen Termin beim Zahnarzt abzusagen. Seine Frau sagte: »Ich werde nicht zulassen, daß du drei Monate lang nur im Wohnzimmer herumsitzt und vor dich hin stirbst.« Er wohnte in Montana und kam den ganzen langen Weg zu mir. Ich sagte: »Niemand, der sich die Mühe macht, von Montana bis hierher zu kommen, stirbt in drei Monaten. Und Sie auch nicht. Sie sind anders. Sie sind ein Kämpfer.« Heute, achtzehn Monate später, lebt Howard noch immer. In der Lokalzeitung seines Heimatorts wurde über ihn berichtet, und er war auf einem Bild zu sehen, wie er in der Badewanne sitzt und meditiert. Sein Arzt sagte: »Junge, Sie haben vielleicht ein Glück.« Und er erwiderte: »Das hat nichts mit Glück zu tun. Das ist harte Arbeit.« Aber er sagte auch, daß ihn einige wenige Worte von mir geändert hätten: »Sie sind anders.«

Wenn wir uns in der ECaP Ziele setzen, achten wir darauf, daß wir nicht in einem Zeitrahmen steckenbleiben. Denn das würde einen Mißerfolg geradezu herausfordern, falls wir unsere Ziele nicht planmäßig erreichen. Wir bemühen uns, Patienten zu helfen, *realistische* Ziele anzustreben. Denn wenn wir sie erreichen, werden wir in dem Gefühl bestärkt, kompetent zu sein und etwas wert zu sein, und die Ziele selbst lassen die Zukunft sofort heller aussehen. Das Ziel bedeutet nichts anderes, als auf selbstlose Art für uns selbst zu leben. Und schon die Bewegung auf das Ziel zu ist wichtig und bringt Veränderung. Der Prozeß ist das Produkt.

Wir helfen den Patienten, ausgeglichene Ziele anzustreben, die ihre Bedürfnisse reflektieren. Viele Menschen, vor allem Männer, neigen dazu, ihre Ziele nur in Verbindung mit ihrer Arbeit zu sehen, während sich viele Frauen eher Ziele setzen, die mit ihren Mitmenschen zu tun haben, und dabei ihre eigenen Bedürfnisse häufig ausklammern. Wir ermutigen die Menschen, bei ihrer Zielsetzung ihre Arbeit, ihre physische Entwicklung, ihre emotionalen und spirituellen Bedürfnisse, ihre Hilfe für andere und einfach den Spaß am Spielen mit in Betracht zu ziehen – mit anderen Worten, jeden einzelnen Aspekt ihres Lebens miteinzubeziehen. Ganz besonders wichtig ist es, zu wissen, welche Bedürfnisse durch die Krankheit befriedigt werden, und sich dann Ziele zu setzen, die diese Bedürfnisse – anstelle der Krankheit – befriedigen.

Auch hierbei sind Meditation und Visualisierung zur Klärung wie zur Erfüllung unserer Bedürfnisse sehr wichtige Werkzeuge. Wenn man weiß, was man wirklich will, kann man das Unbewußte davon überzeugen, daß es auch erreichbar ist – und dadurch eine Atmosphäre der Hoffnung aufbauen. Denn dadurch erhalten Sie die Botschaft *Lebe!*

Der Prozeß der Umstrukturierung des Lebens auf dem Weg zum authentischen Menschen bedeutet, daß man damit aufhört, sich selbst als eine Sache anzusehen – als eine Reihe von Gewohnheiten, einen Job, eine Rolle. Das macht einen zum Sklaven des eigenen Selbstbildes, so als wäre man in gewisser Hinsicht schon tot. Statt dessen bemühen wir uns, unseren Patienten dabei zu helfen, sich selbst als einen dynamischen, sich ständig verändernden Prozeß zu verstehen. Das gelingt, wenn wir erkennen, daß wir alle vollkommen unvollkommen sind. Wir sind durch das Unvermeidliche des Todes gebunden und durch die Tatsache, daß bestimmte Entscheidungen die destruktiven Prozesse beschleunigen. Außerdem wissen wir nicht genau, wann wir sterben werden, und innerhalb dieser Ungewißheit stehen uns fast unbegrenzte Möglichkeiten zur Verfügung.

In seinem Buch *Grow or Die* hat George T. Lock Land von einer wissenschaftlichen Warte aus gezeigt, wie sehr unser menschlicher Zustand dem aller lebenden Zellen ähnelt:

> Eine Zelle ist genauso beschaffen wie das, was wir »die menschliche Natur« nennen, sie ist nicht etwas, was *ist*, sondern etwas, das sich in einem ständigen Prozeß des *Werdens* befindet. Sie ist nicht von vornherein völlig festgelegt, sondern bestimmt sich zu einem großen Teil selbst. So wie ein Mensch die gleiche Folge von Ereignissen durchläuft, die im Leben einer Zelle stattfinden, so hängt auch sein Verhalten von den verschiedenen Möglichkeiten ab, die für das Wachstum zur Verfügung stehen. Wenn die Bedingungen der Ernährung und des Feedbacks neue Wachstumsmuster zulassen, dann wird das Ergebnis ein kreatives und verantwortliches Verhalten sein. Wenn nicht, dann wird *das Fehlen von Alternativen zur Regression in einfachere Wachstumsmuster führen*.

Robert Henri hat dieses Wachstum in *The Art Spirit* von einer künstlerischen Warte aus beschrieben:

> Wenn in irgendeinem Menschen ein Künstler steckt, ganz gleich, wie seine Arbeiten aussehen, dann wird er zu einem erfinderischen, suchenden, mutigen Wesen, das sich selbst zum Ausdruck bringt. Er wird für andere Menschen interessant. Er stört, verwirrt, erhellt und öffnet Wege zu einem besseren Verständnis. Wenn diejenigen, die keine Künstler sind, das Buch zuklappen wollen, schlägt er es wieder auf und zeigt, daß es noch weitere Seiten gibt.

Unabhängigkeit und Selbstbehauptung

Menschen, die immer lächeln, nie von ihren Sorgen sprechen und ihre eigenen Bedürfnisse vernachlässigen, werden am ehesten krank. Für sie besteht das größte Problem darin, nein sagen zu können, ohne Schuldgefühle zu verspüren. Viele lernen erst, nachdem sie den Schock der Diagnose erlebt haben, für sich selbst dazusein und anderen zu sagen, was sie wirklich fühlen. Eine Patientin, die niemals auch nur das geringste Mißfallen an irgend etwas ausgedrückt hatte, wurde allmählich gesünder, nachdem sie es fertiggebracht hatte, ihrem Mann zu gestehen, daß sie den Hund der Familie nicht leiden konnte. Für Thelma, von der ich in Kapitel 2 erzählt habe, war es der erste Schritt zum Wachstum, als sie zum ersten Mal in ihrem Leben aus dem Haus ging, während das Telefon klingelte, und als sie schließlich doch die Polizei rief, nachdem ihr alkoholsüchtiger Ehemann sie wieder einmal bedroht hatte.

Die wichtigste Art der Selbstbehauptung kann ein Patient beweisen, wenn er mit seinem Arzt eine Atmosphäre der Zusammenarbeit aufbaut. Die meisten Patienten sprechen kaum mit ihrem Arzt und stellen wenig Fragen, aus Angst, sie könnten diesen Menschen, der sie gesund »machen« soll, verärgern. Natürlich kann man von niemandem gesund gemacht werden. Man kann nur heilen. Viele Menschen werden von ganz verschiedenen Therapien gesund. Das heißt aber, daß nicht die Therapiemethoden selbst besonders wirksam sind, sondern daß die Menschen gesund werden, weil sie etwas tun, woran sie glauben, etwas, das ihnen Hoffnung gibt. Das ist es, was wir den Menschen in der ECaP verständlich machen wollen, und häufig bedeutet es auch, daß die Ärzte dazulernen müssen. Eines Morgens bei der Visite fragte mich ein Patient: »Was ist?«

»Nichts«, sagte ich.

»Warum ziehen Sie dann die Stirn in Falten?«

»Ich ziehe nicht die Stirn in Falten, ich denke nur nach.«

»Dann denken Sie doch auf dem Gang nach und machen bei mir bitte ein freundliches Gesicht.« Unsere Patienten sind unsere besten Lehrer.

Wenn mir eine Krankenschwester sagt, daß ein Patient nicht kooperativ ist, daß er sich weigert, sich auszuziehen und das übliche Krankenhaushemd zu tragen, oder daß er alle möglichen Fragen stellt, bevor er in eine Untersuchung einwilligt, dann sage ich immer: »Fein. Dann wird er länger leben.« Und Leonard Derogatis, dessen Arbeit ich in Kapitel 1 erwähnt habe, bestätigt mit seinen Ergebnissen – Patienten, die länger am Leben bleiben, haben nach Ansicht der Ärzte keine so »gute« Einstellung –, was ich auf den Krankenstationen beobachtet habe. Der sogenannte »Problempatient« erholt sich schnell, lebt länger und hat ein aktives Immunsystem. Deshalb rate ich allen, sich als Individuen zu verhalten, wenn sie in ein Krankenhaus kommen, und die folgenden Vorschläge zu befolgen, die meine Frau und ich als »Guter Patient – schlechter Patient« bezeichnen:

1. Nehmen Sie für Ihren Krankenhausaufenthalt Sachen mit, die praktisch, bequem und individuell sind. Nehmen Sie sich vor, soviel wie möglich spazierenzugehen.
2. Nehmen Sie etwas für das Zimmer mit, damit es persönlicher und anregender wird. Achten Sie darauf, daß Sie von Ihrem Zimmer aus einen Blick auf den Himmel und die Außenwelt haben. Lehnen Sie ein Zimmer, dessen Fenster auf eine kahle Mauer führen, ab.
3. Stellen Sie Fragen bei Untersuchungen und dergleichen. Bestehen Sie auf Ihren Bedürfnissen und Rechten, auf allem, was zu Ihrem Wohlbefinden führt, sowohl vor als auch während der Untersuchungen.
4. Machen Sie Ihrem Arzt Ihre speziellen Bedürfnisse und Wünsche klar. Bieten Sie Ihre Bücher und Tonbänder und die Gelegenheit zu einem Gespräch an.
5. Nehmen Sie ein Kassettengerät und Kopfhörer mit sowie Tonbänder zur Meditation und mit Ihrer Lieblingsmusik. Nehmen Sie die Gespräche mit ihrem Arzt auf, um sie sich später mit Ihrer Familie gemeinsam anzuhören.
6. Verwenden Sie Ihr Kassettengerät im Operationssaal und im Aufenthaltsraum, um Musik, Meditation oder Botschaften zu hören – während und nach der Operation. Lassen

Sie den Arzt in seinen Unterlagen einen entsprechenden Vermerk anbringen.

7. Im Falle einer Operation bitten Sie den Chirurgen und den Narkosearzt, Ihnen positive Botschaften zu wiederholen. Das einfachste wäre, Ihnen zu sagen, daß Sie sich wohl fühlen und durstig und hungrig sein werden, wenn Sie wieder aufwachen.
8. Bitten Sie den Chirurgen, während der Operation mit Ihnen zu sprechen, ehrlich, aber von Hoffnung getragen, und daß er positive Botschaften wiederholen, aber negative auf jeden Fall vermeiden soll.
9. Sprechen Sie mit Ihrem Körper, vor allem in der Nacht vor der Operation, regen Sie ihn an, das Blut dem Körperteil, an dem operiert wird, zu entziehen und schnell wieder zu heilen.
10. Organisieren Sie vorher Besuche und Anrufe von Menschen, die Ihnen beistehen und Sie lieben, die sich aber auch, wenn nötig, mit Ihnen auseinandersetzen.
11. Bewegen Sie sich nach der Operation so bald wie möglich. Verlassen Sie das Krankenhaus, um an Gruppentreffen teilzunehmen, spazierenzugehen oder außerhalb des Krankenhauses mit Freunden essen zu gehen.

Gefühle ehrlich auszudrücken kann einen großen Unterschied in der Art der Fürsorge ausmachen, die Ihnen zuteil wird. Emma, eine unserer außergewöhnlichen Patientinnen, war von dem Grau im Wartezimmer ihres Onkologen so deprimiert, daß sie eines Tages aufstand und sagte: »Dieser Ort ist trostlos. Wie soll man denn hier gesund werden? Ich will nicht, daß hier jemand irgendwelche Formulare unterschreibt, bevor das Zimmer renoviert ist.«

Die Sekretärin kam heraus und sagte: »Aber das können Sie doch nicht tun!«

»Ist schon getan«, erwiderte Emma nur. Und die Praxis wurde blau gestrichen. Jetzt ist Emma »die Frau, die uns dazu gebracht hat, unsere Praxis zu renovieren«. Jetzt wird sie wie ein menschliches Wesen behandelt, nicht wie eine Krankheit.

Emma hatte Rundherde in der Lunge und fragte ihren Arzt:

»Woher wollen Sie wissen, daß diese Knötchen Krebs sind und nicht von einem Fadenwurm stammen?« (Der Fadenwurm ist ein Parasit, an dem Hunde erkranken und der in Connecticut häufig auftritt.)

Der Arzt erwiderte: »In neunundneunzig von hundert Fällen ist es Krebs.«

Emma blieb hartnäckig: »Woher wollen Sie das *wissen*?« Als er zugab, daß er es natürlich nicht mit Sicherheit wissen könne, sagte sie: »Dann machen Sie ein paar Tests.« Die Bluttests wiesen deutlich darauf hin, daß es sich tatsächlich um den Fadenwurm handeln könne, der aufgrund neuerer Statistiken in der Stadt, in der Emma lebte, sehr häufig auftrat.

Nun hörte sich Emmas Arzt schon fast an wie sie selbst. Er zog einen Lungenarzt hinzu und sagte: »Ich habe eine Patientin mit Rundherden in der Lunge, und ich weiß nicht, ob sie auf einen Fadenwurm oder auf Krebs zurückzuführen sind.«

Der Lungenarzt erwiderte: »In neunundneunzig von hundert Fällen gehen sie auf Krebs zurück.« Aber ihr Arzt verlangte weitere Tests, um ganz sicher zu sein. Emmas Selbstbewußtsein hatte eine neue, wirksamere Arzt-Patienten-Beziehung hergestellt.

Die vier Arten des Glaubens

Phyllis, eine Patientin mit fortgeschrittenem Krebs an der Bauchspeicheldrüse, reagierte nicht mehr auf die Behandlung und ging nach Hause, um zu sterben. Ein paar Monate später kam sie wieder in meine Praxis. Mein Kollege untersuchte sie. Er machte die Tür auf und rief: »Hallo, Bernie, komm mal schnell her, das wird dich interessieren.«

Ich ging hin, und er sagte: »Der Krebs ist verschwunden.«

»Phyllis«, sagte ich, »erzählen Sie, was passiert ist.«

»Sie wissen genau, was passiert ist«, sagte sie.

»Ich schon«, sagte ich, »aber ich will, daß es auch die andern wissen.«

»Ich beschloß, hundert Jahre alt zu werden und meine Sorgen Gott zu überlassen«, erklärte Phyllis.

Eigentlich könnte ich das Buch hier beenden, denn ein solcher starker geistiger Frieden kann alles heilen. Ich bin überzeugt, daß der Glaube das Wesentliche ist – eine einfache Lösung und doch für die meisten Menschen zu schwer, um sie praktizieren zu können.

Um es zu überprüfen, ging ich zu Gott (Ärzte haben dieses Privileg) und fragte, warum ich nicht ein Schild in mein Wartezimmer hängen könne, auf dem steht: »Überlassen Sie Ihre Sorgen Gott, mich brauchen Sie nicht.« Gott sagte: »Ich werde dir zeigen, warum. Ich werde am Samstag früh um zehn Uhr im Krankenhaus sein.« (Gott spielt gern den Doktor.) Am Samstag sagte er: »Führe mich zu deinem kränksten Patienten.« Ich erzählte ihm von einer Frau mit Krebs, deren Ehemann mit einer anderen Frau durchgebrannt war. Er sagte: »Guter Fall«, und wir gingen in ihr Zimmer. Ich sagte: »Gleich wird Gott hereinkommen und Ihnen sagen, wie Sie gesund werden können.« Ich melde ihn immer an, damit die Patienten vorbereitet sind. Sie erwiderte: »Wie wunderbar.« Gott betrat das Zimmer und sagte: »Sie brauchen nichts weiter zu tun, als zu lieben, zu akzeptieren, zu vergeben und glücklich zu sein«, und sie sah ihm in die Augen und sagte: »Kennst du meinen Mann?« Die meisten von uns wollen, daß Gott die äußeren Aspekte unseres Lebens ändert, damit wir uns nicht selbst zu ändern brauchen. Wir wollen von der Verantwortung für unser Glück befreit werden. Oft fällt es uns leichter, das Opfer zu spielen, zu schmollen und zu leiden, anstatt zu lieben, zu vergeben, zu akzeptieren und inneren Frieden zu finden. W. H. Auden schrieb:

Wir würden lieber zugrunde gehen als uns zu ändern;
Wir würden lieber sterben in unserer Furcht.
Anstatt das Kreuz des Augenblicks zu erklimmen
Und unsere Illusionen zu begraben.

Dennoch – wenn wir uns für die Liebe entscheiden, wird in unseren Körpern heilende Energie frei. Energie ist liebevoll und intelligent und für uns alle verfügbar.

Nun fand ich mich aber in einem Dilemma wieder: Wenn

Gottes Liebe Menschen heilen konnte, überlegte ich, wozu war ich dann noch Arzt? Ich ging also noch einmal zu ihm und sagte: »Gott, du weißt, daß eine meiner Patientinnen gesund wurde, nachdem sie dir ihre Sorgen übertragen hatte. Warum soll ich dann noch Arzt sein? Warum den Menschen dann nicht einfach Liebe beibringen?« Und Gott sagte mit seiner wunderbar sanften, melodischen Stimme zu mir: »Bernie, gib dem Arzt, was des Arztes ist, und gib Gott, was Gottes ist.« (Ich stelle fest, daß Gott häufig so spricht – er verwendet Parabeln, und man steht da und weiß zuerst gar nicht, was los ist.) Aber inzwischen habe ich begriffen, daß Gott und ich beide dazu da sind, Menschen wieder gesund werden zu lassen.

Ich möchte Ihnen eine alte Geschichte erzählen, damit Sie verstehen, was ich damit meine. Ein krebskranker Mann erfährt von seinem Arzt, daß er nur noch eine Stunde zu leben hat. Er läuft zum Fenster, sieht hinauf in den Himmel und sagt: »Lieber Gott, rette mich.« Und aus dem blauen Himmel heraus ertönt diese wunderbar melodische Stimme und sagt: »Mach dir keine Sorgen, mein Sohn. Ich werde dich retten.« Der Mann legt sich wieder in sein Bett und ist zuversichtlich. Sein Arzt ruft mich an, und ich gehe hin und sage: »Wenn ich innerhalb der nächsten Stunde operiere, kann ich Sie retten.« »Nein, danke, nicht nötig«, erwidert der Mann. »Gott wird mich retten.« Dann erklären ihm ein Onkologe, ein Strahlentherapeut und ein Ernährungstherapeut: »Wir können Sie retten.« »Nicht nötig. Gott wird mich retten« ist alles, was er sagt.

Nach einer Stunde stirbt der Mann. Als er in den Himmel kommt, geht er zu Gott und sagt: »Was ist passiert? Du hast gesagt, du würdest mich retten, und jetzt bin ich hier, tot.«

»Du Dummkopf. Ich habe dir einen Chirurgen geschickt, einen Onkologen, einen Strahlentherapeuten und einen Ernährungstherapeuten.« Wenn sich der Patient für ihn entscheidet, hat auch der »Mechaniker« seine therapeutische Funktion. Ich kann Gottes Geschenk und sein Werkzeug sein, genauso wie die Bibel es von medizinischer Behandlung sagt.

In der ECaP haben wir festgestellt, daß für die Heilung einer gefährlichen Krankheit vier Arten des Glaubens wichtig sind:

der Glaube an sich selbst, an den Arzt, an die Therapie und der eigene spirituelle Glaube. Über die ersten drei haben wir schon gesprochen, aber der letzte ist in mehrfacher Hinsicht ein Schlüssel für die anderen, auch wenn er für die meisten von uns nur selten zu erringen ist.

Das »spirituelle Leben« hat viele Bedeutungen. Es muß sich nicht in der Hingabe zu irgendeiner organisierten Religion widerspiegeln, und wir alle wissen auch, daß manche nach außen höchst ehrfürchtige Menschen kein bißchen spirituell sind. Diese Menschen hängen anderen nur »geistige Geschwüre« an, wie es ein Teilnehmer einer meiner Arbeitsgruppen ausdrückte. Vom Standpunkt des Heilenden betrachte ich Spiritualität als etwas, was den Glauben an irgendeine Bedeutung oder Ordnung im Universum beinhaltet. Die Kraft hinter der Schöpfung sehe ich als eine liebende, intelligente Energie an. Manche nennen sie Gott, für andere handelt es sich vielleicht nur um eine Quelle des Heilens. Aus ihr kommt die Fähigkeit, Frieden zu finden, die offensichtlichen Gegensätze zwischen den Emotionen und der Realität zu lösen, zwischen Innen und Außen. Spiritualität bedeutet die Annahme dessen, was ist (nicht zu verwechseln mit Resignation oder Anerkennung des Bösen). Jesus hat uns gesagt, daß wir unsere Feinde lieben sollen, und nicht, daß wir sie gern haben oder gar keine haben sollen. In einem verlassenen ausgebombten Haus in Deutschland fanden am Ende des Zweiten Weltkrieges Soldaten der alliierten Truppen einen Beweis für diesen Glauben, der von einem Holocaust-Opfer in die Wand des Kellers geritzt worden war:

Ich glaube an die Sonne – auch wenn sie nicht scheint;
Ich glaube an Liebe – auch wenn sie nicht gezeigt wird;
Ich glaube an Gott – auch wenn er nicht spricht.

Spiritualität bedeutet die Fähigkeit, in einer unvollkommenen Welt Frieden und Glück zu finden und das Gefühl zu haben, daß die eigene Persönlichkeit zwar unvollkommen, aber akzeptabel ist. Aus diesem friedlichen Zustand des Geistes kommen sowohl Kreativität als auch die Fähigkeit, selbstlos zu lieben – die beide Hand in Hand gehen. Akzeptanz, Glauben, Vergebung, Frieden und Liebe sind die Merkmale, die für mich Spiritualität bedeuten. Diese charakteristischen Eigenschaften sind *immer* bei Menschen zu finden, die eine unerwartete Heilung von einer schweren Krankheit erfahren.

Die meisten Ärzte »versuchen es« nicht »mit Gott«, bis der Patient fast tot ist. Dann verschreiben sie ihm vielleicht Hoffnung und ein Gebet. Ich halte es für weitaus günstiger, schon früher eine Verbindung zu dem spirituellen Glauben des Patienten herzustellen, weil es dann leichter ist. Jeder, für den die Welt im wesentlichen schön ist – selbst wenn sie nicht durch Gott geschaffen wurde –, hat einen Grund, in ihr zu verweilen. Jemand, der an eine gütige höhere Macht glaubt, hat einen Grund zu hoffen – und Hoffnung ist etwas Physiologisches.

Offenbar hat Religion für jeden Menschen eine andere »medizinische Bedeutung«. Diejenigen Menschen, die nach außen hin so tun, als besäßen sie einen Glauben, nur weil ihre Eltern es so gehalten haben oder weil es sich für ihre gesellschaftliche Stellung günstig erweist, werden höchstwahrscheinlich nicht wirklich daran glauben, daß er sie auch heilen kann. Manchmal kommt es sogar vor, daß Religion zu einem negativen Faktor wird. Manche Menschen denken: »Wenn Gott mir diese Krankheit gegeben hat – wie komme ich dann dazu, wieder gesund werden zu wollen?« Ein Glaube, der sich stark an Schuldgefühle lehnt, an Sünde und an Vorausbestimmung, ist für Heilung von geringem Nutzen. Genauso schwer ist es, im Leben Frieden zu finden, wenn man glaubt, daß der Tod ein bedeutungsloses Ende oder aber die irdische Existenz unwesentlich sei. Daher spreche ich lieber von Spiritualität als von Religion, um doktrinäre Einschränkungen zu vermeiden. Auf keinen Fall darf man irgend jemandem ein klischeehaftes Bild von Gott aufzwingen. In der ECaP bemühen wir uns vielmehr, das Positive im Glauben des Patienten nutzbar zu machen.

Ich möchte an dieser Stelle den Unterschied zwischen passivem Wünschen und aktiver Hoffnung hervorheben. Hoffen bedeutet, darauf zu achten, daß das gewünschte Ergebnis auch möglich ist, und dann darauf hinzuarbeiten. Wünschen bedeutet, sich einfach hinzusetzen und darauf zu warten, daß aus heiterem Himmel ein Wunder geschieht. C. G. Jung hat einmal gesagt, daß zur Erweiterung des Bewußtseins erst auf eine kindhafte Naivität verzichtet werden muß, und verglich diesen Prozeß mit dem Auszug aus dem Paradies. Ich bestärke meine Patienten darin, an Gott zu glauben, halte sie aber an, nicht zu erwarten, daß er nun die ganze Arbeit übernimmt.

Ich denke an Gott als eine potentielle heilende Kraft – intelligente, liebende Energie oder Licht –, die im Leben aller Menschen vorhanden ist. Selbst Wissenschaftler sagen uns heute, daß Energie Intelligenz besitzt. Der Physiker Carl Pribram erklärte: »Das Universum muß uns wohlgesinnt sein, es hat uns die Physik gegeben, so daß wir verstehen können, was all diejenigen, die schon vor uns da waren, bereits wußten.« Ich würde vorschlagen, daß Patienten ihre Krankheit nicht als den Willen Gottes ansehen, sondern als eine Abweichung vom Willen Gottes. Ich glaube, daß mangelnde Spiritualität zu Schwierigkeiten führt. Ich weiß, daß viele Patienten, wenn sie eine Krankheit bekommen oder eine Krankheit erneut auftritt, auf Gott böse sind. Es ist wichtig, sich mit Gott streiten zu können, wie es im Judentum Tradition ist. Anhaltende hilflose Wut auf das Universum jedoch kann unmöglich zu Heilung führen. Gott sitzt nicht mit seinem Notizblock dort oben im Himmel und sagt: »Mal sehen, wem ich heute Ärger machen kann.« Im Gegenteil, Gott ist eine Energiequelle, die immer Hoffnung und Glauben bereithält. Eines Tages müssen wir alle sterben, aber wenn wir uns für die spirituelle Art entscheiden, die jedem von uns offensteht, wird unser Leben schöner sein.

Bedingungslose Liebe

Viele Menschen, vor allem Krebspatienten, wachsen in dem Glauben auf, daß sie tief in ihrem Innern fehlerhaft seien, mit einem Defekt, den sie verbergen müssen, wenn sie auch nur die geringste Chance auf Liebe haben wollen. Sich ungeliebt zu fühlen, zu Einsamkeit verdammt, falls das wahre Ich bekannt wird: Menschen, die so denken, errichten Abwehrsperren, um ihre innersten Gefühle mit niemandem teilen zu müssen. Sie spüren, wie ihre Fähigkeit zu lieben schrumpft, was zu neuer Verzweiflung führt. Dostojewski hat dieses Gefühl mit folgenden Worten beschrieben: »Ich bin davon überzeugt, daß die einzige Hölle, die es gibt, die Unfähigkeit zu lieben ist.« Die Menschen, die davon betroffen sind, spüren eine tiefe Leere in ihrem Innern und sehen jede Beziehung und jeden Kontakt, den sie haben, als etwas an, das sie *bekommen*, etwas, womit sie die rätselhafte Leere füllen können. Sie geben Liebe nur unter der Bedingung, daß sie etwas dafür bekommen – Wohlbehagen, Sicherheit, Lob oder eine ähnliche Liebe. Diese »Wenn«-Liebe ist anstrengend und hindert einen daran, das wahre Ich zum Ausdruck zu bringen. Sie führt zu einem noch tieferen Gefühl von Leere – ein Teufelskreis, aus dem es kein Entkommen gibt.

Ich glaube, daß jede Krankheit letzten Endes mit fehlender Liebe zu tun hat oder mit Liebe, die nur bedingt ist, weil beides das Immunsystem schwächt und zu physischer Verwundbarkeit führt. Ich habe auch das Gefühl, daß Heilen immer mit der Fähigkeit verbunden ist, bedingungslose Liebe zu geben und zu akzeptieren. Diese These wurde durch eine meiner Patientinnen, eine Sekretärin namens Sherry, die Gebärmutterhalskrebs hatte, auf erstaunliche Weise bestätigt.

Sherry fühlte sich als Kind von ihrer Stiefmutter nicht geliebt und entwickelte als junges Mädchen eine starke Bindung zu einer Lehrerin. Eines Tages erzählte Sherry in der Turnhalle einigen Freundinnen, daß sie Mrs. Johnson liebe. Und die Kinder erzählten es der Lehrerin. »Sherry liebt Sie.« Sie ließ Sherry in ihr Büro kommen.

»Sherry, liebst du mich aus der Nähe oder von weitem?« fragte Mrs. Johnson. Das Mädchen verstand nicht, was die Lehrerin meinte, und sagte daher: »Aus der Nähe.«

Daraufhin rief Mrs. Johnson Sherrys Stiefmutter an und teilte ihr mit, daß ihre Tochter lesbisch sei. Als Sherry aus der Schule heimkam, erfuhr sie von ihrer Stiefmutter, was geschehen war. Später sagte sie zu mir: »Ich wußte nicht, was ›lesbisch‹ bedeutet, aber ich verstand, daß man durch Liebe in Schwierigkeiten gerät. Daher beschloß ich, nicht mehr zu lieben.«

Sherry verlor all ihre Freunde und wurde so einsam und verzweifelt, daß sie »von zu Hause weglief, auf die Straße, in der Hoffnung, daß die Menschen sie von ihren Fenstern aus sahen und ihr zuwinkten«. Als sie schließlich heiratete, vermochte sie nicht an die Liebe ihres Mann zu glauben und fragte ihn wieder und wieder, ob er sie wirklich liebe. »Ich weiß genau, daß er mich verlassen hätte, wenn ich nicht an Krebs erkrankt wäre«, sagte sie.

Die Krankheit wie auch die Gruppentherapie in der ECaP ermöglichten es Sherry, ihre Einstellung zu ändern. Sie öffnete ihr Herz und ließ Liebe herein, sie belebte ihre Ehe und wehrte sich gegen ihre Krankheit.

Sie machte Fortschritte, ging sogar wieder zur Arbeit – bis zu ihrem Geburtstag. Sie hatte sechs Kinder, die wie ihr Ehemann und ihr Schwiegervater alle mit ihr in einem Haus wohnten, aber Sherry bekam kein einziges Geschenk. Jeder hatte dafür einen Grund, aber eigentlich bedeutete es, daß alle dachten: »Wir gewöhnen uns allmählich daran, wie es ist, wenn du tot bist.« Sie verbarg ihren Kummer und ihre Verzweiflung, und zwei Monate danach trat die Krankheit erneut auf.

Als ich sie kurz darauf besuchte, sagte sie, sie sei »so entsetzt wegen des Sterbens, weil ich doch gern beweisen möchte, daß das, was Sie tun, richtig ist«. Sie wollte noch immer aus den falschen Gründen am Leben bleiben – um anderen Menschen einen Gefallen zu tun anstatt sich selbst. Und alles nur, weil sie in ihrer Jugend nicht wirklich geliebt worden war. Sherry und ihr Mann waren niemals fähig, ihre tiefsten Gefühle miteinander zu teilen, obgleich ich mich immer wieder bemühte, ihnen dabei zu helfen. Als ich einmal ganz in der Nähe von Sherrys Büro einen Vortrag hielt, gab ich Bescheid, daß ich ihn ihr widmen würde, und hoffte, daß die ganze Familie kommen würde. Ihr Mann schrieb mir: »Es tut mir leid, aber an diesem Abend habe ich keine Zeit. Rufen Sie mich doch an, wenn Sie Lust haben.« Allerdings stand auf der Mitteilung weder ein Name noch eine Adresse und schon gar keine Telefonnummer. Die unbewußte Botschaft lautete: »Rufen Sie mich nicht an.«

Wenn ich Menschen dazu bringen kann, sich selbst als individuelle Ganzheit zu akzeptieren und als so liebenswert, wie sie es tatsächlich sind, dann sind sie auch fähig, aus ihrer inneren Kraft heraus Liebe zu geben. Dann können sie auch feststellen, daß bedingungslose Liebe nicht aus irgendeinem begrenzten emotionalen Speicher kommt, sondern daß sie sich vervielfacht. Geben ist ein gutes Gefühl, auch für den Empfänger, der früher oder später etwas zurückgeben wird. Walt Whitman schrieb darüber:

Manchmal, in Liebe vereint, fülle ich mich mit Zorn,
aus Angst, Liebe ins Leere zu verströmen.
Jetzt aber weiß ich, Liebe geht niemals leer aus.
Die Belohnung ist sicher, ob so oder so.
(Einst liebte ich jemanden voller Inbrunst, und meine Liebe
blieb unerwidert.
Doch gerade daraus habe ich meine Lieder geschrieben.)

Eine der unmittelbaren Belohnungen ist eine »Lebensbotschaft« an den Körper. Ich bin überzeugt, daß bedingungslose Liebe das mächtigste uns bekannte Belebungsmittel für das Immunsystem ist. Wenn ich meine Patienten auffordern würde, ihr Immunglobulin oder ihre Killer-T-Zellen zu vermehren, würde keiner von ihnen wissen, wie er es anstellen soll. Aber wenn ich ihnen beibringen kann, sich selbst und andere voll und ganz zu lieben, dann finden automatisch dieselben Veränderungen statt. Denn Liebe hat tatsächlich Heilkraft.

Das habe ich vor vielen Jahren während meiner Zeit als Assistenzarzt im Krankenhaus intuitiv erkannt. Ein Mann mit schwerer Staphylokokkenpneumonie und Empyem (einer Ansammlung von Eiter in der Brust) hatte einen Herzstillstand. Ich gab ihm Mund-zu-Mund-Beatmung. Als ich aus dem Zimmer kam, schüttelten die Krankenschwestern alle den Kopf und sagten: »Sie werden noch selbst krank werden. Wie konnten Sie das tun?« Ich hatte damals das Gefühl, daß mein Körper der Infektion widerstehen würde, weil ich aus Liebe gehandelt hatte, und tatsächlich habe ich mich nicht angesteckt.

Jahre später hörte ich von einer fast identischen Erfahrung, die Dr. Jerry Jampolsky vom Center for Attitudinal Healing in Tiburon in Kalifornien gemacht hatte. Als Teil seiner Ausbildung wurde Jerry in ein Lungensanatorium geschickt. Er hatte Angst, sich dort anzustecken, und beschloß, nach einem tiefen Atemzug die Luft möglichst drei Monate lang anzuhalten, sobald er dort war ... Eines Nachts wurde er zu einer Frau mit einer offenen Tuberkulose gerufen, die gerade einen massiven Lungenblutsturz und Herzstillstand erlitten hatte. Er gab ihr Mund-zu-Mund-Beatmung, und die Krankenschwestern waren überzeugt, er werde jetzt selbst Tuberkulose bekommen. Doch er blieb gesund, und ihm wurde klar, daß er nicht verwundbar war, solange er aus Liebe handelte. Ich wurde durch seine Erkenntnis in meiner Überzeugung bestärkt, und ich weiß jetzt auch, warum Mutter Teresa und viele hingebungsvolle Krankenschwestern tagaus, tagein unter Hunderten von kranken, infizierten Menschen arbeiten können, ohne selbst krank zu werden.

Wissenschaft und die Heilkraft des Geistes

Obgleich die Liebe der wissenschaftlichen Forschung nur schwer zugänglich ist, findet sie in der medizinischen Forschung mehr und mehr eine Bestätigung ihrer Wirkung. An der Menninger Foundation in Topeka, Kansas, wurde bei Personen, die im romantischen Sinn verliebt sind, ein reduzierter Milchsäuregehalt im Blut festgestellt, was bedeutet, daß sie weniger Müdigkeit verspüren, und ein höherer Adrenalingehalt, durch den sie euphorisch und weniger schmerzempfindlich sind. Zudem reagieren ihre weißen Blutkörperchen besser auf Infektionen, so daß die betreffenden Personen nicht so oft an Erkältungserkrankungen leiden. Dr. Fred Cornhill und Murina Levesque vom Ohio State University College of Medicine berichteten 1979, daß bei Kaninchen, die mit ihrer Nahrung große Mengen Cholesterin zugeführt bekommen, »durch zarte und liebevolle Fürsorge« das Auftreten von Arterienverkalkung und das Risiko eines Herzinfarkts um etwa 50 Prozent reduziert wird. Wir wissen auch, daß Kinder, die keine Liebe empfangen, dahinsiechen und sterben, selbst wenn sie die beste sanitäre Hilfe und gute Ernährung erhalten. Den Grund dafür stellte Dr. Christopher Coe aus Stanford fest, der den Beweis erbrachte, daß das Immunsystem junger Affen geschwächt wird, wenn sie von ihren Müttern getrennt werden.

1982 stellten die Harvard-Psychologen David McClelland und Carol Kirshnit fest, daß sogar Kinofilme, die von Liebe handeln, den Immunglobulin-A-Spiegel im menschlichen Speichel, dem ersten Abwehrmechanismus gegen Erkältungen und andere Viruserkrankungen, erhöhen. Ein Propagandafilm der Nazis und mangelnde Bewegung erzielten keine Wirkung, aber eine Dokumentation über die Arbeit von Mutter Teresa erzeugte einen starken Anstieg des Immunglobulins – vor allem bei Menschen, die von Altruismus motiviert sind. Allerdings bestand kein Zusammenhang zu ihrer bewußten Vorliebe für Mutter Teresa oder auch zu ihrer bewußten Ablehnung, was darauf hinausläuft, daß die Bilder liebevoller Tätigkeit ihre Wirkung auf einer unbewußten Ebene erzielten. Obwohl die Veränderungen im Blut nicht länger als eine Stunde bestehenblieben, ließen sie sich noch durch die Aufforderung an die Testpersonen verlängern, an eine Zeit in ihrem Leben zu denken, in der sie von jemandem versorgt worden waren.

Einige der aufschlußreichsten Arbeiten wurden von Jack Medalie und Uri Goldbourt in Israel durchgeführt. Die beiden Forscher untersuchten zehntausend Männer mit dem typischen Angina-pectoris-Risiko: Herzrhythmusstörungen, verbunden mit einem starken Gefühl von Angst. Medalie und Goldbourt verwendeten psychologische Tests und Fragebögen, um herauszufinden, welche anderen Faktoren bei dieser Krankheit eine Rolle spielen. Die genauesten Voraussagen ergaben sich bei »Nein«-Antworten auf die Frage: »Zeigt Ihnen Ihre Frau ihre Liebe?« Darüber hinaus hat Leo Buscaglia darauf hingewisen, daß aufgrund der Untersuchungen von Versicherungsgesellschaften Männer, die von ihrer Frau morgens zum Abschied einen Kuß bekommen, weniger Autounfälle haben und durchschnittlich fünf Jahre länger leben.

Leider besteht nicht immer ein direkter Zusammenhang zwischen spiritueller Veränderung oder der Anzahl weißer Zellen und der Heilung einer Krankheit. Doch es geht in erster Linie darum, zu lieben, weil man sich dabei wohl fühlt, nicht weil man dadurch etwa ewig leben würde. Liebe ist das Ziel, nicht das Mittel. Liebe macht das Leben lebenswert, wie lange es auch währt.

Aber obwohl die Lebensqualität das wichtigste ist, wollen die Menschen es natürlich auch quantitativ erweitern. Die meisten Menschen, denen wir geholfen haben, sich infolge einer Krankheit zu ändern – und von denen in diesem Buch die Rede ist –, und viele tausend andere, die ihnen gleichen, haben die Erwartungen ihrer Ärzte weit übertroffen. Durch ihr eigenes Leben haben sie bewiesen, daß Liebe und authentische Spiritualität das Leben sowohl verlängern als auch bereichern. Und dieser rein menschliche Aspekt ist es, der vor allem anderen zählt. Eine kleine, aber ständig wachsende Anzahl Forscher ist darum bemüht, diesen schwierigsten aller Forschungsgegenstände auf eine wissenschaftliche Basis zu stellen. Die Resultate – wenngleich vorläufig – unterstreichen, was außergewöhnliche Patienten bereits wissen.

Die durchschnittliche Überlebensdauer der Patienten, mit denen die Simontons zusammengearbeitet haben, ist ungefähr zweieinhalbmal größer als die vergleichbarer Patienten, denen nur die üblichen medizinischen Behandlungen zuteil wurden. Ungefähr 10 Prozent ihrer Patienten bleiben über die nach der üblichen Definition einer Krebsheilung geltenden fünf Jahre hinaus gesund – eine außerordentlich hohe Rate im Vergleich zu der von selbstinduzierten Heilungen bei schwerkranken oder als »hoffnungslos« eingestuften Krebspatienten im allgemeinen. Trotzdem müßte diese Zahl noch viel höher liegen. Diese Patienten sind selbstbestimmend, sie haben große Entfernungen zurückgelegt, um sich an dem Programm zu beteiligen, und sie haben viel Energie darauf verwendet. Ich bin überzeugt, daß die Überlebensrate bei solchen stark motivierten Patienten sogar noch höher sein könnte, wenn dem spirituellen Wachstum und den Therapieprogrammen mehr Gewicht beigemessen würde.

Dr. Kenneth Pelletier hat mit einer ganzen Reihe Patienten, die trotz schlechter Aussichten geheilt wurden, eine psychologische Untersuchung durchgeführt. Dabei stieß er auf fünf charakteristische Merkmale, die alle von ihnen aufwiesen:

1. Tiefgreifende psychische Veränderungen durch Meditation, Gebet oder andere spirituelle Praktiken.
2. Tiefgreifende interpersonelle Veränderungen – als Folge davon: Ihre Beziehungen zu anderen Menschen sind auf eine solidere Basis gestellt worden.
3. Veränderte Ernährung: Die Nahrung wurde nicht mehr unbesehen hingenommen, sondern nach optimalem Nährstoffgehalt zusammengestellt.
4. Ein ausgeprägtes Gefühl für die spirituellen und materiellen Aspekte des Lebens.
5. Das Bewußtsein, daß ihre Genesung weder ein Geschenk noch eine spontane Remission darstellt, sondern nach einem langen harten Kampf erzielt wurde, den sie für sich selbst gewonnen haben.

1977 führte eine Forschergruppe unter der Leitung von Dr. Edward Gilbert vom Presbyterian Medical Center in Denver eine der ersten kontrollierten Untersuchungen durch, bei der es um die psychologische Behandlung von Krebspatienten ging. Gilbert und seine Mitarbeiter baten einige Ärzte unabhängig voneinander, eine Gruppe von 48 Patienten zu untersuchen und vorauszusagen, wie lange sie noch zu leben hätten, wenn die üblichen medizinischen Therapien angewandt würden. Die Patienten begannen mit einem achtwöchigen Programm, das individuelle wie auch Gruppentherapie, Biofeedback, Meditation und Visualisierung umfaßte. Dann testeten Psychiater, die ansonsten an der Studie nicht beteiligt waren, die Patienten auf die Frage hin, wer von ihnen die positivsten Veränderungen vorgenommen hatte. Fünf Patienten hatten sich nach dieser Einstufung am wesentlichsten verändert, und vier von diesen fünf übertrafen alle medizinischen Erwartungen. Von den restlichen fünfundzwanzig aus der Gruppe überlebte nur einer die ursprüngliche Prognose um die doppelte Zeit.

In der ECaP wurde an Brustkrebspatientinnen von dem Medizinstudenten George Gellert und dem Epidemiologen Hall Morgenstern von der Yale University eine statistische Untersuchung durchgeführt. Daraus ging hervor, daß die durchschnittliche Überlebenszeit während der darauffolgenden Zeit erstaunlich größer war als die von Mitgliedern einer Vergleichsgruppe. Allerdings hatten sehr viele ECaP-Miglieder die Prognosen bereits überlebt, bevor sie sich der Gruppe anschlossen – so daß wir es mit einem Prozeß der Selbstauswahl zu tun haben, der die Resultate zu einem erheblichen Teil beeinflußt. Am Ende seiner Untersuchung stellte Morgenstern fest, daß neue Patienten, die sich der ECaP angeschlossen haben, tatsächlich eine höhere Überlebensrate aufzuweisen beginnen – eine Tatsache, die einer genauen Beobachtung und weiterer Überprüfung bedarf, wie wir sie auch bereits planen.

Liebe läßt sich nicht einfach unter ein Mikroskop legen, und da ich praktizierender Arzt bin, der sich bemüht, den Menschen hin und wieder helfen zu können, ziehe ich es vor, mit dem einzelnen Patienten und wirksamen Techniken umzugehen, und überlasse es lieber anderen, sich um die Statistik zu kümmern. Für diese Forschungen gibt es auch kaum Förderungsgelder, aber das wird sich sicherlich ändern, wenn die Psychoneuroimmunologie erst einmal in umfassenderem Maß akzeptiert wird. Diese Forschungen wirken sich allmählich immer mehr auf die medizinische Pflege aus, und ich glaube, daß wir eines Tages die physiologische und psychologische Wirkung der Liebe so gut verstehen werden, daß wir diese mächtige Energie noch viel stärker einsetzen können. Wenn sie wissenschaftlich nachgewiesen ist, wird sie auch voll akzeptiert werden.

Wenn Ärzte und Patienten die heilende Macht der Liebe verstehen, werden wir der Medizin eine weitere Dimension hinzufügen. Dann werden wir uns auf dem Weg zu der wunderbaren Verheißung befinden, die Teilhard de Chardin mit folgenden berühmten Worten ausgesprochen hat:

> Wenn wir eines Tages die Winde, die Wellen, die Gezeiten und die Schwerkraft gemeistert haben, werden wir für Gott die Energien der Liebe nutzbar machen. Dann wird der Mensch zum zweiten Mal in der Geschichte der Welt das Feuer entdeckt haben.

Emotionale Unterstützung

Wir laden die Ehepartner, Verwandten und Freunde von Patienten ein, an ECaP-Treffen teilzunehmen, weil es für die Patienten viel schwerer ist, sich zu ändern, wenn die Menschen, die sie lieben, weiter nach den alten Mustern leben. Ideal wäre es, wenn die ganze Familie oder die erweiterte Familie als Einheit behandelt würde. Wir müssen wissen, daß in gewisser Hinsicht *jeder* die Krankheit hat, auch wenn nur ein Familienmitglied direkt davon betroffen ist. In Gruppensitzungen können wir den Menschen oft klarmachen, wie destruktive Verhaltensmuster sich gegenseitig beeinflussen und einander bestärken und wie heilsam Liebe ist. Bekannt ist auch, daß es den Menschen hilft, eine Krise zu überstehen, wenn sie ihr Interesse von sich selbst auf andere lenken. Der Londoner Soziologe George W. Brown berichtete 1975, daß aufgrund psychiatrischer Untersuchungen »eine intime und vertrauensvolle (aber nicht unbedingt sexuelle) Beziehung zu einem Ehemann oder Freund« das Auftreten von Depressionen bei Frauen, die unter starkem Streß standen, verringerte. 1979 legten L. F. Berkman und S. L. Syme eine langfristige Arbeit vor, die sich auf 4725 Erwachsene im Alameda County in Kalifornien bezog. Sie untersuchten die Auswirkungen von Ehe, Kirche, Club-Mitgliedschaft und Freunden, wobei sie andere Faktoren wie Rauchen, Übergewicht und frühere Gesundheitsprobleme statistisch kontrollierten. Die Forschungen ergaben, daß Menschen mit wenig sozialen Kontakten zweiundeinhalbmal so große Todesraten aufwiesen wie andere, die ein geselliges Leben führten. Menschen mit Haustieren leben nach einem Herzanfall länger als solche ohne Haustiere, und fast jedem ist ein Fall bekannt, bei dem ein Schwerkranker seinen Tod bis nach Weihnachten, nach einem Wiedersehen und nach einem Geburtstag hinausgeschoben hat.

Die Liebe anderer Menschen ist stets sehr hilfreich. Aber in gewisser Hinsicht ist ein Leben *für* andere eine Art »Trick«, ein Notbehelf wie ein operativer Eingriff oder die Chemotherapie, womit man Zeit gewinnen kann, bis man gelernt hat, wirklich für sich selbst zu leben.

Wir alle wissen, daß es am wichtigsten ist, jemanden zu haben, dem wir vertrauen können, und neuere Untersuchungen haben ergeben, daß ein offenes Bekenntnis sowohl dem Körper als auch der Seele guttut. Mehrere statistische Untersuchungen haben gezeigt, daß Menschen, die sich einer Psychotherapie unterziehen, nicht so oft zum Arzt gehen wie Menschen ohne eine Therapie.

In Versuchen, die Anfang der achtziger Jahre durchgeführt wurden, hat James Pennebaker, Psychologe an der Southern Methodist University, gezeigt, daß geteilte Sorgen dazu beitragen, Menschen vor dem Streß eines Verlusts zu beschützen. Pennebaker hat Männer und Frauen beobachtet, deren Ehepartner Selbstmord begangen hatten oder bei Autounfällen ums Leben gekommen waren, und festgestellt, daß diejenigen, die mit ihrem Kummer allein fertig zu werden versuchten, im Durchschnitt eine höhere Krankheitsrate aufwiesen, während diejenigen, die ihre Sorgen mit jemandem teilten, keine zusätzlichen Gesundheitsprobleme hatten. In einer anderen Untersuchung erklärte Pennebaker seinen freiwilligen Mitarbeitern, daß er sie auffordern würde, von einem traumatischen Ereignis in ihrem Leben zu sprechen, entweder auf Tonband oder in einer Art Beichtstuhl. Als er sie dann zuerst bat, einige triviale Ereignisse zu schildern, zeigten die physiologischen Messungen, daß sie unter Streß standen, als er sie aber später aufforderte, von der schrecklichen Tragödie zu erzählen, entspannte sich ihr Körper völlig – obwohl viele weinten und starke Gefühle zeigten.

Auch Schreiben scheint zu helfen. Studenten, die über ihre Traumata schrieben, suchten in den darauffolgenden sechs Monaten nicht so häufig einen Arzt auf wie andere, die über weniger wichtige Themen schrieben. Ein Tagebuch zu führen bringt uns mit unseren Gedanken in Berührung. Tatsächlich handelt es sich dabei um eine Art Meditation. Wenn ich vorschlage, ein Tagebuch zu führen, dann meine ich damit nicht, daß jemand schreibt, wo er an diesem oder jenem Tag hingegangen ist, sondern was er an einem ganz bestimmten Tag gedacht hat. Dadurch wird uns nämlich bewußt, wie aktiv unsere Gedanken sind, während wir ihnen gar keine Aufmerksamkeit schenken – beim Duschen oder Essen. Ein Tagebuch kann uns helfen, daß wir all diese Gedanken bewußt erleben und von ihnen lernen.

Die Menschen aus dem emotionalen Umfeld eines Patienten müssen oft ebenso umlernen. Viele wissen einfach nicht, wie sie mit jemandem reden sollen, der eine lebensgefährliche Krankheit hat. Wirklich wichtig ist im Grunde genommen nur ein ehrlicher Optimismus. Patienten benötigen Menschen, die ihnen dabei helfen, ihre Hoffnungen und ihre Freude am Leben zu bewahren. Aber die Patienten müssen ihre Freunde und die Menschen, die sie lieben, häufig erst daran erinnern, daß der Entschluß, ständig aufgekratzt und fröhlich zu sein, auch wenn es in Wirklichkeit ganz anders um einen bestellt ist, falsch ist und destruktiv sein kann. Dieses Verhalten kommt von der Angst vor Invalidität und Tod, wie sie Gesunde gegenüber Krankheit an sich empfinden. Das ist eine ganz natürliche Reaktion, aber man muß sich ihr stellen, und auf diesem Gebiet können Gruppensitzungen sehr hilfreich sein. Beyhan Lowman, die 1978 mit einunddreißig Jahren an Krebs starb, hinterließ *A Spirit Soars*, eine wunderbare Anleitung für Menschen, die sich der gleichen Situation gegenübersehen. Sie hebt in ihrer Broschüre das Bedürfnis des Patienten nach Ehrlichkeit hervor:

> Obwohl sich alle um mich herum bemühten, fröhlich und optimistisch zu sein, hatte es auf mich genau die gegenteilige Wirkung. Plötzlich in eine Situation versetzt zu werden, in der sich alle nur positiv verhielten, während ich doch an allem um mich herum erkannte, daß ich gar nicht mehr dazugehörte.
>
> Die Ärzte und Krankenschwestern, die sich um mich kümmerten, konnten nicht immer bei bester Laune sein. Sie müssen es leid gewesen sein, mich ständig im Bett auf die andere Seite zu wenden oder meine Klagen mitanzuhören. Aber das bekam ich nie zu sehen. Der Laborant, der die Blutproben entnahm, muß frustriert gewesen sein, weil meine Venen so hart waren, daß er sie kaum finden konnte. Aber er lächelte stets durch zusammengebissene Zähne. Oft

konnte ich hören, wie sich das Krankenhauspersonal aufgeregt vor meiner Tür unterhielt. Aber wenn sie dann in mein Zimmer kamen, erschienen sie mir wie Schauspieler, die mit ihrer wohleinstudierten Rolle die Bühne betraten.
Genauso war es mit meiner Familie und mit meinen Freunden. Alle versuchten zu helfen, indem sie mir erzählten, wie wunderbar und mutig ich sei. Selbst mein Lebenspartner behandelte mich anders als sonst. Ich wußte, daß er es irgendwie als Ungerechtigkeit empfinden mußte, eine Beziehung mit einer Sterbenden zu haben – eine Entwicklung, auf die er sich nicht bewußt eingelassen hatte. Aber das brachte er mir gegenüber nie zum Ausdruck. Natürlich handelte er in der Absicht, mich zu schonen, aber ich hätte noch so viel mit ihm zu bereden gehabt. Anstatt seine Gefühle zu erforschen und auf diese Weise am Leben teilzuhaben, ließ ich zu, mich durch sein Schweigen ausgeschlossen zu fühlen.

Da eine Krankheit gewöhnlich irgendwelche psychischen Bedürfnisse des Patienten erfüllt, ist es wichtig, ganz bestimmte Veränderungen herbeizuführen, wie sie von den Simontons aufgeführt wurden:

1. Der Patient muß dazu angehalten werden, aktiv zu sein und etwas für sich selbst zu tun.
2. Man muß darüber reden, wenn der Patient Fortschritte macht. Man darf sich von den Schwierigkeiten nicht so beeinflussen lassen, daß man am Ende nur noch Anzeichen von Krankheit sieht.
3. Man muß sich mit Dingen beschäftigen, die mit der Krankheit nichts zu tun haben.
4. Die neu geschaffene Beziehung auf einer tieferen Ebene muß auch weiter bestehenbleiben, wenn es dem Patienten wieder bessergeht.

Wichtig ist auch, daß Paare während der Krankheit weiterhin irgendeine physische Intimität aufrechterhalten. Viele ältere, schwerkranke Menschen leiden häufig an mangelndem »Hautkontakt«, sie »verhungern« buchstäblich, weil sie mit dem Leben nicht mehr in Berührung sind. Falls sexueller Verkehr nicht möglich ist, kommen alternative Möglichkeiten in Frage, die innerhalb des gegebenen Rahmens und unter den jeweiligen Verhältnissen an seine Stelle treten können. Zärtlichkeiten, Umarmungen, Küsse und sich an den Händen zu halten, sind *immer* möglich. Eine meiner Patientinnen hatte Bauchwassersucht, eine Schwellung des Unterleibs, so daß es ihr Unbehagen bereitete, wenn ihr Mann dagegenstieß. Daher erfand sie eine Methode, nach der sie sich küssen und an Schultern und Knien berühren konnten, ohne Druck auf ihren Bauch auszuüben.

Ich finde, daß die Wiederaufnahme von Liebe – durch Berührungen und Zärtlichkeiten, nicht unbedingt durch sexuelle Aktivität – nach einer Operation oder Krankheit ein ganz wesentliches Zeichen ehelicher Unterstützung für die Genesung ist, vor allem nach Operationen wie etwa einer Brustamputation. Ehepartner benötigen oft Beratung, um sich an derartige Veränderungen am Körper ihrer Frau zu gewöhnen – das ist ein weiterer Grund, weshalb Gruppen wie die ECaP so unschätzbar wichtig sind. Wenn ein Ehepaar derartige Hindernisse überwinden kann, wissen beide von da an, daß sie sich eine unerschütterliche Grundlage für das weitere gemeinsame Leben geschaffen haben. Richard Selzer schrieb in einem Essay mit dem Titel *Lessons from the Art of Surgery* über diese enge Verbindung:

> Die junge Frau spricht. »Wird mein Mund jetzt immer so bleiben?« fragt sie.
> »Ja«, sage ich, »das wird er. Das kommt, weil der Nerv durchtrennt ist.«
> Sie nickt und schweigt. Aber der junge Mann lächelt.
> »Mir gefällt es«, sagt er. »Es sieht irgendwie niedlich aus.«
> Ganz plötzlich *weiß* ich, wer er ist. Ich habe verstanden und senke den Blick. Man zeigt nicht gerade Mut, wenn man einem Gott begegnet. Völlig sorglos beugt er sich vor, um ihren schiefen Mund zu küssen; ich stehe so dicht neben ihnen, daß ich sehen kann, wie er seine eigenen Lippen verzieht, damit sie auf ihre passen, um ihr zu zeigen, daß sie

sich trotzdem noch küssen können. Ich muß plötzlich an die Götter der Antike denken, die als Sterbliche auftraten, und halte die Luft an und nehme das Wunder in mich auf.

Aber es gibt noch etwas, das Patienten von den Menschen, die ihnen lieb sind, benötigen, vielleicht das Schwierigste von allem – das Verlangen, mit Ängsten und alten Ressentiments oder Konflikten umzugehen, mit den »angefangenen Dingen«, wie Elisabeth Kübler-Ross es nennt. Das geschieht durch die gleichen beiden engverbundenen Gegensätze, von denen wir unter verschiedenen Aspekten in diesem Kapitel gesprochen haben – Selbstliebe *und* Liebe für andere, Zuversicht *und* Vergebung.

Die Angst überwinden

Um den Brunnen der Liebe zu öffnen und den Weg zu kreativem spirituellem Wachstum anzutreten, müssen wir unsere Ängste aufgeben (»unsere Sorgen Gott überlassen«). Aber das ist gar nicht so leicht, vor allem, wenn es so aussieht, als würden wir *nicht* morgen sterben. Wenn uns keine zeitliche Grenze gesetzt ist, fällt es oft noch viel schwerer, sie aufzugeben. Um diese »einfache« Veränderung vorzunehmen, müssen wir unsere negativen Emotionen bekämpfen und überwinden. Das kann nur gelingen, wenn uns klar wird, daß wir nicht glücklich oder traurig *gemacht* werden. Wir sind unseren Gefühlen nicht *ausgeliefert,* wir *wählen* sie uns selbst. Unsere Gedanken, Emotionen und Handlungen sind in Wirklichkeit die einzigen Dinge, über die wir Kontrolle haben. Im ersten Jahrhundert nach Christi machte der griechische Philosoph Epiktet diese Tatsache zur Grundlage seiner Philosophie und erklärte, daß alles Unglück dem Versuch entspringt, Ereignisse und andere Menschen, über die man keine Macht besitzt, beherrschen zu wollen. Der gleiche fruchtlose Versuch, der aus unseren Ängsten und Ressentiments geboren wird, schwächt den Körper und führt zu Krankheiten.

Auf einer bestimmten Ebene gibt es nichts, wovor man sich

fürchten müßte, aber offenbar wird das häufig allzu wörtlich und ernst genommen. Zum Beispiel ist Angst in lebensgefährlichen Situationen etwas ganz Natürliches – an hoch gelegenen Plätzen und in der Nähe lauter Geräusche etwa –, aber jede andere Angst ist nicht normal. Uns wird niemals irgend etwas begegnen, mit dem wir nicht fertig werden können. Ich kenne keinen Patienten, der seine Krankheiten umtauschen möchte. Jeder fühlt sich immer mit seinen eigenen Problemen am wohlsten. Wir haben in unserer Küche eine Liste mit positiven Sprüchen aufgehängt. Unsere kleine Tochter Carolyn hat mir geholfen einzusehen, wie sinnlos es ist, sich von Worten festnageln zu lassen. Während eines Streits unserer Kinder beim Abendessen fragte ich jeden nacheinander: »Willst du Frieden oder Konflikt?« Das war der erste Punkt auf der Liste. Unsere Tochter, die etwas schwerhörig ist, erwiderte: »Lieber Konfekt.« Wir mußten alle lachen, und damit war die Diskussion beendet. Es geht keineswegs darum, strenge Verhaltensregeln aufzustellen, sondern vielmehr darum, mit Hilfe der unvollkommenen Sprache auf eine neue psychologische Realität aufmerksam zu machen – zum Glück haben wir die freie Wahl, ohne von äußeren Umständen abhängig zu sein.

Eine positive Anschauung läßt sich weiterentwickeln, und genauso kann sich eine negative durch lebenslange Konditionierung verhärten. Die Psychologen haben schon vor längerer Zeit festgestellt, daß sich Gefühle ändern lassen, indem man einfach seinen Gesichtsausdruck ändert und entgegengesetzte Gefühle zeigt. Dr. Paul Ekman von der University of California in San Francisco hat kürzlich achtzehn anatomisch verschiedene Arten des Lächelns aufgezeigt. Er stellte fest, daß Menschen, die jede einzelne ihrer Gesichtsmuskeln unter Kontrolle haben, physiologische Messungen von Gefühlen bewußt beeinflussen können, indem sie, zum Beispiel, ein ganz bestimmtes Lächeln aufsetzen.

Das Gefühl von Traurigkeit läßt sich reduzieren, indem man in den Spiegel blickt und lächelt – ohne die Traurigkeit zu leugnen. Alle schauspielerischen Fähigkeiten bewirken jedoch nichts, wenn das Lächeln nicht ehrlich gemeint ist, denn erst dann wird eine Botschaft erzeugt, die ans Nervensystem zurückgeleitet wird. Man kann wegen eines Verlusts traurig sein, sich aber bemühen, nicht die Perspektive zu verlieren, und trotzdem die guten Dinge, die einem noch verblieben sind, annehmen.

Wissenschaftler haben bei der Untersuchung von Reaktionen auf Streß festgestellt, daß sinnlose Wut der Homöostasis (Gleichgewicht der Körperfunktionen) am meisten schadet. Zu akzeptieren, *was ist*, ist der Gesundheit förderlich, und wenn man einen klaren Kopf behält, befindet man sich in einer besseren Position, um Dinge, die geändert werden müssen, auch wirklich zu ändern. Daher sollten wir Dr. Wallace Ellerbroeks Rat befolgen und »in unserem Kopf angenehme Gedanken pflegen, einen freundlichen Ausdruck auf dem Gesicht, und uns ganz allgemein so verhalten, als wären wir nicht gerade auf dem Weg zu unserer eigenen Beerdigung«.

Für Menschen, die krank sind, ist es wichtig, sich ständig mit positiven Botschaften zu versorgen. Ein Patient darf nicht morgens aufstehen und sagen: »Ich habe Krebs. Ich bin zu schwach oder deprimiert, um etwas zu tun.« Statt dessen muß er sagen: »Heute kann ein schöner Tag werden. Heute kann es anders werden, *weil* ich Krebs habe.« Die Krankheit kann eine Veränderung hervorrufen. Lois Becker schrieb mir in ihrem Brief, von dem ich bereits einen längeren Auszug wiedergab:

> Ich denke jeden Tag an Krebs, aber ich denke auch daran, wie stark mein Körper ist, wie gut er sich die meiste Zeit anfühlt. Ich spreche noch immer mit meinem Inneren. Noch nie zuvor habe ich die Integration von Körper, Geist und wahrscheinlich Seele so stark gespürt.

Die Ängste aufzugeben ist für viele Menschen am schwersten. Es ist leichter, wenn man jeden Austausch von Gedanken und Gefühlen als das Verlangen nach Liebe oder als das Geben von Liebe ansieht. Ein verängstigter Mensch sagt in Wirklichkeit: »Hab mich lieb.« Aber oft weisen wir einen solchen Menschen zurück und werden böse. Dann bekommt er noch mehr Angst und unterschwelligen Zorn, der sich schließlich zu Ressentiments oder Haß verhärtet. *Zu hassen ist nicht schwer, aber zu lie-*

ben ist gesünder. Wenn man Angst verspürt und dann jemanden darum bittet, in den Arm genommen zu werden, ihn um ein wenig Liebe bittet, dann wird die Angst vergehen.

Eines Abends war ich in der Notaufnahme, um einen Patienten zu untersuchen, als ein Mann aus der psychiatrischen Abteilung hereinspaziert kam. Er kam direkt auf mich zu – ich glaube, weil ich eine Glatze habe – und schimpfte mich aus; er schrie herum und verfluchte meine Vorfahren und meine sexuellen Gewohnheiten. Alle Anwesenden zogen sich soweit wie möglich zurück, außer den Patienten, die in ihren Kabinen saßen und zusahen. Während er dort stand und mich anschrie, wußte ich, daß ich mich unbedingt um meinen Patienten kümmern mußte, und überlegte, wie ich mit dieser Situation fertig werden sollte. Ich dachte an meine vielen Vorträge und sah ihm in die Augen und sagte: »Ich liebe dich.« Er erstarrte wie von einem Schlag auf den Kopf. Dann drehte er sich um und ging schweigend zurück in sein Zimmer und setzte sich hin. Die Oberschwester sagte: »Das haben Sie wunderbar hingekriegt.« Und ich sagte: »Vielen Dank für Ihre Hilfe.«

In einer Konfliktsituation kann Liebe eine unglaubliche Kraft entwickeln. Bei den meisten Familien habe ich keine Mühe, die Menschen dazu zu bringen, zu sagen: »Ich hasse dich.« »Ich liebe dich« fällt ihnen viel schwerer. Manche Patienten müssen es häufig erst in Briefen oder am Telefon sagen, bevor sie es jemandem direkt ins Gesicht sagen können – denn dieses »Ich liebe dich« verkörpert die wahre emotionale Macht.

Es gibt eigentlich nichts, mit dem man nicht fertig werden könnte. *Ich* weiß es genau, auch wenn Sie es vielleicht noch nicht wissen. Jemand sagt vielleicht zu mir: »Ich habe Angst. Mein Mann ist mit einer anderen Frau durchgebrannt. Ich habe Krebs, und ich habe fünf Kinder, die zu Haus auf mich warten. Ich weiß nicht, was ich tun soll.« Aufgrund meiner Erfahrung mit anderen Patienten kann ich zu ihr sagen: »Wissen Sie, was in einem Jahr passieren wird? Sie werden mich fragen: ›Kennen Sie andere Leute mit den gleichen Problemen, wie ich sie habe? Ich möchte sie anrufen und meine Hilfe anbieten.‹« *Jeder* ist stark genug, um mit diesen Dingen fertig zu werden.

Ich kenne eine Frau namens Emily, die so ängstlich war, daß

sie nie aus dem Haus ging, wenn es *regnete*. Sie unterschrieb auch nie einen Scheck. Sie vermied fast alle Freuden und Aufgaben des Lebens. Ihr Mann trennte sich schließlich von ihr, und man kann es ihm nicht verdenken. Dann erkrankte sie an Leukämie und machte eine unglaubliche Verwandlung durch. Als ich sie das letzte Mal sah, schrie sie sich auf einer politischen Veranstaltung die Lunge aus dem Hals. Ihr früherer Mann würde die Frau, die sie heute geworden ist, bestimmt wieder heiraten. Aber zuerst mußte sie Leukämie bekommen, damit sie aufwachte und zu leben begann. Viele Menschen müssen erst erkennen, daß sie nicht ewig leben – um lieben zu können und keine Angst mehr zu haben.

Den Haß überwinden

Ressentiments und Haß sind Gefühle, die viele Menschen daran hindern, ihre unerledigten emotionalen Probleme zu lösen und in Harmonie mit anderen zu leben. Wenn man seine Angst überwindet, kann man den anderen vergeben, die einem etwas angetan haben, und die Liebe, die dabei freigelegt wird, schützt einen vor der Umwelt. Sich für Liebe zu entscheiden und am Sinn des Lebens festzuhalten bedeutet, unter *allen* Umständen bessere Überlebenschancen zu haben. Der Psychiater Viktor Frankl, der die Todeslager der Nazis überlebt hat, schrieb in seinen Memoiren, daß es den Wärtern leichter gefallen sei, die Gefangenen zu töten, die bereit waren zu sterben, als die Gefangenen, die ihnen in die Augen sahen und noch einen Funken Hoffnung hatten. Liebe hat Frankls Leben gerettet. Als er und seine Mitgefangenen erfuhren, daß ein Zug in ein Arbeitslager führe, in dem bessere Zustände herrschten, überließ er seinen Platz einem anderen. Der Zug fuhr direkt zu den Gaskammern.

Jack Schwarz, ein anderer Überlebender, berichtete, wie er in Ohnmacht fiel und Jesus Christus vor sich sah, als er ausgepeitscht wurde. Dieses Bild erfüllte ihn mit Liebe, und er sagte zu seinem Peiniger: »Ich liebe dich.« Der Wärter war so erschrocken, daß er innehielt, und noch erschrockener war er, als er sah, wie die Wunden des Gefangenen innerhalb eines einzigen Augenblicks vor seinen Augen verheilten.

Der Psychiater George Ritchie, Autor von *Return from Tomorrow*, erzählte die Geschichte von dem »Wilden Willi«, einem Mann, der das Todeslager überlebt hat und mit dem er nach der Befreiung zusammenarbeitete:

> [Er] war einer der Insassen des Konzentrationslagers, aber offenbar war er noch nicht lange dort. Seine Haltung war aufrecht, seine Augen blickten hell, seine Energie war unermüdlich. Da er fließend Englisch, Französisch, Deutsch und Russisch und auch Polnisch sprach, wurde er zu einer Art inoffiziellem Lagerdolmetscher . . .
> Obwohl er fünfzehn bis sechzehn Stunden am Tag arbeitete, zeigte er keine Anzeichen von Erschöpfung. Während wir anderen uns vor Müdigkeit nur noch dahinschleppten, schien er an Kraft zu gewinnen . . .
> Ich war erstaunt, als wir eines Tages seine Papiere zu Gesicht bekamen und erfuhren, daß er seit 1939 in Wuppertal gelebt hatte! Sechs Jahre lang hatte er gehungert, in denselben stickigen und von Krankheiten heimgesuchten Baracken gehaust wie jeder andere auch, ohne auch nur den geringsten physischen oder geistigen Verfall zu zeigen . . .
> Wild Bill war die wichtigste Stütze für uns alle, er vermittelte zwischen den verschiedenen Gruppen und plädierte für Vergebung.
> »Für manche ist es nicht leicht, zu vergeben«, sagte ich eines Tages zu ihm. »Die meisten haben ihre Familie verloren.«
> »Wir haben im jüdischen Teil von Warschau gelebt«, begann er langsam – es waren die ersten Worte, die ich ihn über sich selbst sagen hörte. »Meine Frau, unsere beiden Töchter und unsere drei kleinen Jungen. Als die Deutschen in unsere Straße kamen, mußten sich alle vor einer Mauer aufstellen, und dann eröffneten sie das Feuer mit den Maschinengewehren. Ich bat darum, mit meiner Familie sterben zu dürfen, aber weil ich Deutsch konnte, steckten sie mich in eine Arbeitsgruppe.«
> »Damals mußte ich mich entscheiden«, fuhr er fort, »ob ich

die Soldaten hassen sollte, die es getan haben. Im Grunde war es eine leichte Entscheidung. Ich war Rechtsanwalt. Ich hatte in meiner Kanzlei schon oft miterlebt, was Haß dem Geist und dem Körper der Menschen antun kann. Haß hatte auch die sechs Menschen getötet, die mir am meisten auf der Welt bedeuteten. Damals beschloß ich, daß ich den Rest meines Lebens – ob es nun ein paar Tage oder viele Jahre sein würden – jeden Menschen, mit dem ich zu tun hatte, lieben würde.« Diese Kraft hatte ihn alle Entbehrungen überleben lassen.

Ich will damit nicht sagen, daß etwa alle Überlebenden der Konzentrationslager die Nazis als menschliche Wesen geliebt haben, und ich will gewiß nicht sagen, daß alle anderen gestorben sind, weil sie nicht genug Liebe besaßen. Viele hingen am Leben, damit sie später als Zeugen vor die Welt treten konnten. Manche haben überlebt, weil sie »Haß in Energie« umwandelten, wie es auch die Vietnamesen taten und dadurch fähig waren, vierzig Jahre Krieg und Japaner, Franzosen und Amerikaner überleben zu können – trotzdem, man muß aufpassen, daß man am Ende nicht genauso wird wie seine Feinde. Wild Bills Art der Liebe praktizieren zu wollen, nur weil das jemand für richtig erklärt, wäre Heuchelei. Diese Art Liebe hat vielleicht nur sehr wenig mit dem einzelnen Menschen zu tun, der an dieser Tragödie beteiligt ist, vielmehr könnte es sich dabei um eine universelle Macht handeln – Gott oder Humanität –, die durch die tiefsten Wunden des menschlichen Geistes hindurch wirksam wird.

Damit will ich sagen, daß Liebe *Sie* selbst retten kann! Man kann selbst einen Mörder voller Liebe ansehen, wenn man sich klarmacht, was ihn zu seiner Tat gebracht hat. Natürlich meine ich damit nicht, daß Sie Greueltaten lieben sollen, aber selbst der verdorbenste Mensch hat einmal als unschuldiges Kind begonnen. Wir dürfen nicht vergessen, daß wir alle von unseren Eltern und der Gesellschaft geprägt sind. Wenn wir von ihnen die falschen Botschaften und keine Liebe erhalten, können wir alle als eine Art Hitler enden. Das heißt nicht, daß wir das Böse akzeptieren sollen, sondern daß wir uns weigern müssen, auf sein Niveau zu sinken. Martin Luther King senior hat gesagt: »Haß bringt mir meine Familie nicht zurück.« Man ist vielleicht nicht fähig, seinen Peiniger zu ändern und sein Leben durch Liebe zu retten, aber man kann sich davor bewahren, zuzulassen, daß der Haß das *eigene* Herz, Gemüt und Leben zerstört, so wie es bei ihm geschehen ist.

Ich habe unter meinen Patienten viele, die es mit »unerträglichen« Ehepartnern zu tun haben. Dagegen gibt es zwei Mittel: Entweder man läßt sich von seinem »Hitler« scheiden, oder man bleibt und versucht, ihn mit Liebe zu ändern. Ich erinnere mich an eine Frau namens Ruth, die mir einmal sagte: »Ich werde meine Ehe in Ordnung bringen, und wenn ich dabei kaputtgehe.« Sie bekam Brustkrebs und wurde so deprimiert, daß sie an Selbstmord dachte. Dann kam sie eines Tages zu einem Vortrag von mir. Wir sprachen über Selbstmord, und eine junge Frau unter den Zuhörern erzählte, wie sich ihr Vater umgebracht und dadurch ihr Leben zerstört hatte – sie konnte den Verlust nicht ertragen, aber noch viel weniger konnte sie den Gedanken ertragen, daß ihr Vater keinen Mut gehabt hatte. Ihre Geschichte bewegte Ruth so sehr, daß sie neue Hoffnung faßte. Sie beschloß weiterzuleben und trennte sich von ihrem Mann.

Wenn Ihnen aber klar ist, daß Sie und Ihr »Hitler« auch nur Menschen sind, können Sie wahrscheinlich lernen, miteinander auszukommen, und einander helfen, sich zu ändern. Ich finde es nützlich, sich einmal daran zu erinnern, was Martin Luther King junior zu dem Gebot Christi schrieb, daß wir unsere Feinde lieben sollen:

> Vergebung bedeutet nicht, zu ignorieren, was geschehen ist oder eine böse Tat mit einem falschen Etikett zu versehen. Vielmehr bedeutet es, daß die böse Tat der Beziehung nicht hinderlich ist . . . Wir müssen erkennen, daß der böse Nachbar mit seiner Handlung, die uns weh tut, niemals all das ausdrückt, was er in Wirklichkeit ist. Selbst der schlimmste Feind ist nicht nur böse.
>
> Liebe bedeutet nicht, sich von irgendwelchen sentimentalen Gefühlen verwirren zu lassen. Liebe ist etwas viel Tieferes

als emotionale Gefühlsduselei . . . Wir wissen jetzt, was Jesus meinte, als er sagte: »Ihr sollt eure Feinde lieben.« Wir müssen froh sein, daß er nicht gesagt hat: »Ihr sollt eure Feinde gern haben.« Denn es ist sehr schwer, wenn nicht unmöglich, manche Menschen gern zu haben. »Gern haben« ist ein sentimentales und gefühlvolles Wort. Wie können wir zu einem Menschen Zuneigung fassen, der ganz offensichtlich vorhat, uns zu zerstören und uns unzählige Steine in den Weg zu legen? Wie können wir einen Menschen gern haben, der unsere Kinder bedroht oder über unseren Häusern Bomben abwirft? Das ist unmöglich. Aber Jesus erkannte, daß *Lieben* mehr ist als *Gernhaben*. Wenn Jesus uns auffordert, unsere Feinde zu lieben, dann spricht er von Verständnis und Kreativität, vom guten Willen gegenüber allen Menschen. Nur wenn wir diesem Weg folgen und auf diese Weise lieben, können wir Kinder unseres Vaters im Himmel sein.

Die wahre Prüfung besteht nicht darin, ob wir gekreuzigt werden können, um die Menschheit zu retten, sondern ob wir mit jemandem zusammenleben können, der beim Schlafen schnarcht.

Wir müssen uns immer wieder vor Augen halten, daß wir niemanden ändern können. Wir können uns nur selbst ändern. Aber vergessen Sie auch nicht, daß Sie den anderen Menschen durch das, was Sie selbst sind, ändern. Eleanor, eine Patientin von mir, und ihr Mann sind Grundstücksmakler. Sie ist durchaus fähig, Millionengeschäfte abzuschließen, aber trotzdem kritisiert er sie wegen der Art, wie sie sich kleidet, schickt sie manchmal sogar wieder ins Haus zurück, damit sie sich umzieht, wenn sie ausgehen. Ich sagte zu ihr: »Gut, dann sagen Sie ihm ab jetzt, daß Sie sich nicht entscheiden können. Tun Sie einfach nichts mehr – nicht waschen, nicht putzen, nicht kochen, gar nichts, auch nicht die Buchführung, tun Sie nichts von dem, was er von Ihnen erwartet. Wenn er fragt: ›Wo ist das Essen?‹, dann erklären Sie ihm, daß Sie sich nicht dazu entschließen konnten, einkaufen zu gehen. Sagen Sie ihm, daß Sie sich nicht entscheiden konnten, welches Waschmittel Sie kaufen sollen, und daher auch nicht waschen konnten. Sagen Sie ihm, wie unentschlossen und unsicher Sie in all diesen Dingen seien und daß er sie nun selbst erledigen müsse. Dann wird ihm klar werden, wieviel Sie tun und was Sie alles tun können.«

Unerledigte Dinge zu vollenden könnte sich eines Tages als das wirksamste Mittel zur Befreiung von Schmerzen und zur Vorbereitung auf eine Operation erweisen. Ich erinnere mich an Karen, eine Medizinstudentin, die zur ECaP kam, nachdem sie erfahren hatte, daß der Vater ihres Freundes an Lungenkrebs erkrankt war und operiert werden sollte. Sie verbrachte eine ganze Woche damit, zu prüfen, ob der Chirurg, der die Operation durchführen sollte, auch qualifiziert war. Auf dem Weg zum Krankenhaus erinnerte sie sich plötzlich an eine Frage, die ich den Mitgliedern unserer Gruppe häufig stelle: Sie fragte ihren Freund, was er zu seinem Vater sagen würde, wenn er wüßte, daß sein Vater am nächsten Tag sterben müsse.

Im Krankenhaus ging der junge Mann dann zu seinem Vater, der früher Alkoholiker gewesen war, und sagte: »Dad, es hat Zeiten gegeben, in denen du mich geschlagen hast, in denen du mich in den Kofferraum deines Autos gesperrt und mir viele andere Dinge angetan hast, aber ich möchte, daß du weißt, daß ich dich liebe und dir vergebe.« Sie umarmten sich und weinten.

Der Vater überstand die Operation ohne Schwierigkeiten. Als Karen zu unserem nächsten Treffen kam, erzählte sie uns, was geschehen war, und sagte: »Es war nicht so wichtig, soviel Mühe darauf zu verwenden, um zu erfahren, ob der Chirurg gut ist. Viel wichtiger war, daß er gesagt hat: ›Ich liebe dich.‹«

Wenn ich an Workshops teilnehme, sage ich oft: »Wenn Sie wüßten, daß Sie auf dem Heimweg sterben, würden Sie dann telefonieren wollen?« Wenn die Antwort »ja« lautet, sage ich: »Okay, wenn Sie versprechen, gleich, wenn Sie nach Hause kommen, den Telefonhörer abzuheben und alle Anrufe zu tätigen, dann garantiere ich Ihnen einen sicheren Heimweg.«

Wenn einem Unglück widerfährt, muß man sich entscheiden, wie man damit umgehen soll. Man kann daraus Gutes gewinnen oder aber noch größere Schmerzen. Der Kummer über den Tod seines Sohnes hat Rabbi Kushner dazu befähigt, ein Buch zu schreiben, *When Bad Things Happen to Good People*, das vielen tausend Menschen geholfen hat, ähnlich tragische Erlebnisse zu verarbeiten. Auf diese Weise hat das verlorene Leben durch das, was aus dem Kummer heraus entstanden ist, an Bedeutung gewonnen.

Die Fähigkeit, am Unglück etwas Gutes zu sehen, ist vielleicht die wichtigste Eigenschaft, die Patienten benötigen. Viktor Frankl schrieb: »Zu leben heißt leiden; zu überleben heißt, im Leiden einen Sinn zu sehen.« Tod oder Todesdrohungen sind Lehrmeister, denn sie bringen uns dazu, das Äußerste aus uns herauszuholen.

Meine Frau und ich mußten diese Lektion lernen, als wir eine Woche lang glaubten, unser achtjähriger Sohn Keith habe einen bösartigen Knochentumor. Er erzählte mir von Schmerzen im Bein. Zuerst sagte ich ihm, daß er ein heißes Bad nehmen solle, wie es jeder andere Arzt geraten hätte. Aber als ich ihm eines Tags die Schlittschuhe anmachte, sagte er, daß die Schmerzen nicht weggingen und daß er glaube, wir sollten eine Röntgenaufnahme machen. Mein erster Gedanke war, daß wir ihm eine Lektion erteilen sollten. Wahrscheinlich hatte er einen oberflächlichen Knochenbruch, und dann würde es ihm leid tun, die Röntgenaufnahmen gemacht zu haben – denn dann würde er einen Gipsverband bekommen, obwohl das Bein auch so geheilt wäre. Aber dann zeigte die Röntgenaufnahme eine krankhafte Veränderung des Knochens. Nach allen medizinischen Erkenntnissen wies das auf eine bösartige Erkrankung hin, und unser wunderbares Kind würde innerhalb eines Jahres tot sein. Die fünf Tage vor der Operation waren schrecklich, und ich hatte Schuldgefühle, wie sie alle Eltern empfinden. Es war mir unmöglich, einen Gedanken zu fassen, still zu liegen, mich zu konzentrieren oder zu sprechen. Zum Glück erwies sich der Tumor als gutartig und wurde mit einem kleinen Stück Knochen zusammen entfernt.

Aber diese Erfahrung war besonders wichtig für uns. Sie zeigte uns, womit Patienten und ihre Familien fertig werden müssen. Und darüber hinaus lehrte sie meine Frau und mich etwas über das Überleben. Unsere Tochter Carolyn meinte eines Morgens beim Frühstück zu mir: »Dad, hast du schon mal darüber nachgedacht, wer als erster sterben wird?« Ich sagte: »Das ist nicht der entscheidende Punkt. Sondern es geht doch darum, wie wir anderen weiterleben sollen und der Welt mehr geben können, damit das Leben des Verstorbenen mehr Bedeutung erhält.«

Leider müssen die meisten von uns leiden, bevor wir uns verändern können. Meine Frau Bobbie und ich saßen einmal zusammen in der Küche, als der Müllschlucker klemmte. Ich fragte: »Was soll ich tun?« Und sie sagte: »Auf den Knopf drücken.« Ich wandte mich also an Gott und fragte: »Wenn du so ein großartiger Schöpfer bist, warum hast du bei *uns* dann keinen Knopf angebracht?« Und Gott erwiderte: »Ihr habt auch einen Knopf, Bernie. Er heißt Schmerz und Leid.« Nur durch Schmerzen können wir uns verändern. Es ist nicht leicht, zuzusehen, wie Menschen, die wir lieben, Schmerzen erleiden und sich trotzdem nicht ändern. Es ist unsere Pflicht, sie zu lieben. Sie ändern sich durch ihren Schmerz, nicht aufgrund unserer Predigt.

Um lieben zu können, müssen wir zuerst die Angst, die Qualen und die Verzweiflung, von denen Menschen so oft erfaßt sind, aufgeben. Viele Menschen leiden ihr Leben lang an ungelösten Ärgernissen, die ihnen nicht aus dem Kopf gehen und jedesmal, wenn sie daran denken, zu neuem Streß führen. Wenn man sich aber diesen Gefühlen stellt und sich von ihnen befreien will, so muß man sich ehrlich damit auseinandersetzen, welchen Anteil an dem Problem man selbst trägt, und muß sich selbst ebenso wie den anderen Menschen, die man ablehnt und fürchtet, vergeben. Wenn man nicht vergeben kann, wird man genauso wie seine Feinde.

Die Kinder, mit denen Jerry Jampolsky arbeitet, haben in dem Buch mit dem Titel *There Is a Rainbow Behind Every Dark Cloud*, das sie zusammen geschrieben haben, dieses Überwinden von Haß und Angst im Schlußwort sehr deutlich zum Ausdruck gebracht:

> Alles in allem glauben wir, daß unser Geist zu allem fähig ist. Man kann lernen, seine Gedanken zu beherrschen, und

beschließen, »innerlich« glücklich zu sein, mit einem Lächeln im Herzen, trotz allem, was einem »draußen« widerfährt.

Ob krank oder gesund – wenn man andere lieben und ihnen helfen kann, hat man selbst ein warmes und friedliches Gefühl. Wir haben gelernt, daß man Liebe zurückerhält, wenn man Liebe gibt.

Und wenn man die Vergangenheit losläßt und jedem und allem vergibt, dann hilft es einem selbst, keine Angst zu haben.

Vergeßt nicht, daß ihr selbst Liebe seid. Laßt also zu, daß sich eure Liebe erweitert, und liebt euch selbst und alle anderen. Wenn ihr liebt und euch mit jedem verbunden fühlt – mit allem und auch mit Gott –, dann werdet ihr Glück und innere Sicherheit empfinden.

Und vergeßt nicht, wenn ihr den festen Glauben habt, daß wir fortwährend mit allen anderen in Liebe verbunden sind, dann könnt ihr sicher sein, hinter jeder dunklen Wolke einen Regenbogen zu finden.

Die enorme Energie, die frei wird, wenn wir unsere negativen Emotionen aufgeben, hat Denise, eine Brustkrebspatientin, in einem Brief an mich beschrieben, den sie mir schickte, nachdem sie an der Veranstaltung eines Glaubensheilers in Worcester, Massachusetts, teilgenommen hatte:

Nach seiner Predigt sagte er, daß es jeder in seinem Herzen wisse, ob er zu denen gehöre, die gerufen werden. Er drehte sich zu den Zuhörern um, es waren über 1500 Menschen, und sagte: »Ich habe eine Erleuchtung, und sie betrifft eine Frau, die etwas mit einer Rose zu tun hat. Und mit einer Krankheit in der Brust.« Ich fühlte, wie sich in meinem Inneren etwas regte, und erinnerte mich an den Abend davor, als ich beim Essen eine frische Rose aus der Vase auf dem Tisch genommen und daran gerochen hatte. Jemand hatte mir gesagt, ich müsse mir Zeit nehmen, um an den Blumen des Lebens zu riechen. Aber ich stand nicht auf. Ich glaubte nicht, daß er mich meinen könnte.

Der Prediger ging zu einer Frau, die aufgestanden war. Sie

hieß Rose, und sie hatte Brustkrebs. Er segnete sie, sagte dann aber: »Du bist nicht diejenige, die ich fühle.«

Er sagte: »Sie hat auch Brustkrebs und trägt eine beigefarbene Bluse.« An dem Morgen hatte ich eine schwarze Hose und eine langärmelige schwarze Bluse angezogen, beschloß dann, noch eine kurzärmelige beigefarbene Bluse darüber zu tragen, fand mich aber zu dick und zog sie wieder aus, und dann entschloß ich mich doch, sie wieder anzuziehen.

Während ich mich daran erinnerte, stand ich auf, und er rief mich nach vorn in die erste Reihe der Zuhörer. Er fragte nach meiner Krankheit, und als ich dort, tränenüberströmt und von Gefühlen überwältigt, stand, sah ich sein Gesicht, und ich werde es nie vergessen. Er hatte keine Augen, nur dunkle unendlich tiefe Höhlen. Als er meine Stirn einrieb, sagte er: *»Du mußt dich von deinem Kummer lösen.«* Im selben Augenblick spürte ich, wie Energie durch meinen Körper floß. Ich spürte auch, wie ein Schrei aus meinem Mund kam, und dann merkte ich nur noch, wie ich fiel, direkt in die Arme des Saalordners hinter mir.

Dieses Erlebnis bedeutete für Denise einen Wendepunkt. Sie war jetzt fähig, sich selbst Prioritäten zu setzen und Entscheidungen zu treffen, die sich nach ihren eigenen Bedürfnissen richteten. Sie nahm die Psychotherapie und die Chemotherapie an, beendete eine Beziehung, von der sie das Gefühl hatte, daß sie ihr schadete, und verkaufte ihr Geschäft, das ihr den meisten Streß bereitet hatte. Und schließlich brachte sie sich dazu, all den Zorn, die Frustrationen und die Traurigkeit, die sich seit langem in ihr angesammelt hatten, herauszulassen – sie weinte viele Tage lang und stellte dann fest, daß sie zum ersten Mal in ihrem Leben fähig war, das Kind in sich zu akzeptieren. Am Ende des Briefs schrieb sie: »Es war das erste Mal, daß ich mir das Privileg und die Würde zugestand, meine Schmerzen und Qualen zu beklagen. Jetzt ist all der Schutt aus meiner Seele ausgeräumt, und das Kind [in mir] und ich sind eins. Ich habe das Gefühl von totaler Integration, Selbstliebe und Vergebung. Ich muß nie wieder andere verurteilen, denn ich muß mich selbst nicht mehr verurteilen.«

Spiritualität, bedingungslose Liebe und die Fähigkeit, zu erkennen, daß Schmerzen und Probleme eine Gelegenheit zum Wachstum sind und um neue Wege einzuschlagen – all das verhilft uns dazu, die Zeit, die uns zur Verfügung steht, auf bestmögliche Weise zu nutzen. Dann wird uns klar, daß der gegenwärtige Augenblick alles ist, was wir haben, aber daß er unendlich ist. Wir erkennen, daß es nicht wirklich eine Vergangenheit oder eine Zukunft gibt und daß wir, sobald wir in Begriffen von Vergangenheit und Zukunft zu denken beginnen, uns in rechthaberischen Gedanken verlieren – von Bedauern und Wünschen. In einem der Länder, in denen es nicht ungewöhnlich ist, daß die Menschen hundert Jahre alt werden, gibt es ein Sprichwort, das heißt: »Um gestern und morgen brauchst du dich heut nicht zu sorgen.«

Viele Menschen können ihre Ängste und Ressentiments erst aufgeben, wenn sie schon fast tot sind. Vor ein paar Jahren hat Dr. Ellerbroek von einem solchen Fall berichtet:

> Ihr Becken, ihre Blase und ihr Enddarm waren entfernt worden – bis sie am Ende nicht viel mehr zu sein schien als ein Sack Fleisch, der über ein Skelett gestülpt war und der für innere Organe keinen Schutz bot, sondern nur für sich ausbreitende Tumore. Sie bat darum, am Ufer eines Sees sterben zu dürfen. Und in jener friedfertigen Umgebung geschah etwas Unerwartetes – sie warf ihren Zorn und ihre Depressionen von sich, ihr Geist befreite sich von seinem überflüssigen Gewicht wie ein Luftballon und stieg höher und schwebte davon – und ihre Tumore begannen zu schrumpfen. Sie war geheilt.

Später reflektierte Ellerbroek diesen und ähnliche Fälle mit folgenden Worten:

> Es ist mein fester Glauben, daß man uns eine ganze Latte von Dingen verkauft hat, als wir klein waren. Man hat uns beigebracht, daß es unter bestimmten Bedingungen angemessen ist, wütend zu sein, und daß es unter allen Umständen angemessen ist, deprimiert zu sein. Ich möchte behaup-

ten, daß nach meiner eigenen persönlichen Meinung – die völlig im Gegensatz zu dem steht, was fast alle Psychiater, die ich kenne, glauben – Zorn und Depressionen pathologische Emotionen sind, die für den überwiegenden Teil der menschlichen Krankheiten einschließlich Krebs, unmittelbar verantwortlich zeichnen. Ich habe gründlich belegte Beweise für 57 sogenannte Krebswunder gesammelt. Von einem Krebswunder sprechen wir, wenn ein Krebspatient nicht an seiner Krankheit gestorben ist, obwohl er eigentlich mit absoluter Sicherheit hätte sterben müssen. Diese Patienten sind wahrscheinlich zu irgendeinem Zeitpunkt ihrer Krankheit zu dem Schluß gekommen, daß Zorn und Depression wohl nicht gerade die geeignetsten Mittel waren, ihnen zu helfen, zumal ihnen nur noch so wenig Zeit blieb, und daher beschlossen sie, von nun an liebevoll und fürsorglich zu sein, nicht mehr so zornig und bedrückt, und sie wollten fähig sein, mit den Menschen, die sie lieben, zu sprechen. Diese 57 Patienten gingen alle nach dem gleichen Muster vor. Sie haben ihren Zorn völlig aufgegeben, und sie haben ihre Depressionen völlig aufgegeben, und zwar vorsätzlich und mit vollem Bewußtsein. Und von diesem Moment an begannen die Tumore zu schrumpfen.

(Ich verwende eher das Wort »Ressentiments« statt »Zorn«, weil ich glaube, daß Zorn ein ganz normales Gefühl ist, solange man ihn auch gleich zum Ausdruck bringt. Damit ist es dann auch ausgestanden. Unterdrückt man ihn aber, dann werden aus dem Zorn Ressentiments oder Haß. Früher oder später kommen diese Gefühle zum Ausbruch und zerstören andere Menschen, oder sie bleiben eingedämmt, und dann zerstören sie einen selbst.)

Die Transzendenz, von der Ellerbroek gesprochen hat, ist im wesentlichen die gleiche Erfahrung, wie sie von Jung in *Psychologie und Religion* beschrieben wurde.

Sie kamen zu sich selber, sie konnten sich selber annehmen, sie waren imstande, sich mit sich selbst zu versöhnen, und dadurch wurden sie auch mit widrigen Umständen und Ereignissen ausgesöhnt. Das ist fast das gleiche, was man früher mit den Worten ausdrückte: »Er hat seinen Frieden mit Gott gemacht, er hat seinen eigenen Willen zum Opfer gebracht, indem er sich dem Willen Gottes unterwarf.«

Für die Rationalisten, die eine derartige Erfahrung als Selbsttäuschung auslegen, hat Jung noch eine besonders angemessene Erklärung hinzugefügt:

> Gibt es tatsächlich irgendeine bessere Wahrheit über letzte Dinge als diejenige, die einem hilft zu leben? Das ist der Grund, weshalb ich die vom Unbewußten geschaffenen Symbole sorgfältig berücksichtige. Sie sind das einzige, das imstande ist, den kritischen Geist des modernen Menschen zu überzeugen. Sie sind subjektiv überzeugend aus sehr altmodischen Gründen: *Sie sind überwältigend,* was eine deutsche Wiedergabe des lateinischen Wortes »convincere« ist, das »besiegen« und »überzeugen« heißt. Das, was eine Neurose heilt, muß so überzeugend sein wie die Neurose; und da die letztere nur allzu real ist, muß die hilfreiche Erfahrung von gleichwertiger Realität sein. Es muß eine sehr reale Illusion sein, wenn man es pessimistisch formulieren will. Aber was ist der Unterschied zwischen einer realen Illusion und einer heilenden religiösen Erfahrung? Es ist bloß ein Unterschied in Worten. Man kann z. B. sagen, das Leben sei eine Krankheit mit einer sehr schlechten Prognose: es zieht sich jahrelang hin, um mit dem Tode zu enden; oder die Normalität sei ein allgemein vorherrschender, konstitutioneller Defekt; oder der Mensch sei ein Tier mit einem verhängnisvoll überentwickelten Gehirn. Diese Art des Denkens ist das Vorrecht von gewohnheitsmäßigen Nörglern mit schlechter Verdauung. Niemand kann wissen, was die letzten Dinge sind. Wir müssen sie deshalb so nehmen, wie wir sie erfahren. Und wenn eine solche Erfahrung dazu hilft, das Leben gesünder oder schöner oder vollständiger oder sinnvoller zu gestalten, für einen selbst und für die, die man liebt, so kann man ruhig sagen: »Es war eine Gnade Gottes.«

Ellerbroek ist zu dem Schluß gekommen, daß Patienten mit fortgeschrittenem Krebs kurz vor dem Tod stehen müssen, bevor die Wende eintreten kann, aber ich weiß aus meiner Erfahrung, daß sich Menschen zu jeder Zeit ändern können. Je früher diese Änderung im Verlauf einer Krankheit stattfindet, um so größer sind die Chancen einer Genesung. Wenn jemand, bevor er krank wird, den spirituellen Weg einschlägt, wird er gegenüber Krankheit und Unglück praktisch unverwundbar – wenigstens im psychischen Sinne und häufig auch im physischen. Norman Cousins schrieb nach seiner Selbstheilung von einer Wirbelsäulenversteifung: »Ich habe gelernt, die Fähigkeit des menschlichen Geistes und Körpers, sich zu regenerieren, niemals zu unterschätzen, selbst wenn die Aussichten außerordentlich schlecht erscheinen.«

Dr. Granger Westberg, Gründer zahlreicher Wholistic Health Care Centers, in denen Ärzte, Krankenschwestern und Geistliche als Team zusammenarbeiten, glaubt, daß ungefähr die Hälfte bis drei Viertel aller Krankheiten auf geistige und nicht auf körperliche Probleme zurückzuführen sind. Die physischen Symptome seien häufig nur die »Eintrittskarten« für einen Prozeß der Selbstfindung und der geistigen Veränderung. Um mit dieser wahren Heilung zu beginnen, muß jeder von uns erst Vertrauen haben und den Sprung ins Schwarze wagen, wie ihn der französische Dichter Guillaume Apollinaire beschrieben hat:

Kommt an den Rand.
Nein, wir werden fallen.

Kommt an den Rand.
Nein, wir werden fallen.

Sie kamen zum Rand.
Er stieß sie, und sie flogen.

9

Liebe und Tod

Fünf Tage bevor William Saroyan 1981 starb, rief er die Associated Press an und gab folgende Erklärung ab: »Jeder muß sterben, aber ich habe immer geglaubt, daß in meinem Fall eine Ausnahme gemacht würde. Und was nun?« An seinem Humor können wir sehen, wie lebendig jemand sein kann, selbst wenn er schon den Tod vor Augen hat.

Bei Neal war ursprünglich die Diagnose auf Krebs an der Bauchspeicheldrüse gestellt worden. Sein Onkologe hat ihm gesagt, daß er nur noch ein oder zwei Jahre leben würde. Er übertraf diese Prognose, nur um Jahre später nach einer zweiten Biopsie festzustellen, daß er ein Lymphom hatte anstatt Bauchspeicheldrüsenkrebs. Man sagte ihm, daß er vielleicht noch viele Jahre leben würde. Da er und die Familie sich auf seinen Tod eingestellt hatten, brachte ihn diese Nachricht ein bißchen durcheinander. So bizarr es klingen mag, aber er rief mich damals an und sagte mir, wie verwirrt er sei, weil die Ärzte gesagt hatten, daß er vielleicht doch noch lange leben würde. Ich sagte zu ihm: »Sie wissen doch, wie Ärzte sind. Sie haben nicht immer recht, genausogut könnten Sie schon bald sterben.« Er sagte: »Wissen Sie, auf Sie kann man sich wenigstens verlassen, Sie sagen einem immer was Aufheiterndes.« Ich ließ ihm Zeit, sich langsam zu verändern. Und nach wenigen Monaten hatte er sich wieder darauf eingestellt, zu leben.

Mehrere Jahre später wurde Neal mit hohem Fieber in die Notaufnahme gebracht. Er hatte das Gefühl, seinen Körper verlassen zu haben und von hoch oben seiner Wiederbelebung zuzusehen. Er hörte den Doktor sagen: »Wir rufen besser seine

Frau, er wird es nicht schaffen.« Er war hoch oben und dachte: »Laßt meine Frau zufrieden. Ich schaffe es.« Und das tat er dann auch.

Einige Zeit später bat Neal, im Krankenhaus aufgenommen zu werden. Er hatte jahrelang gegen sein Lymphom angekämpft und war völlig erschöpft und bereit zu sterben. Seine Frau arbeitete in der medizinischen Bibliothek des Krankenhauses und konnte in seiner Nähe sein. Es war außerordentlich schwer, die Krankenschwestern davon zu überzeugen, daß er hierhergekommen war, um zu sterben. Jeden Tag sahen sie in sein Zimmer und sagten: »Essen Sie Ihr Mittagessen auf. Essen Sie alles, was auf Ihrem Teller ist.« Sie brauchten eine Weile, um sich auf ihn einzustellen und es ihm zu überlassen, was er tat und was nicht.

Eines Tages rief er mit Tränen in den Augen die Krankenschwestern und bat sie, seine Frau zu holen. Er erzählte ihr: »Liebling, ich war dort. Es ist warm und bunt und wunderschön, und sie sagten, ›deine Zeit ist gekommen‹. Aber ich sagte: ›Nein, ich habe meiner Frau noch nicht Lebewohl gesagt.‹ Und sie sagten wieder: ›Deine Zeit ist gekommen‹, aber ich stritt mit ihnen und sagte: ›Ich habe ihr noch nicht Lebewohl gesagt.‹ Schließlich sagten sie, es wäre okay«, und so kehrte er also noch einmal ins Zimmer zurück und rief die Krankenschwestern. Nun sagten Neal und seine Frau einander Lebewohl, und er starb, ganz friedlich, innerhalb der nächsten 24 Stunden.

In Frieden sterben

Außergewöhnliche Patienten haben mich gelehrt, daß wir eine erstaunlich große Kontrolle über unser Sterben besitzen. Selbst eine großangelegte statistische Untersuchung von mehreren tausend Todesfällen, die vor kurzem durchgeführt wurde, hat gezeigt, daß fast die Hälfte der Betroffenen innerhalb von drei Monaten nach ihren Geburtstagen starben gegenüber nur 8 Prozent in den Monaten davor. Ich sage nicht, daß wir so lange leben können, wie wir wollen, aber wir brauchen nicht zu sterben, bis wir nicht dazu bereit sind. Der deutlichste Beweis dafür ist der Zeitpunkt, an dem die Patienten im Krankenhaus sterben. Die meisten sterben in den frühen Morgenstunden, wenn sich die Lebensretter ausruhen und die Familie nach Hause gegangen oder eingeschlafen ist. Dann gibt es keine Störungen und keine Schuldgefühle, weil man sie verläßt. Wir alle, vor allem diejenigen von uns, die mit einer schweren Krankheit oder einem Trauma leben, wiegen ständig die Belohnungen des Lebens und die »Kosten des Lebens« gegeneinander ab. Eine Patientin erzählte mir, daß sie weiterleben wolle, solange sie noch fünf schöne Minuten am Tag hätte. Die Schmerzen und die Angst vor dem Sterben gehen vor allem auf einen Konflikt zurück, irgendeine unerledigte Angelegenheit, und man hält durch, weil man die Familie nicht »im Stich lassen« will. Wir können lernen, jeden Tag als eine Einheit zu erleben – zu tun, was getan werden muß, Liebe zu geben und zu erhalten –, und somit immer darauf vorbereitet sein, zu sterben. Wie mir eine Patientin sagte: »Der Tod ist nicht das Schlimmste. Ein Leben ohne Liebe ist viel schlimmer.« Nachdem wir die Kunst des Lebens einen Tag nach dem andern gemeistert haben, können wir immer auch noch einmal 24 weitere Stunden schaffen, wenn wir ein wichtiges Ziel vor Augen haben.

Dieses Hinausschieben kann lange Zeit dauern. Ich habe über dieses Thema mit Melanie, einer Krankenschwester mit Brustkrebs, gesprochen und versucht, ihr Mut zu machen. Sie sagte: »Das brauchen Sie mir nicht erst zu erzählen. Als ich 16 war, kam meine Mutter eines Tages nach Hause und sagte: ›Kinder, man hat mir gesagt, daß ich Leukämie habe und daß ich spätestens in einem Jahr tot sein werde. Aber ich werde nicht sterben, bis ihr nicht alle verheiratet und aus dem Haus seid.‹« Acht Jahre später wohnte sie der Hochzeit ihrer jüngsten Tochter bei.

Ich habe schon viele Male den Tod von Menschen erlebt, die gelernt haben, voll und ganz zu lieben: Es ist ein friedliches Loslassen ohne Schmerzen, ohne daß an das Sterben Zeit verschwendet würde. Aber bevor das geschehen kann, müssen zwei Bedingungen erfüllt sein. Der Arzt als Lebensretter muß erfahren, wann er aufhören soll, und die geliebten Menschen müssen dem Patienten die Erlaubnis geben zu gehen. Sie müssen ihre Liebe und ihren Kummer mit dem Sterbenden teilen, aber sie müssen ihn auch wissen lassen, daß sie den Verlust überwinden werden. Mit anderen Worten, der Sterbende darf von seiner Familie nicht zu hören bekommen, daß er nicht sterben soll. Er muß ihre Liebe und ihre Unterstützung erhalten, und er muß wissen, daß seine Lieben weiterleben werden, weil sie geliebt wurden. Das Beispiel, das ihnen der Sterbende gegeben hat, zeigt, wie kostbar das Leben ist, auch wenn es jetzt für ihn ein Ende hat.

Heute weiß ich, daß selbst der Tod eine Form des Heilens sein kann. Wenn Patienten, deren Körper müde und ausgelaugt sind, im Frieden mit sich selbst und den von ihnen geliebten Menschen leben, dann können sie den Tod als ihre nächste Therapie wählen. Sie haben keine Schmerzen, weil es in ihrem Leben keine Konflikte gibt. Sie haben Frieden geschlossen und fühlen sich wohl. Oft findet zu diesem Zeitpunkt ein »kleines Wunder« statt, und sie leben noch eine Weile weiter, weil so viel Frieden herrscht, daß noch einmal ein Heilprozeß ansetzt. Aber wenn sie dann sterben, dann ist es ihr eigener *Entschluß*. Sie verlassen ihren Körper, weil sie ihn nicht mehr benötigen, um zu lieben. Mein eigener Vater erzählte mir von seinem Großvater, der im Alter von 91 Jahren sagte: »Hol meine Freunde und bringt mir eine Flasche Schnaps. Ich werde heute nacht sterben.« Um ihm eine Freude zu machen, folgte die Familie seiner Bitte. An jenem Abend ging er nach der Party in sein Zimmer, legte sich ins Bett und starb.

Jedem von uns steht diese Möglichkeit offen. Ich könnte mich entscheiden zu leben, während sich jemand anderer entschließt zu sterben, aber das hängt davon ab, was wir erreichen wollen und wieviel Liebe noch nötig ist. Der Tod bedeutet kein Versagen, sondern eine natürliche Entscheidung, und da ich mich als Heiler und Lehrer neu definiert habe, nehme ich an dieser Entscheidung teil und helfe den Patienten, so lange weiterzu*leben*, bis sie sterben. Wir müssen uns darüber klar sein, daß Menschen nicht leben oder sterben, sondern daß sie lebendig oder tot sind. Wenn man jemanden als unheilbar abstempelt, dann ist das nicht anders, als würde man ihn für tot erklären. Das ist falsch; wenn man lebt, kann man immer noch lieben und lachen und am Leben teilnehmen. Bevor ich die Entscheidung eines Patienten, der an Händen und Füßen gelähmt ist und deshalb sterben will, akzeptieren würde, würde ich ihn dazu überreden, einen Monat lang bei einem Patienten mit der gleichen Behinderung, der unglaublich schöne Bilder malt, indem er den Pinsel mit dem Mund führt, Kunstunterricht zu nehmen.

Ein alter Herr war die Treppe hinuntergefallen und lag im Koma, als man ihn ins Krankenhaus brachte. Er war mit seiner Frau seit über 60 Jahren verheiratet. Am darauffolgenden Tag erlitt sie einen Herzanfall und kam in medizinische Pflege. Er lag im Koma, sie war an einen Beatmungsapparat angeschlossen, und sie lagen im Krankenhaus auf verschiedenen Etagen. Ich schlug dem Krankenhausarzt vor, jeden der beiden über den Zustand des anderen zu informieren, da sie ja selbst nicht miteinander reden konnten. Ich sagte: »Wenn einer von beiden stirbt, sollte der andere wissen, was geschehen ist.« Aber die Ärzte im Krankenhaus hielten es für eine dumme Idee, daher ging ich zu dem Ehepaar und flüsterte ihnen beiden ins Ohr, was mit dem anderen geschehen war.

Am nächsten Tag kam ich ins Krankenhaus, und der Arzt sagte: »Wissen Sie, was passiert ist?« »Nein. Was denn?« Er sagte: »Mr. Smith ist gestorben, und ich rief an, um in der Station, auf der seine Frau liegt, die Telefonnummer seiner Nichte zu erfahren, die seine nächste Verwandte ist. Der Arzt dort sagte: ›Das ist komisch. Ich suche sie gerade selbst. Was wollen Sie von ihr?‹ Mr. Smith war eben gestorben, und jetzt sagte mir der Kollege, daß seine Frau ebenfalls gestorben war. Seine Frau folgte ihm nach nur fünf Minuten nach.« Was für ein Gentleman! Er holte seine Frau ab, und dann gingen sie zusammen fort.

Der Tod kann sich lange hinziehen, wenn die Gefühle unausgesprochen, die Konflikte ungelöst bleiben und das Leben nur noch wegen der anderen weitergeführt wird. Das geschieht, wenn dem Sterbenden immer wieder gesagt wird, daß er nicht sterben soll, wenn der Tod als ein Versagen angesehen wird, als etwas, das heimlich vor sich gehen muß, wenn die Ärzte und die geliebten Menschen nicht anwesend sind.

Wenn jemand Frieden mit sich selbst und anderen gefunden hat, dann ist das Sterben sein gutes Recht, dann kann der Patient »sich entspannen und es genießen«, wie es eine meiner Patientinnen ausdrückte. Aber paradoxerweise kann dieses Akzeptieren, wie Dr. Ellerbroek festgestellt hat, auch Heilung bringen. Als ich glaubte, daß Valerie nur noch 48 Stunden vom Tod entfernt sei, und weil ihr Ehemann sich weigerte, dies zu akzeptieren, beschloß ich, der Familie dabei zu helfen, zusammenzufinden. Am Dienstag abend erklärte ich ihrem Mann die Situation und riet ihm, die Töchter im College anzurufen, damit sie nach Hause kamen. Er versprach, es zu tun.

Am Mittwoch abend redete Valerie mit mir über ihren Mann. »Wissen Sie, was er gesagt hat, als Sie weg waren? Er sagte: ›Stirb nicht. Stirb nicht.‹«

»Haben Sie in Ihrem Leben jemals etwas für sich selbst getan?« fragte ich sie.

»Nein.«

»Dann ist es völlig in Ordnung, wenn Sie sterben«, sagte ich. »Aber bevor Sie sterben, hätte ich gern, daß Sie die Dinge zwischen sich und Ihrem Mann klären.«

Ich ging am selben Abend noch einmal zu ihr. Valerie hatte das Bett verlassen. Sie deutete auf ihren Mann, der am Fenster stand, und sagte: »Ich habe ihm gerade ein paar Dinge gesagt, die er gar nicht gern gehört hat.«

Als ich am Donnerstag morgens zu ihr kam, sah sie glänzend aus. Sie sagte: »Ich habe zwei Fragen. Woher ist all die Energie gekommen? Und warum sind die Krankenschwestern jetzt die ganze Zeit in meinem Zimmer?«

»Die Krankenschwestern sind in Ihrem Zimmer, weil Sie jetzt nicht mehr sterben«, sagte ich zu ihr. »Und die Energie kommt daher, weil Sie zwischen sich und Ihrem Mann alles bereinigt haben. Ich weiß nicht, ob ein Wunder geschehen wird, aber ich glaube, Sie sollten aufstehen und nach Hause gehen.«

»Das kommt mir beängstigend vor«, sagte sie. »Ich dachte, ich würde heute sterben!«

Untersuchungen haben gezeigt, daß Krankenschwestern auf die sogenannten unheilbar Kranken nur mit einiger Verzögerung reagieren. Das ist keineswegs herabsetzend gemeint. Krankenschwestern haben ihre eigene Sterblichkeit vor Augen, wenn sie ein Zimmer betreten, in dem ein »Sterbender« liegt. Mit diesem Problem müssen wir alle fertig werden, bis wir uns mit unserer eigenen Sterblichkeit abgefunden haben.

Valerie ging es zwei oder drei Monate lang besser (ein »kleines Wunder«), und in der Zeit lebte sie zu Hause und vollbrachte wunderbare Dinge mit ihrer Familie. Dann starb sie, friedlich und von Liebe umgeben. Aus diesem Beispiel hat das Pflegepersonal mehr gelernt als aus jedem Vortrag. Denn sie sahen, was geschieht, wenn ein Patient seine Konflikte löst und neue Energie zum Heilen findet. Wenn wir diesen Prozeß bei all unseren Patienten in einem früheren Stadium in Gang setzen könnten, würden sie nicht nur länger und besser leben, sondern es würde dadurch wahrscheinlich auch die Zahl der selbstinduzierten Heilungen drastisch erhöht werden.

Es ist erstaunlich, wie selten Angehörige des Krankenhauspersonals einem Patienten, der kurz vor dem Tod steht, einen Besuch abstatten. Wenn man die Tür schließt, kommt niemand herein.

Ich wurde einmal sogar wegen einer möglichen Tötung befragt, nur wegen dieser Angst, dem Tod nahe zu kommen. Ich war auf einer Tagung, als ich einen Anruf von Muriel bekam, einer jungen Frau, die kaum noch Luft bekam und kurz vor dem Krebstod stand. Sie sagte mir: »Sie haben gesagt, sterben sei leicht. Ich habe hinaufgesehen zum Himmel und gesagt: ›Ich bin bereit‹, aber es passierte nichts.«

Ich versuchte, es ihr zu erklären: »Das kommt, weil Sie so aufgeregt sind. Ich kann nicht vor fünf Uhr dort sein, aber dann komme ich und helfe Ihnen.« Wenn Patienten warten wollen, dann werden sie warten.

Als ich in ihr Zimmer kam, war sie von Angst und Zorn erfüllt, und man hatte ihr auch kein Beruhigungsmittel gegeben. Ich versuchte, ihr zu erklären, daß es schwer ist, voller Angst und Zorn zu sterben. Denn dann ist man nur auf seinen Körper fixiert. Man muß sich entspannen und sich loslassen. Dann ließ ich mir Morphium bringen, gerade genug, um sie zu beruhigen und ihre Schmerzen zu lindern.

Weil Muriel noch so jung war, war es für die Krankenschwestern besonders erschreckend. Sie dachten: »Das könnte eine von uns sein, die dort im Bett liegt.« Nur ein mutiger Medizinstudent blieb bei mir und der Familie der Patientin. Nachdem das Morphium zu wirken begonnen hatte, wurden ihre Atemzüge leichter, und wir verbrachten ein paar wunderbare Stunden zusammen, die mit Liebe und Lachen erfüllt waren. Sie erwachte buchstäblich zu neuem Leben, und irgendwann sagte sie, daß sie als erster weiblicher Präsident zu uns zurückkehren würde.

Gegen sieben Uhr wirkte Muriel so lebendig, daß ich schon glaubte, sie habe ihre Meinung vielleicht doch geändert. Ich fragte sie: »Macht es Ihnen etwas aus, wenn ich jetzt essen gehe?« Sie sagte nein, es mache ihr nichts aus. Als ich eine halbe Stunde später zurückkam, war sie tot. Ich weiß, daß sie es mir dadurch leichter machen wollte.

Die Krankenschwestern sagten mir, daß Muriel gestorben sei, aber als ich in ihr Zimmer kam, waren ihre Augen offen, und sie war noch an alle Geräte angeschlossen, so als lebte sie noch. Die Krankenschwestern hatten es nicht fertiggebracht, mit ihrem Tod umzugehen.

Später am selben Abend erfuhr ich, daß eine der Schwestern in der Krankenhausverwaltung angerufen und gesagt hatte, daß ich möglicherweise eine Patientin mit Morphium getötet hätte. Der betreffende Beamte informierte mich nicht, weil er kein Arzt war. Daher wurde die Angelegenheit an den medizinischen Leiter des Pflegepersonals weitergeleitet, der sich gerade auf einer Party befand.

Am nächsten Tag rief er mich an, und ich erklärte ihm, was geschehen war. Aber was mir dabei am meisten weh tat, war die Unfähigkeit der Krankenschwester, in Muriels Krankenzimmer zu kommen. Denn dann hätte sie gesehen, wie wunderbar die letzten Stunden für Muriel gewesen waren. Solche Stunden sind Geschenke der Liebe, die allen Überlebenden dabei helfen, den Verlust zu überwinden. Eine meiner Patientinnen, die vor kurzem gestorben ist, hinterließ mir eine Nachricht, auf der stand: »Vielen Dank für all die Liebe. Ich *kann* sie mit mir nehmen.« Sie hat mich und ihre Familie und alle, die mit ihr in Berührung kamen, geheilt.

Die Liebe, die von einem Leben ausgeht, das in Frieden beendet wurde, hat Juliet Burch, jetzt Studentin am St. John's College, in wunderbaren Worten beschrieben. Sie hat dieses Gedicht am Bett ihres Vaters verfaßt, der zwei Tage später starb.

Ich sitze bei Pa,
dem Mann, der mein Vater war oder ist.
Seine schweren rhythmischen Atemzüge.
Sein jetzt so schmächtiger Körper.
Ich halte seine warme Hand, und
es ist friedlich im Zimmer.
Es ist so völlig
bar jeder Angst
in diesem Zimmer. Es ist ein
friedlicher Ort, um zu sterben.
Ich habe
endlich
keine Angst, die Hand eines Mannes zu halten, der
einmal so mächtig war.
Meditation.
Ein Raum, der
schwer zu betreten,
aber auch
schwer zu verlassen ist.
Seine geöffneten Augen.
Er ist dort,
aber was geht in ihm vor?
Eine Pause im Takt des Atems.
Ich werde wachsam.
Und dann wieder derselbe
Rhythmus wie das Ticken
einer müden Uhr.

Ich überlege, ob er wohl
weint,
im Inneren.
Hat er überhaupt
Angst?
Ich bin erleichtert –
als ich merke, daß jetzt
meine Hand
gehalten wird.

Der Unterschied zwischen einem natürlichen, friedlichen Tod und einem Tod ohne Würde, der künstlich verlängert wird, ist in einem ähnlichen Gedicht von Joan Neet George eingefangen worden.

Großmutter, als dein Kind starb

Großmutter, als dein Kind starb
heiß neben dir
in deinem schmalen Bett,
ließen seine schweren Atemzüge
dich nicht ruhen
und weckten dich, als
es seufzte
und aufhörte.

Du hieltest ihn die bittere Dämmerung hindurch,
und am Morgen
zogst du ihn an, kämmtest sein Haar,
die Tränen kamen dir, aber du weintest erst,
als er schließlich
inmitten der wilden Iris unter der Erde lag,
und, unerklärlich, seine Seele bei Gott war. Amen.

Aber Großmutter, als mein Kind starb,
o guter Gott, da starb es schwer.
Ein Motor neben
seiner sterilen Wiege

ächzte und fauchte und schwirrte,
während er seine Schmerzen hinaussang –
hohe und niedrige Töne,
die langsam
den Pillennebel durchdrangen.
Meine Tränen, unaufhaltsam,
tropften
wie Glykose oder Blut
aus einer Flasche.
Und als er starb,
sah ich mit
trockenen Augen
Götter in weißen Kitteln
sich abwenden.

Ein neuer Sinn in Leben und Tod

Es gibt eine Geschichte von zwei Geschäftsmännern, die zu einem wichtigen Treffen fuhren. Jeder der beiden sollte 50 000 Dollar steuerfrei erhalten, aber sie mußten innerhalb einer Stunde dort sein. Auf dem Weg dorthin hatten alle beide eine Reifenpanne. Der erste Geschäftsmann stieg aus, sah in den Kofferraum und stellte fest, daß er keinen Wagenheber hatte. Er sah auf seine Uhr, stellte fest, daß er in zehn Minuten bei dem Treffen sein mußte, und bekam auf der Stelle einen Herzanfall. Der andere Geschäftsmann sah in den Kofferraum und bemerkte ebenfalls, daß er keinen Wagenheber hatte. Er stellte sich neben das Auto. Der Fahrer eines vorbeifahrenden Wagens hielt an, wechselte für ihn das Rad, und er kam rechtzeitig zu dem Treffen.

Ich glaube an die Jungsche Idee der synchronen Ereignisse; nämlich daß Zufälle in ihrem Zusammentreffen eine Bedeutung haben. Ich glaube, daß es sehr wenig reine Zufälle gibt. Nach einem meiner Vorträge überreichte mir ein Mann eine Karte, auf der stand: »Ein zufälliges Zusammentreffen ist Gottes Methode, anonym zu bleiben.« In einem Leben, daß nicht in Harmonie mit sich selbst ist, scheinen die Dinge wie in einer Verschwörung alle auf das übelste hinauszulaufen, aber auf die gleiche Weise scheinen sie sich wunderbar zu vermengen, wenn man beginnt, sein Leben zu genießen. Wenn Sie damit anfangen, *Ihr eigenes* Leben zu leben, Risiken auf sich nehmen, um zu tun, was Sie wirklich tun wollen, werden Sie feststellen, daß alles von ganz alleine läuft und daß Sie sich »rein zufällig« zur richtigen Zeit am richtigen Ort befinden. Sogar die Fahrstuhltüren öffnen sich, wenn Sie eintreffen.

Vielleicht ist das nur eine andere Beschreibung dafür, daß Sie ihre guten Gelegenheiten aus dem gleichen Rohstoff zimmern, aus dem andere Menschen ihre Niederlagen schaffen. Ich nenne diese anscheinenden Rückschläge »spirituelle Reifenpannen« – unerwartete Ereignisse, die positive oder negative Resultate haben können, je nachdem, wie wir auf sie reagieren. Beispielsweise könnte Sie eine halbstündige Verspätung vor einem Verkehrsunfall bewahren, oder es könnte sich ein Mensch, der anhält, um Ihnen bei einem Reifenwechsel zu helfen, als jemand heraussttellen, den Sie unbedingt kennenlernen mußten. Solche Vorfälle lehren uns, die Ereignisse nicht als unbedingt gut oder schlecht einzuordnen, als richtig oder falsch, sondern das Leben einfach weiterfließen zu lassen.

Ich will Ihnen ein weiteres Beispiel erzählen. Eines Morgens stieg Rose, eine Studentin, die mit mir zusammenarbeitete, in ihr Auto, um zu mir zu kommen und mir im Operationssaal zu helfen. Ihr Auto sprang nicht an, also holte sie ihr Fahrrad heraus – und hatte eine Panne. In diesem Augenblick sagte sie: »Bernie würde bestimmt sagen, daß ich jetzt nach Hause gehöre.« Sie ging zurück, und als sie ihre Wohnung betrat, klingelte das Telefon.

Es war ihr Bruder, der früher drogensüchtig gewesen war. Er rief sie aus Maine an. Er sagte: »Gott sei Dank, daß du da bist. Ich war nahe dran, wieder nach New York zu gehen und mit den Drogen anzufangen.« Sie redeten ungefähr eine Stunde lang. Sie beruhigte ihn, und er versprach, dortzubleiben, bis jemand aus der Familie hinfahren und bei ihm sein konnte.

Sie ging wieder zu ihrem Auto und hob die Kühlerhaube

hoch und sagte: »Ich weiß eigentlich nicht, warum ich das tue. Ich habe nicht die geringste Ahnung von Motoren.« In diesem Augenblick fuhr ihr anderer Bruder mit dem Auto vor und berichtete: »Als ich eben über den Parkway fuhr, sagte mir eine Stimme: ›Fahr doch mal bei deiner Schwester vorbei.‹« Er brachte ihr Auto in Gang, und sie kam mit großen Augen ins Krankenhaus.

Um ein wirklich spiritueller Mensch zu werden, muß man sich der eigenen Intuition öffnen, dem Teil in uns, der *weiß*. Wie Elisabeth Kübler-Ross sagte, sind Entscheidungen, die sich auf reine Vernunft stützen, gewöhnlich dazu da, andere zufriedenzustellen. Intuitive Entscheidungen tragen dazu bei, daß wir *uns selbst* gut fühlen, selbst wenn andere glauben, wir seien verrückt. Aber wenn wir ehrlich leben, machen wir uns keine Gedanken mehr über das, was andere denken.

Connie, eine Mathematiklehrerin an der Schule unserer Kinder, bekam die Hodgkinsche Krankheit. Ihr Mann ließ sich von ihr scheiden, und sie blieb mit einer Hypothek und ihrer Position als Lehrerin zurück und hatte Angst vor jeder Art von Veränderung oder Unternehmung. Ich sprach mit ihr, schickte ihr Bücher und versuchte, sie dazu zu bringen, sich ihr Leben neu einzurichten. Eines Abends beschloß ich, zu ihr zu gehen, um mit ihr zu reden, obwohl sie unsere Kinder nicht mehr unterrichtete. Als ich ihr Zimmer betrat, sagte sie: »Ich habe Sie gesucht.« Ich sagte: »Ich weiß, deshalb bin ich ja hier.«

Wir setzten uns hin, und sie sagte: »Wissen Sie, ich habe beschlossen, zu tun, was Sie mir gesagt haben. Was mich schon immer interessiert hat, war Fliegen. Deshalb nehme ich jetzt Flugunterricht. An einem Sonntag um zwei Uhr mittags ging ich zum Flughafen, und da stieg gerade ein gutaussehender Mann aus einem Flugzeug. Ich dachte, Junge, Junge! – der könnte mir gefallen, und um es kurz zu machen: Wir werden heiraten und von hier fortziehen.«

»Wieso sind Sie an diesem Sonntag um zwei Uhr auf den Flughafen gegangen?« fragte ich. »Warum haben Sie nicht am Samstag um ein Uhr eine Stunde genommen?« Und wir lachten beide. Denn es heißt, daß man tun muß, was sich richtig anfühlt, um etwas vom Leben zu haben. Plötzlich sieht man all die Menschen, die geliebt werden wollen und die einen auch lieben wollen, Menschen, die man nie zuvor gesehen hat, obwohl sie immer da waren. Nachdem ein Mann namens Aaron einen meiner Vorträge gehört hatte, kam er zu mir mit den Worten, er könne es einfach nicht glauben, daß sein Leben auf irgendeine Weise spirituell gelenkt werde. Er glaubte nicht, daß alles gut ausgehen würde, wenn er nur den Mut hatte, die Richtung einzuschlagen, die er wirklich einschlagen wollte. Er war sehr unglücklich über sein Haus und seinen Job. Er wollte unbedingt beides ändern, hatte aber Angst, das Alte loszulassen und das Neue zu suchen. »Wenn Sie einfach Ihren Job aufgeben, wird sich schon ein anderer finden«, versprach ich ihm.

»Okay«, sagte er, »wir werden ja sehen«, und dann kündigte er. Am Sonntag ging er in die Kirche, was er nur selten tat, und der Mann, der neben ihm saß, sagte zu ihm: »Wie ich höre, haben Sie Ihren Job aufgegeben.« Aaron nickte und erzählte ihm, welche Arbeit er verrichtet hatte – und der Mann sagte: »Ich brauche genau jemanden wie Sie.« Und Aaron bekam die Stelle.

»Sie werden zugeben müssen«, sagte er zu mir, »daß es sich um einen reinen Zufall gehandelt haben könnte.«

Daher erwiderte ich: »Und jetzt verkaufen Sie Ihr Haus, dann werden Sie ein anderes finden.« Er bot das Haus zum Verkauf an, aber niemand kaufte es. Er wollte alles verkaufen, auch die Einrichtung, weil er auch einen Teil seiner Möbel loswerden wollte. Aber dann beschloß er, es wieder rückgängig zu machen, weil niemand am Haus interessiert zu sein schien. Aber ich sprach ihm Mut zu, weiterzumachen. Einer der Interessenten, der sich das Haus ansah, fragte Aaron, warum er es verkaufen wolle.

»Ich will dieses Haus verkaufen, aber ich brauche ein anderes«, erwiderte Aaron.

Der Mann meinte daraufhin: »Ich bin gerade dabei, ein Haus zu verkaufen, das Ihnen vielleicht gefällt.« Wie sich herausstellte, war es genau das, wonach Aaron suchte. Er kaufte es und verkaufte bald darauf sein eigenes.

Aber auch hier könnte es sich um einen Zufall handeln. Wenn man keinen Glauben besitzt, dann sind solche Dinge natürlich immer Zufälle. Woher weiß man, ob man Glauben besitzt? Um es Ihnen zu erklären, muß ich Ihnen von dem Mann erzählen, der über eine Klippe fiel und sich an einem sehr kleinen Busch festhielt und dort hing und sah, wie sich die Wurzeln allmählich aus dem Grund lösten. In diesem Augenblick sah er hinauf zum Himmel und sagte: »Lieber Gott, du mußt mich retten.« Und eine wunderschöne melodische Stimme sagte: »Mach dir keine Sorgen, mein Sohn, ich werde dich retten. Laß los.« Der Mann blickte wieder nach oben und fragte: »Ist da oben noch jemand anderer?« Wenn man diese zweite Frage nicht stellen muß, dann besitzt man Glauben.

In meinem Bemühen, Menschen zur Heilung zu verhelfen, versuche ich, sie dazu zu bringen, an ihr eigenes Leben und an den gesamten Prozeß des Lebens zu glauben. Man kann aus dem Glauben heraus handeln und sich das Leben einfach machen, oder man kann immer wieder alles nachprüfen und sich das Leben schwermachen. Egal, was geschieht, man wird immer sagen können: »Es könnte ein Zufall sein« und sich niemals an der Gnade freuen. Statt dessen rate ich Ihnen, sich zu entscheiden, in welche Richtung Sie gehen wollen, den Sprung ins Ungewisse zu wagen und dann zu fliegen. Überlassen Sie es den gelegentlichen Reifenpannen, Ihr Leben zu lenken. Genau das tun diejenigen, die überleben. Bei ihnen gibt es keine Mißerfolge. Bei ihnen gibt es nur Verzögerungen oder eine neue Orientierung.

Sich vom Spirituellen lenken zu lassen hilft einem auch zu der Erkenntnis, daß der Geist und die Seele der Menschen auf eine Weise miteinander verbunden sind, die dem täglichen Blick verborgen bleibt. Diese Abtrennung, die die meisten von uns erleben, ist illusorisch, und dies zu »durchschauen« gibt dem Leben noch mehr Bedeutung. Der Botaniker Rupert Sheldrake hat vor einiger Zeit »morphogenetische Felder« als einen Weg zur Kommunikation vorgeschlagen, um die ansonsten unerklärlichen Ergebnisse bestimmter Experimente zu erklären. Wenn beispielsweise, Ratten in einem Laboratorium ein bestimmtes Labyrinth genau kennen, scheinen *überall auf der Welt* Ratten, die keinen Kontakt mit den ursprünglichen Ratten hatten, die Wege dieses bestimmten Labyrinths schneller zu lernen. Anscheinend läßt sich ein Gedanke, wenn er erst einmal gedacht wurde, auf andere übertragen. Sheldrake glaubt, daß das der Grund dafür sein könnte, warum eine wichtige Entdeckung häufig von mehreren Menschen, die unabhängig voneinander in verschiedenen Teilen der Welt arbeiten, gleichzeitig gemacht wird.

Es gibt verborgene Kommunikationskanäle vom Unbewußten zum Bewußten. Seit ich Patienten verständlich gemacht habe, daß sie mir unbedenklich *jede* Erfahrung aus ihrem Leben erzählen können, habe ich sehr oft Fälle von Voraussagen kennengelernt. Einige Patienten zeichnen oder beschreiben die genauen Einzelheiten einer bevorstehenden Operation bis hin zu dem genauen Arrangement der Instrumente und des Personals, obgleich sie weder den Operationssaal noch den Vorgang selbst kennen.

Vor einigen Jahren wurde ich gebeten, mit Janet, einer schwangeren Frau, deren Mann gerade bei einem Autounfall getötet worden war, zu sprechen. Während unseres Gesprächs sagte ich: »Ihr Mann wußte, daß er sterben würde.«

»Glauben Sie das wirklich?« fragte sie.

»Ja, ganz bestimmt.«

Es tat ihr gut, denn nun verstand sie besser, warum ihr Mann darauf bestanden hatte, daß sie selbständig wurde, indem sie eine Ausbildung als Krankenschwester machte. Sie erinnerte sich auch an eine Bemerkung von ihm, als sie mehrere Wochen vor seinem Tod über Unfälle gesprochen hatten: »Wenn ich je einen Gehirnschaden davontragen sollte, dann würde ich nicht weiterleben wollen. Ich kann einen Arm oder ein Bein verlieren und weiterleben, aber wenn ich einen Gehirnschaden hätte, würde ich nicht leben wollen.« Bei der Autopsie stellte sich heraus, daß er bei seinem Unfall einen schweren Gehirnschaden erlitten hatte.

Ich sagte Janet auch, daß ich glaubte, der Geist ihres Mannes existiere weiter. Wieder fragte sie: »Glauben Sie das wirklich?« Und ich sagte: »Ja, ganz bestimmt.«

»Also, ich saß im Wohnzimmer«, sagte sie. »Er war nicht rechtzeitig zum Essen gekommen, und die Feuerwehrsirene ging los. Ich wußte sofort, daß es seinetwegen war. Ich sprang auf, und seine Stimme sagte zu mir: ›Bleib eine Stunde lang hier im Zimmer.‹ Deshalb setzte ich mich hin und wartete. Als ich zur Unfallstelle kam, zogen sie seinen Körper gerade aus dem Wagen. Ich dachte mir: ›Wenn ich hier eine Stunde lang hätte warten müssen – das hätte ich nicht ausgehalten.‹«

Ich machte mir ihretwegen Sorgen, aber ein paar Monate später erzählte ich ihre Geschichte auf einer Tagung, und ein Arzt dort berichtete mir später, daß er sie von einem gesunden Kind entbunden hatte und daß es ihr ausgezeichnet gehe. Erst vor kurzem hat mir Janet einen Brief geschrieben, in dem sie anbot, Menschen in einer ähnlich schlimmen Situation, wie sie sie überstanden hatte, zu helfen.

Derselbe Arzt nahm mich auf die Seite und erzählte mir von einer weiteren Vorahnung. Als seine Frau schwanger war, hatte sie zu ihm gesagt: »Ich muß die Taubstummensprache lernen.« Er sagte: »Aber Liebling, wozu denn?« Und sie sagte: »Ich muß es tun.« Und tatsächlich war ihr erstes Kind von Geburt an taub. Es ist bezeichnend, daß der Arzt unter vier Augen mit mir sprach, obwohl er selbst solche Vorahnungen ernst nahm. Auch viele andere Ärzte wagen es nicht, offen von solchen Dingen zu sprechen.

Immer wieder begegne ich Patienten mit unbewußter Kenntnis der Zukunft. Eines Montags operierte ich einen Mann namens Mike. Er hatte von einer Arterienerweiterung einen schweren Blutsturz bekommen, der sich in die Speiseröhre ergossen hatte. Es war unmöglich, die Blutung zu stoppen, und er starb. Als ich mit seiner Frau sprach, sagte sie: »Wissen Sie, vergangenen Sonntag haben wir die ganze Zeit von seiner Beerdigung und seinem Testament gesprochen, und ich habe noch zu ihm gesagt: ›Warum müssen wir die ganze Zeit von diesen schrecklichen Dingen reden?‹ Und jetzt weiß ich, warum.«

Ich habe schon mehrmals festgestellt, daß enge Verwandte vom Tod eines Familienmitglieds wußten, bevor sie die Nachricht erhielten. Mein eigener Vater, der jetzt fast 80 Jahre alt ist, erzählte mir vor ein paar Jahren, daß ihn seine Mutter, als er noch ein junger Mann war, eines Tages – spirituell – bei der Arbeit besuchte. Sie sagte ihm Lebewohl. Da wußte er, daß sie gestorben war, und wurde sehr traurig. Seine Mitarbeiter bemerkten es, aber er konnte ihnen nicht erklären, was geschehen war, weil es sich so verrückt anhörte. Als er nach Hause kam, klingelte das Telefon, und seine Schwester teilte ihm mit, daß ihre Mutter gestorben war.

Sandy, von der ich schon in Kapitel 4 berichtet habe, erzählte mir von der Erfahrung, die sie mit diesem intuitiven Wissen gemacht hatte. Harry, ihr Mann, fuhr jeden Tag die Kinder in die Schule, aber eines Tages verspäteten sich alle beim Anziehen. Er wurde wütend und fuhr ohne sie los und kam wenige Minuten später bei einem Autounfall um. Es scheint mir klar, daß es jedes der Kinder aufgrund einer Art unbewußter Wahrnehmung für besser hielt, an diesem Tag nicht rechtzeitig fertig zu sein und nicht mit dem Vater zusammen wegzufahren.

Als Sandy Harrys Mutter in Maine anrief, sagte seine Mutter, noch bevor Sandy zu reden begann: »Ja, ich weiß. Harry ist tot.« Als Sandy fragte, woher sie es wüßte, erwiderte sie: »Sein Vater« – der seit einem Jahr tot war – »kam letzte Nacht zu mir und sagte: ›Ich muß morgen unseren Sohn holen.‹« Das sind Dinge, die Patienten mir, dem privilegierten Zuhörer, mitteilen. Diese Erfahrungen können im Bewußtsein und im Glauben eines Menschen einen völlig neuen Bereich erschließen.

Eines Abends, als ich einen Vortrag halten sollte, lagen meine ganzen Notizen vor mir. Trotzdem wurde mir, während ich den Vortrag hielt, klar, daß ich eigentlich zwei Vorträge hielt. In dem einen bemühte ich mich, dem Konzept zu folgen, aber aus meinem Mund kamen völlig andere Worte. Und mir wurde klar, daß dieser Vortrag viel besser war, daher gab ich schließlich auf und ließ es einfach geschehen.

Als ich das Podium verließ, sagte ich zu Bobbie: »Ich weiß nicht, wer diesen Vortrag gehalten hat. Ich war's jedenfalls nicht.« Eine Frau kam zu mir und sagte: »Ich habe früher schon Vorträge von Ihnen gehört, aber der von heute hat mich besonders bewegt.« Als drittes kam jemand zu mir und sagte: »Ich bin ein Medium, und als Sie den Brief von Lois Becker vorgelesen haben, sah ich sie als Projektion über Ihnen, sie starrte hinunter in den Saal. Ich habe es für Sie aufgezeichnet.« Und sie zeigte mir ein Bild von meinem spirituellen Freund George.

Das berühmte Medium Olga Worrell hat George und eine andere meiner meditativen Leitfiguren ebenfalls beschrieben, sogar was sie anhatten – lange fließende Gewänder und jüdische Gebetskappen. Wenn der emotionale und spirituelle Geist frei wird, werden die »mystischen« und »irdischen« Unterschiede aufgehoben.

Diese Erfahrung hat mich gelehrt, daß sich das Unterbewußtsein um alles kümmern kann, deshalb brauche ich mich jetzt nicht mehr auf meine Vorträge vorzubereiten. Ob George nun als eine Art guter Geist oder einfach in mir als Teil meines kollektiven Unbewußten oder meiner Intuition existiert – diese Macht ist immer und für uns alle vorhanden, wenn wir sie nur zu uns durchdringen lassen. Sokrates erwiderte, als er gefragt wurde, ob er seine Verteidigung vorbereitet habe: »Was gesagt werden muß, wird gesagt werden.«

Eine Frau, die Brustkrebs hatte, erzählte mir, daß ihre Familie sie für verrückt halte. Ich fragte nach dem Grund, und sie erzählte mir mehrere verschiedene Geschichten. Die eine war ein Traum, in dem der Tod kam und ihr sagte, daß ihr Mann am nächsten Tag sterben werde. Sie stritt sich mit ihm und sagte: »Nein. Jeder erhält zwei Wochen vorher Bescheid.« Zwei Wochen später, auf den Tag genau, starb ihr Mann.

Ich sagte ihr, daß ich sie und alles, was sie mit mir teilte, liebte. Als wir aus dem Behandlungsraum kamen, wartete ihre Familie darauf, daß ich irgend etwas Negatives über ihre verrückte Mutter sagte. Statt dessen meinte ich nur: »Sie ist einfach wunderbar, hinreißend.« Das führte zu Offenheit und einem neuen Bewußtsein in der Familie, die nun bereit war, die kranke Mutter und alles, was sie ihnen mitteilte, zu akzeptieren.

In diesem intuitiven, spirituellen Bewußtsein bedeutet der Tod keine Schranke. Es hält über den Tod hinaus an, und es stellt zwischen den Toten und den Lebenden eine Kommunikation her. Iris, eine blinde Diabetikerin, die Krebs hatte, machte eine ähnliche Erfahrung. Eines Tages rief sie ihre zwei Töchter in ihr Krankenhauszimmer und sagte: »Ich kann wieder sehen. Meine Mutter und mein Vater waren bei mir und haben mir einen Apfel gezeigt. Sie sagten, wenn ich hineinbeiße, werde ich bald bei ihnen sein. Ich sagte ihnen, daß mein Enkel am Dienstag Geburtstag hat und daß ich danach zu ihnen kommen werde.« Sie starb nach der Geburtstagsparty am Dienstag.

Bevor sie starb, sagte eine ihrer Töchter: »Mom, wenn du stirbst, will ich auch sterben. Ich kann ohne dich nicht weiterleben.« Zwei Wochen später erschien Iris ihrer Tochter und sprach: »Hör zu, ich habe zehn Minuten Zeit. Es ist gegen die Regeln. Ich bin jetzt an einem wunderbaren Ort, und ich werde geliebt. Ich will mir keine Sorgen machen, nur weil du etwas Dummes anstellst.«

Seit ich den Glauben meiner Patienten offen annehme, habe ich viele Botschaften von den Verstorbenen erhalten. Josie war eine wunderbare Frau, die jedem, den sie kannte, Liebe und Humor geschenkt hatte. Während sie im Hospiz lag, glaubte sie, ein Geräusch zu hören, und fragte, ob jemand an der Tür sei. Die Krankenschwester sagte: »Ich mußte nur eben was abkratzen.« Und Josie erwiderte: »Und ich bemühe mich schon die ganze Zeit abzukratzen, aber das ist gar nicht so leicht.« Sie gehörte zu den außergewöhnlichen Menschen, die bis zum Moment des Todes leben.

Josie hatte mich gebeten, bei ihrer Beerdigung die Laudatio zu halten. Ich dankte ihr für die Ehre, wandte aber ein, daß ich mir nicht sicher sei, ob es sich mit meinem Terminkalender vereinbaren ließe, vor allem, da die Beerdigung in New York sein würde. Schon seit Monaten plante ich eine Reise zu einer Tagung in New York, die an einem ganz bestimmten Freitag stattfand. Es war der einzige Tag im ganzen Jahr, an dem ich in New York sein würde. Außerdem hatte mich der Moderator einer Radio-Talk-Show gefragt, ob ich mich an diesem Tag mittags eine Stunde lang im Rundfunk daran beteiligen könne, da ich mich sowieso in New York aufhielte. Ich sagte zu, aber am Montag vor der Talk-Show rief jemand vom Sender an und teilte mir mit, das Programm sei wegen einer anderen Sendung verschoben worden. Ich sagte meiner Frau, daß Josies Beerdigung genau zu diesem Zeitpunkt sein würde, obwohl sie noch nicht einmal gestorben war.

Am Donnerstag abend fragte mich Josies Mann, wie er ihr

den Übergang erleichtern könne. Es war schwer für sie, die vielen Besucher und die Liebe, die ihr entgegengebracht wurde, zu verlassen. Ich riet ihm, ihr zu sagen, daß er sie liebte, daß er und die Jungen schon zurecht kämen und daß sie ruhig gehen könne, wenn sie bereit war. Er sagte es ihr am nächsten Morgen, und dann drehte er sich um, um ihr Frühstückstablett zu holen. Und als er sich ihr wieder zuwandte, war sie gestorben.

Josies Sohn rief mich an, um mir mitzuteilen, daß sie gestorben war und daß es eine Diskussion gegeben hatte, ob die Beerdigung am Freitag oder am Sonntag sein sollte. Ich sagte: »Eure Mutter will, daß sie am Freitag mittag stattfindet.« Er sagte: »Ich weiß zwar nicht, woher Sie das wissen, aber genau das haben wir beschlossen.«

Nachdem ich von Josies Tod erfahren hatte, ging ich in die Krankenhauskapelle, einen kleinen Raum ohne Fenster, um zu meditieren. Ein Schild, das an der Wand hing, begann sich plötzlich aus keinem ersichtlichen Grund zu bewegen. Ich sah genauer hin und las die Botschaft: »Mitten im Leben bin ich bei dir.« Ich wußte, es war eine Botschaft von Josie. Am Freitag, als ich mich dem Ende meiner Rede näherte, ging in der Bestattungshalle plötzlich der Lautsprecher aus. Ich hatte das Gefühl, daß mir Josie eine weitere Nachricht übermittelte: »Das reicht schon!«

Paula, ein Mitglied unserer ECaP-Gruppe, erzählte mir von einer ähnlichen Erfahrung, nachdem ihre Tochter im College bei einem brutalen Überfall ermordet worden war. Als der Mörder vor Gericht stand, erschien ein Vogel am Fenster, machte einen schrecklichen Spektakel und störte die Gerichtsverhandlung. Paula sagte, sie wüßte, daß es ihre Tochter gewesen sei, weil sie schon immer die Aufmerksamkeit aller auf sich ziehen wollte. Später, bei der Hochzeit von Paulas zweiter Tochter, erschien wieder ein Vogel und lärmte mit heiserer Stimme und störte die Feierlichkeiten, die im Freien stattfanden. Und gerade als Paula diese Geschichte in der Gruppe zu Ende erzählt hatte, kreischte am Fenster ein Vogel, und ein jeder drehte sich zu Paula um und sagte: »Schätze, das ist deine Tochter.«

Vor einiger Zeit, es war ein kalter, dunkler Dezembermorgen, machte ich mich auf den Weg zum Joggen. Die ganze Zeit wurde ich von einem Vogel begleitet, der mit mir plauderte und laut zirpte. Als ich nach Hause kam, sagte ich zu Bobbie: »Jemand ist gestorben und hat mir gerade Lebewohl gesagt.« Am Mittwoch erhielt ich einen Telefonanruf und erfuhr, daß eine Patientin, die mir sehr nahe gestanden hatte und in einem anderen Bundesstaat lebte, genau zu diesem Zeitpunkt gestorben war.

Meine wohl aufregendste Erfahrung mit einer Kommunikation nach dem Tod machte ich mit Bill, dem Arzt, von dem ich in Kapitel 2 berichtet habe. Er wußte, daß er Krebs hatte, nachdem er nur ein einziges Mal Schwierigkeiten beim Schlucken hatte. Er schloß sich der ECaP an, hielt sich aber immer etwas abseits – er sagte nicht viel, sondern beobachtete nur. »Er hat es der Gruppe nie abgekauft«, hatte seine Frau einmal über ihn bemerkt.

Drei Monate, nachdem Bill an Krebs gestorben war, kam eine College-Studentin in meine Praxis, um mir ein paar Fragen zu stellen. Sie erzählte mir, daß sie am Abend vorher an dem Treffen eines Heilungszirkels teilgenommen habe, und da sie wußte, daß sie mich am nächsten Tag treffen würde, hatte sie das Medium, das den Zirkel leitete, gefragt, ob sie mir irgendeine Nachricht überbringen solle. Sie gab mir eine Karte:

An Bernie
Von Bill
In Liebe und Frieden
Wenn ich gewußt hätte, daß es
so leicht ist, hätte ich es
euch schon längst abgekauft
und mich nicht
so gesträubt.

Als ich seine Frau anrief, sagte sie: »Das hat er mir nach den Gruppensitzungen auch immer gesagt. Er nahm teil, aber er sagte, er könne es uns einfach nicht abkaufen.« Als er schon sehr krank war, fragte ich ihn, ob er bereit sei zu sterben. Und er sagte: »In Anbetracht der Alternative: nein.« Die Menschen in dem Heilungszirkel wußten nicht, wer Bill war, und doch wurde dort der gleiche Satz verwendet, den auch er und seine Frau verwendeten. »Liebe und Frieden« – so beende ich alle meine Briefe. Von wem hätte dieser Zettel sonst sein sollen? Was bleibt mir anderes übrig, als zu glauben und diesen Glauben mit anderen zu teilen? Elisabeth Kübler-Ross sagt: »Eines Tages werden mir meine Kritiker alle recht geben.«

Aber wie immer man sich diese Erfahrungen auch erklären mag, eines läßt sich nicht leugnen – daß Liebe die Angst vor dem Tod besiegt und unglaubliche Heilenergien frei machen kann. Die letzten Zeilen aus der Predigt von Emmet Fox sind der Schlüssel. »Wenn man nur genügend lieben könnte, wäre man das glücklichste und mächtigste Wesen auf der Welt ...« Man wird unverwundbar. Und das ist, wie ich finde, die wahre Zukunft der Medizin. Wissenschaftler sagen oft, daß man sehen muß, um glauben zu können, aber ich weiß, daß man glauben muß, um sehen zu können. Auf dem College hatte ich Philosophie und Religion belegt, und eines Tages sprach der Lehrer über Augustinus und seine Aussage, daß man lieben muß, um sehen zu können. Ich hob die Hand und sagte: »Ich dachte, Liebe sei blind.« Ich habe von dem Lehrer keine befriedigende Antwort darauf erhalten. Aber heute weiß ich, daß man lieben und glauben, also offen sein muß, damit man wirklich und wahrhaftig mit anderen teilen kann und das Nächstliegende wahrnimmt. In Medizin und Wissenschaft heißt es im allgemeinen: »Sehen ist glauben«, und dann sagt man uns, was wir sehen sollen und daß wir alles andere ignorieren sollen. Aber die spirituelle Botschaft, die der wirkliche Forscher oder Künstler befolgt, lautet, daß wir unsere Augen öffnen und über das hinaussehen sollen, von dem man uns gesagt hat, daß es existiert.

Ich hoffe sehr, daß ich, indem ich den Erwachsenen zeige, wie die Gedanken und der Geist den Körper heilen und das Leben lohnenswert machen können, ein wenig dazu beitragen kann, daß Eltern ihre Kinder lehren, wie man liebevoll und gesund wird. Zu viele Kinder bekommen alles, was sie wollen, aber nichts von dem, was sie wirklich brauchen. Die Botschaft, die man einem Kind ins Ohr flüstern sollte, ist einfach: »Ich liebe dich bedingungslos (und nicht, *wenn* du eine Eins hast oder *wenn* du Arzt wirst). Das Leben ist voller Hindernisse, aber du wirst sie überwinden.« Und wir müssen ihnen Disziplin zuteil werden lassen, nicht Bestrafung. In Georgien in der Sowjetunion trinken die Menschen »auf deinen dreihundertsten Geburtstag«. Diesen Brauch sollten wir übernehmen.

Die ganze Welt steht vor ebendiesen Fragen, denn die Atomwaffen bedrohen die Menschheit genauso, wie Krebs den einzelnen bedroht. Wenn wir uns entschließen zu lieben, dann haben wir eine größere Chance zu überleben. Wenn wir lieben, können wir die wenigen Menschen, die sich in der Rolle des Killers wohl fühlen, unter Kontrolle bringen. Wie Gandhi sagte: »Nicht unsere Feinde, sondern ihr Verlangen zu töten müssen wir töten.«

In Indien erzählt man sich die Geschichte eines heiligen Mannes, der in seinem Kloster blieb, als sich eine Armee von Soldaten näherte und rundum alle heiligen Männer umbrachte. Als der General zu ihm sagte: »Weißt du denn nicht, daß ich mein Schwert in deinen Leib stoßen kann?«, erwiderte er: »Weißt du denn nicht, daß ich meinen Leib um dein Schwert legen kann?« Wenn wir genug Liebe geben, werden wir unverwundbar, und wir können unseren Leib um das Schwert legen und die Welt retten. Es gibt in Indien auch das alte Sprichwort: »Als du geboren wurdest, hast du geschrien, und die Welt hat sich daran erfreut. Führe dein Leben auf eine Weise, daß die Welt, wenn du stirbst, weint und du dich daran erfreuen kannst.« Wenn wir nach dieser einfachen Lehre leben, werden wir als Individuen überleben, und die Welt wird ebenfalls überleben. George Ritchie schrieb am Schluß seines Buchs *Return from Tomorrow:* »Gott ist damit beschäftigt, eine Rasse Menschen zu schaffen, die weiß, wie sie lieben muß. Ich glaube, daß das Schicksal der Erde davon abhängt, welche Fortschritte wir machen – und daß wir nur noch wenig Zeit haben.«

Gandhis Lehrer Muktananda wies darauf hin, daß es im Sanskrit kein Wort für *Ausschluß* gibt. Wenn wir unser eigenes Verlangen zu töten ausmerzen können und dabei niemanden ausschließen, wird sich die Welt verändern, und wir werden dahin zurückkehren, woher wir gekommen sind – von der Energie, die beschlossen hat, aus sich selbst heraus zu lieben.

Ich sage meinen Patienten oft, daß es zwei Möglichkeiten gibt, unsterblich zu sein. Die eine ist, Medizin zu studieren (Ärzte werden nicht krank und sterben nicht). Und die andere besteht darin, jemanden zu lieben.

Wie Thornton Wilder am Ende seines Romans *Die Brücke von San Luis Rey* schrieb:

> ... und wir selbst werden für eine kleine Weile geliebt und dann vergessen werden. Doch die Liebe wird genug gewesen sein; alle diese Regungen von Liebe kehren zurück zu der einen, die sie entstehen ließ. Nicht einmal eines Erinnerns bedarf die Liebe. Da ist ein Land der Lebenden und ein Land der Toten, und die Brücke zwischen ihnen ist die Liebe – das einzige Bleibende, der einzige Sinn.

Gott hat es unserem freien Willen überlassen, der Liebe und dem Leben einen Sinn zu geben. Das bedeutet eine große Gefahr, denn nun haben wir es selbst in der Hand, unser Universum zu zerstören, wenn wir uns gegen die Liebe entscheiden.

Jedoch gerade in dieser kritischen Zeit kann der Archetyp des Wunders erscheinen. Wenn wir an Liebe und Wunder glauben, kann eine göttliche Hand hilfreich eingreifen.

Vor uns liegen unendlich viele Möglichkeiten, aber nur eine begrenzte Anzahl Lösungen – Zerstörung und Tod oder Liebe und Heilung. Wenn wir den Weg der Liebe wählen, können wir uns und unser Universum retten.

Laßt uns die Liebe und das Leben wählen.

Anhang

Entspannung

Die folgende Methode hat Dr. Edmond Jacobson von einer Yogatechnik abgeleitet. Genauso wie bei den Beispielen zur Visualisierung, die später folgen, sollten Sie sich diese Instruktionen von einem Freund vorsprechen lassen oder sie selbst auf Band sprechen. Dann haben Sie, wenn Sie unter Streß stehen, immer eine Tonkassette zur Verfügung. Außerdem ist ein Tonband auch nützlich, wenn man einschläft, weil man die Botschaft dann weiterhört. Ich will damit nicht sagen, daß Sie es dazu verwenden sollen, um einzuschlafen, außer Sie können sich nachts schlecht entspannen. Am Tag nehmen Sie einfach irgendeine bequeme Stellung ein und versuchen, sich völlig darauf einzustellen, während Sie das Band bis zu Ende abspielen. Mit etwas Übung sind Sie dann später vielleicht in der Lage, sich ohne Tonband selbst in den Alpha-Zustand zu versetzen.

Die Beleuchtung sollte gedämpft und beruhigend sein. Wenn möglich, suchen Sie wenigstens zu Anfang ein ruhiges Zimmer auf, und schließen Sie die Tür, damit Sie nicht gestört werden. Schon allein dadurch zeigen Sie, daß Sie wichtig sind, daß Sie bereit sind, sich Zeit für Ihre Heilung zu nehmen. Aber es ist nicht immer nötig, ein ruhiges Zimmer aufzusuchen. Vertraute Geräusche können ebenfalls entspannend wirken, weil sie Ihnen vermitteln, daß Sie sich in einer sicheren Umgebung befinden. Wenn Sie für Ihre Übungen jedesmal denselben Platz verwenden, wird Ihnen das auch sehr helfen.

Manchmal gelingt es schon, wenn man sich einfach nur in seinen Lieblingssessel setzt, um sofort in die richtige Stimmung zu kommen und sich zu entspannen. Vielleicht hilft es Ihnen auch, wenn Sie irgendeine ruhige besänftigende Musik spielen – aber nur leise. Im übrigen gibt es inzwischen vorgefertigte Meditationsbänder und Aufzeichnungen, die Ihnen helfen können. Besonders empfehle ich Ihnen das Musikstück »Kanon« des Barockkomponisten Pachelbel. Achten Sie darauf, daß die Anweisungen zur Entspannung ruhig und langsam und mit angemessenen Pausen gesprochen werden.

Machen Sie es sich in einem Sessel bequem, mit den Füßen flach auf dem Boden, oder legen Sie sich auf eine Couch oder eine Matte. Fühlen Sie, wie angenehm der Druck des Stuhls oder der anderen Oberfläche an ihrem Gesäß und Ihrem Rücken ist.

Achten Sie auf Ihre Atmung, während Sie Ihre Atemzüge in natürlichem Rhythmus kommen lassen, ohne sie zu beschleunigen oder zu verzögern.

Und jetzt atmen Sie ein paarmal ruhig und tief ein, und während Sie ausatmen, denken Sie die Worte »entspannen, loslassen«.

Richten Sie Ihre Aufmerksamkeit auf Ihr Gesicht, Ihre Augen und Ihr Kinn. Fühlen Sie, welche Spannung sich dort konzentriert. Machen Sie sich jetzt in Gedanken ein Bild von dieser Spannung – stellen Sie sich etwa eine Sprungfeder vor, ein gedehntes Gummiband, ein Stück Eis, das schmilzt, oder ein Seil, das verknotet ist. Dann stellen Sie sich vor, wie sich dieses angespannte Objekt entspannt, entrollt, lockert. Fühlen Sie diese Entspannung in jedem Teil Ihres Gesichts. Ziehen Sie für einen Augenblick die Muskeln in Ihrem Gesicht zusammen, kneifen Sie die Augen und den Mund fest zusammen, und dann lassen Sie los und entspannen sich, während Sie weiter die Feder, das Gummiband oder das Seil sehen, das nun schlaff wird.

Erfahren Sie die Entspannung in Ihrem Gesicht als den Beginn einer Welle, die sich in Ihrem ganzen Körper ausbreitet. Sie können diese Welle als ein Gefühl der Schwere, der

Leichtigkeit oder des Vibrierens oder von angenehmer Wärme oder (im Sommer) köstlicher Kühle empfinden. Bewegen Sie Ihre Gedanken jetzt zu jedem Teil Ihres Körpers – zu Ihrem Nacken, Ihren Schultern, Armen, Händen und Fingern, Ihrer Brust, zu Ihrem Rücken und Bauch, zu Ihren Hüften und Geschlechtsteilen, Oberschenkeln, Beinen, den ganzen Weg hinunter bis zu Ihren Füßen und Zehen. Spannen Sie einen Augenblick lang jeden einzelnen Teil an, und dann lassen Sie los und konzentrieren sich auf Ihr geistiges Bild der Entspannung. Nehmen Sie die Welle der Entspannung wahr, die sich in Ihrem ganzen Körper ausbreitet, während Sie es tun. Dann bleiben Sie ungefähr fünf Minuten lang in diesem friedlichen Zustand.

Wenn Sie bereit sind aufzustehen, konzentrieren Sie sich in Gedanken einfach auf die Geräusche im Zimmer, lassen Sie allmählich Ihre Augenlider leichter werden, öffnen Sie dann die Augen. Stehen Sie langsam auf, und bemerken Sie, wie Sie das Gefühl der Entspannung mit dem des Wachseins vereinen, das für Ihre alltäglichen Handlungen nötig ist.

Wenn Ihre Gedanken abschweifen oder Sie sich angespannt fühlen, dann gibt es für Sie zwei Möglichkeiten. Sie können auf die Gedanken reagieren, die Ihren Geist ablenken, wie etwa: »Habe ich die Spülmaschine abgestellt?« Sie können hingehen und nachsehen, dann zurückkommen und Ihre Meditation fortsetzen. Oder Sie können sich entschließen, nicht auf diese Gedanken zu reagieren, und sie fallenlassen. Denken Sie nur immer daran, daß es mit der Zeit und zunehmender Übung immer leichter wird, sich zu entspannen, und dann lenken Sie Ihre Gedanken behutsam zurück zu den gesprochenen Anweisungen.

Gelenkte Visualisierung

Sie selbst – aber auch ein Freund, ein Familienmitglied oder ein Therapeut – können eine Visualisierung herbeiführen. Hier sind einige Beispiele dafür, die leicht auf Ihre besonderen Bedürfnisse abgewandelt werden können. Lassen Sie einfach nur jemanden, den Sie lieben und dem Sie vertrauen, mit ruhiger, sanfter Stimme die Worte sprechen, oder sprechen Sie sie selbst auf ein Tonbandgerät, dann spielen Sie das Band ab, während Sie meditieren. Sprechen Sie langsam und sorgfältig, und vergewissern Sie sich, daß die Pausen lang genug sind, damit die Bilder, die Sie sich vorstellen, voll zum Tragen kommen. Die Pausen, die ich markiert habe, sollten wenigstens 15 bis 20 Sekunden lang sein. Wo ich eine lange Pause vorschlage, geben Sie ihr 30 bis 60 Sekunden. Die Pausen können länger sein, und Sie brauchen der Stimme nicht ständig zu folgen. Vielleicht ist es für Sie nötig, daß Sie einem anderen Bild folgen, das in Ihrem Bewußtsein auftaucht. Folgende Bilder können sie zum Beispiel verwenden:

1. Auf einen Maskenball gehen.
2. In einem Zirkus mitspielen.
3. Sich durch einen dunklen Tunnel bewegen und ans Licht gelangen, wo die Familie und andere wichtige Personen zur Begrüßung bereitstehen.
4. Sich physisch und emotional festhalten und loslassen.
5. Sich selbst als Kind sehen, als man traurig oder glücklich war, und wie man als Erwachsener auf dieses Kind reagiert.
6. Das Berufsziel erreichen und was es einem bedeutet.
7. Ängsten oder Entscheidungen gegenüberstehen, wie sie im Leben vorkommen, und erfolgreiche Lösungen sehen.
8. Auf einer Bühne für andere etwas spielen und ihre Reaktion beobachten.
9. In heilendem Wasser treiben.
10. Mit anderen in einem Boot rudern, Menschen, die Ihnen helfen und Ihnen Rückhalt geben.
11. Am Grunde eines Teichs eine Botschaft oder ein Geschenk finden.
12. Wiedergeboren werden.
13. Den Stoff Ihres Lebens weben.

Die Möglichkeiten sind unbegrenzt, und Ihr eigenes Unterbewußtsein ist Ihr bester Therapeut.

Allen, die an hypnotischen Techniken interessiert sind, empfehle ich die Arbeit von Dr. Milton Erickson.

Jede Sitzung kann von Musik oder Naturgeräuschen eingeleitet und/oder begleitet werden, zum Beispiel von Meeresgeräuschen, die Sie als besonders entspannend empfinden werden. Achten Sie nur darauf, daß die Lautstärke während der Meditation niedrig gehalten wird, damit Sie nicht von den gesprochenen Worten oder den Bildern in Ihrem Kopf abgelenkt werden. Wenn sie oder ein Freund sich Ihr eigenes Band aufnehmen wollen, dann schlage ich vor, daß Sie dazu zwei Tonbandgeräte verwenden. Spielen Sie irgendeine ruhige, besänftigende Musik, etwa Pachelbels »Kanon«, auf dem einen Gerät, und nehmen Sie sie gleichzeitig mit den gesprochenen Worten auf dem anderen auf.

Die Visualisierungssitzungen kosten Zeit, aber es handelt sich dabei ja auch um die wichtige Botschaft *Lebe!* Sie sind die Zeit wert. Deshalb empfehle ich auch den meisten meiner Patienten, sie dreimal täglich oder noch öfter durchzuführen und sich täglich mindestens dreimal 15 Minuten Zeit zu nehmen, um sich zu entspannen. Die wohltuende Wirkung bleibt noch Stunden danach erhalten, und Sie haben dann Reserven, um die anstrengenden Dinge des Alltags zu bewältigen. Während des ganzen Tages werden Sie in einer Art gelenkter Trance von dem Ideal begleitet, so daß diese Ruhe die ganze Zeit anhält. Wir sollten uns ein Beispiel an Danielle nehmen, einer Patientin, die mir berichtete: »Ich meditiere den ganzen Tag. Wenn ich das Geschirr abwasche, stelle ich mir vor, wie der Krebs aus meinem Körper herausgewaschen wird. Wenn ich spazierengehe und es ist windig, sehe ich, wie meine Krankheit weggeweht wird.« Sie bringt alles, was sie tut, mit ihrer Heilung in Verbindung.

Am Anfang kann die Zusammenarbeit mit einem Hypnotherapeuten sehr nützlich sein, vor allem, wenn der Patient Mühe hat, sich in den Zustand tiefer Entspannung zu versetzen. Egal, wer den Kurs für die ersten meditativen Sitzungen festgelegt, der Arzt, der Berater, der Hypnotherapeut oder der

Patient – es sollte stets darauf geachtet werden, daß dabei der dominierende Sinn des jeweiligen Menschen berücksichtigt wird. Mit anderen Worten, für jemanden, der auf die äußere Umgebung hauptsächlich durch die Augen reagiert, sollte die gelenkte Vorstellung vorwiegend aus visuellen Bildern bestehen – zum Beispiel eine Rose, die in allen Farben und in ihrer ganzen Schönheit leuchtet. Wenn jemand vorwiegend auditiv ist wie die meisten Musiker, dann sollten die Übungen vor allem auf das Ohr gerichtet sein – eine Biene etwa, die in der Rose summt. Wer dem Geruchssinn mehr Betonung zumißt, sollte sich darauf konzentrieren, an der Rose zu riechen. Und wer sich der Welt mit den »Händen« nähert, sollte die Betonung auf Berühren und Fühlen legen – auf die seidenweichen Blütenblätter der Rose.

Vergessen Sie nicht, daß Sie der Stimme nicht unbedingt zu folgen brauchen. Wenn Sie selbst irgendein wichtiges Bild erfahren, dann bleiben Sie dabei, während die Stimme weiterspricht. Später werden Sie die Stimme dann wieder einholen.

Schwierig ist es, wenn sich ein Patient bemüht, seine Krankheit als rückläufig zu visualisieren, obwohl die Labortests genau das Gegenteil beweisen. In diesem Fall ist es wahrscheinlich schwer, ein klares Bild zu erzeugen, oder es entsteht das Gefühl, als würde man sich selbst anlügen. Es ist wichtig, sich den Unterschied zwischen einem objektiven Bild und dem erwünschten Resultat vor Augen zu halten, zwischen Gegenwart und Zukunft. Die Bilder verkörpern, *was Sie gern wollen,* und es ist kein Widerspruch, wenn sich Ihre Hoffnungen von den tatsächlichen momentanen Gegebenheiten unterscheiden. Je deutlicher Sie die Zukunft sehen können, die Sie sich wünschen, um so wahrscheinlicher ist es, daß sie eintrifft.

Visualisierung 1

Nehmen Sie eine bequeme Stellung ein. Im allgemeinen ist es besser, die Hände und die Füße nicht übereinanderzuschlagen, damit kein Druck entsteht. Beginnen Sie, sich Ihrer Atmung bewußt zu werden und der Bewegung Ihrer Brust und Ihres Bauchs, während Sie tief ein- und ausatmen. Manchmal hilft es, wenn Sie bei jedem Atemzug ein Wort wie »Frieden« oder »entspannen« wiederholen. Nur tiefe Atemzüge, die den Frieden herein- und die Spannung hinauslassen. Und die Musik und meine Stimme und die Geräusche im Zimmer, sie alle helfen Ihnen, sich zu entspannen. Wenn Sie bereit sind, können Sie nach oben blicken und Ihre Augen sanft schließen, obgleich Sie diese Meditation auch mit offenen Augen machen können, wenn Sie wollen. Lassen Sie sich gehen, löschen Sie die Tafel mit Ihren Gedanken aus, und spüren Sie, wie Sie ganz ruhig werden. Vielleicht lassen Sie jetzt eine Welle des Friedens durch Ihren ganzen Körper gleiten, fühlen Sie, wie sie die angespannten Muskeln löst, vor allem die Hals- und Schultermuskeln, dann die Kinnmuskeln, wie sie sich weiter nach unten in Ihrem Körper bewegt, durch die Brust und den Bauch und allmählich bis in Ihre Beine. Ihr Körper kann sich schwer oder warm anfühlen, oder er kann prickeln. Vielleicht hilft es, wenn Sie der Welle eine Farbe geben, und achten Sie darauf, daß sie sich nach unten bewegt. [Pause]

Und dann lassen Sie vor Ihrem geistigen Auge eine angenehme Szene erscheinen. Das ist Ihr spezieller kleiner Winkel des Universums, weit entfernt, mitten im Nirgendwo. Ich möchte gern, daß Sie all die lebendigen Farben aufleuchten lassen, von denen Sie wissen, daß sie dort sind, und auch die Beschaffenheit der Stoffe, die Gerüche und Geräusche, die Sie damit in Verbindung bringen. Und wie Sie sich jetzt fühlen, ist völlig in Ordnung, denn hier sind Sie an einem sicheren Ort. Er gehört Ihnen. Nehmen Sie sich einen Augenblick Zeit, um eine Stelle zu finden, an der Sie sich hinsetzen oder hinlegen können. Und wenn in Ihrem Körper irgendeine Krankheit ist, dann sehen Sie jetzt, wie Ihre Therapie und Ihr Immunsystem diese Krankheit aus Ihrem Körper entfernen. Wenn keine Krankheit vorhanden ist, dann sehen Sie nur, wie Ihr Körper Krankheiten zurückweist. Sehen Sie, wie Sie gesund werden und wie Sie der Mensch werden, der Sie gern sein würden. Nehmen Sie sich einen Augenblick Zeit, um sich gesund zu machen. [Lange Pause]

Wenn Sie den Heilungsprozeß beendet haben, möchte ich, daß Sie wieder meiner Stimme folgen und eine Brücke aus Ihrer Ecke des Universums zu meiner schlagen. Ich werde Sie mit einem Weg verbinden. Sehen Sie sich diese Brücke an, die Sie gebaut haben, und sehen Sie sich an, wie sie beschaffen ist. Und dann kommen Sie über die Brücke zu dem Weg. Er ist mit glatten Kieselsteinen bedeckt, und Sie werden sie unter Ihren Füßen spüren. Es ist warmes Sonnenlicht dort, durchbrochen vom Schatten der Bäume. Und kommen Sie einfach mit mir über den Weg. Wenn sich der Weg teilt, nehmen Sie die rechte Biegung. Und nehmen Sie auch später immer die rechte Biegung, wenn sich der Weg teilt.

Vor Ihnen liegen jetzt fünf Stufen. Bei jedem Schritt nach unten werden Sie sich entspannter und friedlicher fühlen. Und dann wird rechts vor Ihnen ein wunderschöner Garten sein. Betreten Sie den Garten. Erfreuen Sie sich an den Düften, und berühren Sie vielleicht ein Blütenblatt. Sehen Sie die Schönheit, die dort herrscht. Vielleicht hören Sie sogar die Vögel oder andere Tiere, die dort leben. Ich möchte gern, daß Sie eine Blume pflücken und sich ihre Individualität und Schönheit ansehen, und sehen Sie, wie sehr sie Ihnen in ihrer Individualität und Schönheit ähnelt. [Pause]

Dann möchte ich, daß Sie sich ein Bild von sich selbst als Samenkorn machen. Und ich werde Sie in schöne warme Erde pflanzen, ungefähr zwei bis drei Zentimeter tief. Sie werden die Feuchtigkeit fühlen und die Sonne, die Sie wärmt. Ich möchte, daß Sie wachsen und blühen. Brechen Sie aus diesem Samen hervor, und sehen Sie genau hin, wie Sie herausbrechen und wachsen und blühen. Beobachten Sie, wie es passiert. [Lange Pause]

Wenn Sie geblüht haben und zu dieser wunderbaren Blume geworden sind, suchen sie sich einen Platz in sich selbst, um sie darin aufzuheben. Machen Sie sie zu einem Teil Ihrer selbst.

Dann möchte ich gern, daß Sie mir wieder auf dem Weg folgen. Vor sich werden Sie einen großen Ballon in allen Regenbogenfarben sehen mit einer Gondel oder einem Korb, der daran hängt. Ich möchte, daß Sie in den Korb klettern und den Ballon aufsteigen lassen. Sie brauchen keine Angst zu haben, es ist sehr sicher. Sie werden durch die Wolken nach oben schweben, vorbei an den Vögeln, alle Geräusche entspannen Sie, alle Geräusche bringen Ihnen Frieden. [Pause]

Und während Sie sich immer höher hinaufbewegen, werden Sie am Ende die Erde genauso sehen wie ein Astronaut. Welch ein Gefühl von Frieden! Wodurch es vielleicht noch friedlicher gemacht werden kann, ist der Block und der Stift, die in dem Korb liegen, und wenn Sie auf dem Block die Konflikte oder Probleme aufschreiben, die es in Ihrem Leben gibt. [Pause]

Dann nehmen Sie dieses Papier, zerknüllen es und lassen es hinaus in die Umlaufbahn fliegen. Werfen Sie es hinter sich. Fühlen Sie den Unterschied, wie leicht Sie sich fühlen und wie leicht Sie dahinschweben, ohne all die Probleme, die Sie hinter sich gelassen haben. Nehmen Sie sich einen Augenblick Zeit, einfach nur weiter dahinzuschweben, völlig in Frieden, völlig frei von allem, schwerelos. [Lange Pause]

Dann, wenn Sie das getan haben, können Sie vielleicht wieder meiner Stimme folgen und wieder nach unten kommen, immer weiter nach unten, langsam absinken, langsam, zurück zu dem Ort, von dem wir ausgegangen sind. Seien Sie vorsichtig, wenn Sie aussteigen, weil Sie sehr entspannt sind. Ich möchte, daß Sie sich jetzt dort hinlegen, auf eine Wiese neben dem Weg. Und nehmen sie sich nur einen Augenblick Zeit, Ihren Körper mit Liebe zu erfüllen. Öffnen Sie jede Zelle, und füllen Sie sie mit Liebe. [Pause]

Und jetzt treten Sie für eine Minute aus sich selbst heraus und blicken auf sich zurück. Geben Sie sich die Liebe und die Zuneigung, die Sie verdienen. Und dann treten Sie wieder zurück in Ihren Körper. Und lauschen Sie in ihn hinein. Gehen Sie durch ihren Körper, und lauschen Sie. Lauschen Sie auf jedes Organ. Was sagt es Ihnen? Welche Musik spielt es? Befinden sie sich in Harmonie? Geben Sie den Teilen, die es nicht sind, ein wenig Extraliebe. Öffnen Sie jede Zelle der Liebe. Probieren sie, ob Sie eine heilende Harmonie in sich schaffen können. Wenn es irgendwelche Bereiche mit Schmerzen gibt, irgendwelche Bereiche, auf die Sie gewöhnlich nicht achten, dann würde ich ihnen noch ein bißchen mehr Liebe geben. [Lange Pause]

Und jetzt erweitern Sie das Bewußtsein Ihres Körpers, vielleicht beobachten Sie die Stellung, in der Sie sich befinden, den Druck des Stuhls oder des Bodens gegen Ihren Körper, die Bewegung Ihres Brustkorbes und Ihres Bauchs, während Sie tief ein- und ausatmen. Und lassen Sie dieses Bewußtsein allmählich intensiver werden, während Sie immer mehr in den Raum zurückkommen. Vielleicht bewegen sie auch Ihre Finger und Zehen. [Pause]

Dann zählen Sie, nachdem meine Stimme mit Sprechen aufgehört hat, sieben bis zehn Atemzüge, und bei jedem Atemzug fühlen Sie sich leichter, wachsamer, aber noch immer in Frieden, bis Sie nach dem letzten Atemzug die Augen aufmachen und in das Zimmer zurückkehren, sobald Sie dazu bereit sind – beginnen Sie jetzt.

Visualisierung 2

Nehmen Sie eine bequeme Haltung ein. Lassen Sie den Konflikt hinausfließen, und lassen Sie sich los, entspannen Sie sich, und denken Sie *Frieden*. Während Sie tief atmen, lassen Sie den Frieden herein. Vielleicht stellen Sie sich einen schönen Regenbogen vor und entspannen sich mit jedem Atemzug. Wieder machen Sie es sich bequem und lassen die Farbenwelle nach unten durch Ihren Körper gleiten und Frieden bringen. Schließen Sie Ihre Augen, wenn Sie wollen. Nehmen Sie sich einen Augenblick Zeit, Ihren Körper nur mit Liebe und Frieden zu erfüllen. Übersehen Sie keine einzige Stelle, vor allem nicht die Teile und Organe Ihres Körpers, die vielleicht mit einer Krankheit zu tun haben. [Lange Pause]

Wenn Sie das getan haben, bringen Sie sich in Ihren Winkel des Universums, diesen wunderbaren, lebendigen Ort mit seinen Düften und Stoffen, vertrauten Geräuschen und Farben. Und seien Sie einfach dort, nehmen Sie sich einen Augenblick Zeit, um sich von der Wärme der Sonne und der Kraft der Erde heilen zu lassen, um dort sicher zu sein und in Frieden. Finden Sie einfach Ruhe hier. Sie könnten sich ein Bild davon machen, wie Sie in einem Fahrstuhl fahren von einem Stockwerk zum nächst darunterliegenden und sich jedesmal noch entspannter fühlen. [Lange Pause]

Dann möchte ich, daß Sie wieder die Brücke bauen zu meinem Teil des Universums, wo all die Menschen, die Sie kennen und mit denen Sie zu tun haben, leben. Und ich möchte gern, daß Sie sie einladen, über diese Brücke zu kommen. Diejenigen, die Sie lieben, und auch diejenigen, mit denen Sie in Konflikt stehen. Und auch diejenigen, die Sie nicht mögen. Bringen Sie sie alle in Ihre kleine Ecke des Universums. Und bringen Sie sie *zusammen*, damit sie sich berühren, umarmen, mitteilen und sagen: »Ich liebe dich.« Und beobachten Sie die Verwandlung. [Lange Pause]

Dann können Sie sie verlassen und meiner Stimme folgen. Ich werde Sie wieder über die Brücken bringen, zu dem Weg. Wieder können Sie das vertraute Knirschen der Kieselsteine hören, den Weg, das Sonnenlicht, die Wiesen. [Pause]

Wieder kommen Sie zu den Stufen, die hinunterführen, und mit jedem Schritt nach unten fühlen sie sich entspannter. [Pause]

Sie werden ein sehr großes Schild vor sich sehen mit Farbdosen und Pinseln darum herum. Das Schild ist leer. Auf der einen Seite des Wegs ist ein großer Stein mit einem Meißel und einem Hammer. Und ich möchte gern, daß Sie für diejenigen, die nach uns hierherkommen, eine Nachricht hinterlassen, indem Sie etwas malen oder indem Sie etwas meißeln. Nehmen Sie sich jetzt einen Augenblick Zeit, um die Nachricht zu hinterlassen. [Lange Pause]

Dann, wenn Sie das getan haben, kommen Sie wieder auf den Weg. Sie werden vor sich ein riesiges altes Haus sehen, und ich möchte gern, daß Sie hineingehen. Es wird dort im Wohnzimmer ein wunderbarer Lehnstuhl stehen, und ich möchte, daß Sie sich hineinsetzen. Sehen Sie, wie Sie sich dort ausruhen und entspannen. Sie entspannen sich völlig und befinden sich im Frieden mit sich.

Jetzt möchte ich gern, daß Sie in diesem entspannten Zustand durch das Haus gehen, denn in einem der Zimmer wird eine Truhe sein, und darin wird eine wichtige Botschaft oder ein Geschenk für Sie liegen. Erforschen Sie also das Haus, und finden Sie diese Botschaft oder dieses Geschenk. Finden Sie die Botschaft, die in der Truhe liegt. [Lange Pause]

Wenn Sie das getan haben, möchte ich gern, daß Sie wieder zurück ins Wohnzimmer gehen und sich wieder in den Lehnstuhl setzen. Ich möchte gern, daß Sie sich einen Augenblick Zeit nehmen, um all die Räume und Gänge Ihres Gehirns und Ihres Geistes zu erforschen. Sie werden ein Zimmer finden, das mit dem Immunsystem zu tun hat, und ein anderes, das mit der Blutzirkulation zu tun hat, und noch ein weiteres, das mit Gefühlen zu tun hat, und so weiter. [Pause]

Wenn Sie Krankheiten haben, möchte ich, daß Sie in die Räume gehen, die mit dem Immunsystem und der Blutzirkulation zu tun haben. Drehen Sie an den richtigen Ventilen, und betätigen Sie die richtigen Hebel, damit jede Krankheit in Ihrem Körper geheilt und die Nahrung für diese Krankheit abgestellt wird. Nehmen Sie sich jetzt einen Augenblick Zeit, um diese Kontrollen anzuwenden und Ihrem Körper dabei zu helfen, gesund zu werden. [Lange Pause]

Wenn das geschehen ist – Sie dürfen ruhig noch verweilen, wenn Sie noch nicht fertig sind –, kommen Sie wieder mit hinaus auf den Weg. Während Sie den Weg entlanggehen, möchte ich gern, daß Sie, in weiter Ferne, ein sehr helles weißgelbes Licht sehen. Und Sie sehen, wie jetzt jemand aus diesem Licht heraustritt. Während sich diese Gestalt nähert, werden Sie allmählich seine oder ihre Erscheinung zu erkennen beginnen. Schließlich wird diese Gestalt nah genug herangekommen sein, daß Sie sie nach seinem oder ihrem Namen fragen können, und Sie wissen, daß diese Gestalt eine leitende Gestalt für sie ist, jemand, den Sie immer um Hilfe bitten können. [Pause]

Setzen Sie sich einen Augenblick mit Ihrem guten Geist auf den Weg, und befragen Sie ihn wegen irgendeines Konflikts oder Problems, und sehen Sie, welchen Rat er Ihnen gibt. [Lange Pause]

Wenn Sie dieses Gespräch beendet haben, möchte ich gern, daß Sie mir wieder folgen – aber wenn Sie noch nicht fertig sind, bleiben Sie, und reden Sie weiter. Sie wissen, daß Sie sich jederzeit an Ihren neuen Freund wenden können. Wenn Sie fertig sind, können Sie mir über einen Hügel folgen. Auf der anderen Seite werden Sie das Ufer sehen. Dort sind Möwen, die vorbeischweben, wunderbare Meereswellen, der warme

Sand. Ich möchte, daß Sie fliegen, genauso wie die Möwen. Aber zuerst möchte ich, daß Sie an Ihre Probleme denken und Ihnen ein Gewicht geben und sie dann auf Ihren Rücken pakken. Und nun machen Sie drei Schritte nach vorn, und mit dem dritten Schritt erheben Sie sich vom Boden und fliegen. Eins . . . zwei . . . drei und hoch. Fühlen Sie, wie es ist, mit diesem Gewicht zu fliegen. Dann drehen Sie sich um und lassen das Gewicht hinunterfallen. Und fühlen Sie jetzt den Unterschied, wenn Sie Ihre Probleme loslassen. Und genießen Sie nur das Fliegen. Lassen Sie sich von der Sonne wärmen, und lassen Sie sich vom Wind tragen und heilen. Und es macht überhaupt keine Mühe. Von jetzt an können Sie sich jedesmal, wenn Sie angespannt sind, an das Fliegen und das freie Gefühl zurückerinnern, daran, wie Sie Ihre Probleme abgeworfen haben, wie Sie sie einfach von den Schultern haben fallen lassen. Machen Sie einfach Ihre Schultern rund, und lassen Sie sie runterrutschen. [Lange Pause]

Und dann gleiten Sie wieder hinunter in den Sand. Strecken Sie sich darauf aus, und lassen Sie sich von der Energie der Erde und der Wärme des Sonnenlichts heilen. Wieder nehmen Sie sich einen Augenblick Zeit, um Ihren Körper der Liebe zu öffnen. Öffnen Sie jede Zelle, jedes Organ. Schaffen Sie sich Ihre eigene Musik, Ihre eigene Harmonie, Ihre eigene Schönheit. Geben Sie allen Ihren Teilen die Liebe und die Zuneigung, die sie verdienen. [Lange Pause]

Wenn Sie damit fertig sind, lassen Sie Ihr Körperbewußtsein allmählich zurückkehren – den Stuhl, Ihre Stellung, Ihre Füße auf dem Boden, all diese Gefühle. Bewegen Sie langsam Teile Ihres Körpers, um sie zu wecken, das Zurückkehren fühlt sich wach und munter und angenehm an. Wieder verwenden Sie Ihre Atmung, um aufzustehen: Zählen Sie sieben Atemzüge, fühlen Sie sich mit jedem Atemzug um ein Siebtel wacher und munterer, bis Sie die Augen aufmachen und in das Zimmer zurückkehren. Beginnen Sie jetzt.

Leseliste

Achterberg, Jeanne: Die heilende Kraft der Imagination. Gedanken, Vorstellungen und innere Bilder als heilende Kraft in der modernen Medizin – Grundlagen und Methoden einer neuen Heilkunst. München 1987.

Ader, Robert u. a. (Hrsg.): Foundations of Psychoneuroimmunology. Berlin 1985.

Alexander, Franz: Psychosomatische Medizin. Grundlagen und Anwendungsgebiete. Berlin [4]1985.

Bennett, Hal, und Samuels, Mike: Das Körperbuch. Berlin [7]1983.

Benson, Herbert: The Mind-Body Effect. New York 1979.

Bresler, David E., und Trubo, Richard: Free Yourself from Pain. New York 1979.

Breznitz, Shlomo (Hrgs.): The Denial of Stress. New York 1984.

Bry, Adelaide, und Blair, Marjorie: Directing the Movies of Your Mind. New York 1978.

Buscaglia, Leo: Einander lieben. München 1986.

ders.: Leben – lieben – lernen. Brücken bauen – nicht Barrieren. München 1987.

Capra, Fritjof: Das Tao der Physik. Die Konvergenz von westlicher Wissenschaft und östlicher Weisheit. München 1984.

Cousins, Norman: Der Arzt in uns selbst. Die Geschichte einer erstaunlichen Heilung – gegen alle düsteren Prognosen. Reinbek 1984.

Dowling, Colette: Der Cinderella-Komplex. Die heimliche Angst der Frauen vor der Unabhängigkeit. Frankfurt [10]1987.

Evans, Elida: A Psychological Study of Cancer. New York 1926.

Faraday, Ann: Die positive Kraft der Träume. München 1984.

Fosshage, James L., und Olsen, Paul: Healing: Implications for Psychotherapy. New York 1978.

Fox, Emmet: Die Bergpredigt. Eine Allgemeine Einführung in das wissenschaftliche Christentum. Pforzheim [6]1984.

Frankl, Victor E.: Der Mensch vor der Frage nach dem Sinn. München [2]1986.
Garfield, Charles (Hrsg.): Psychosocial Care of the Dying Patient. New York 1978.
Garfield, Patricia: Kreativ träumen. München 1986.
Glassman, Judith: The Cancer Survivors: And How They Did It. New York 1983.
Green, Elmer, und Green, Alyce: Beyond Biofeedback. New York 1977.
Harris, Thomas: Ich bin o.k. – Du bist o.k.. Wie wir uns selbst besser verstehen und unsere Einstellung zu anderen verändern können – eine Einführung in die Transaktionsanalyse. Reinbek 1975.
Hutschnecker, Arnold: The Will to Live. New York 1951.
James, Muriel, und Jongeward, Dorothy: Spontan leben. Übungen zur Selbstverwirklichung. Reinbek 1986.
Jampolsky, Gerald: Lieben heißt die Angst verlieren. Waldeck-Dehringhausen [2]1987.
ders.: Wenn Deine Botschaft Liebe ist . . . Wie wir einander helfen können, Heilung und inneren Frieden zu finden. München [3]1987.
ders.: There Is a Rainbow Behind Every Dark Cloud. Berkeley, Ca., 1978.
Johnson, Robert A.: Der Mann. Die Frau. Auf dem Weg zu ihrem Selbst. München 1987.
Jung, Carl G.: Grundwerk in 9 Bänden. Hrsg. v. Barz, H./Baumgardt, U./Blomeyer, R./Dieckmann, H./Remmler, H., und Seifert, Th. Freiburg 1984.
Kaufman, Barry N.: To Love Is To Be Happy With. Greenwich, Conn., 1978.
Keleman, Stanley: Lebe dein Sterben. Hamburg [2]1982.
Koller, Alice: An Unknown Woman: A Journey to Self-Discovery. New York 1982.
Kruger, Helen: Other Healers, Other Cures. Indianapolis 1974.
Kübler-Ross, Elisabeth: Leben bis wir Abschied nehmen. Stuttgart 1979.
dies.: Über den Tod und das Leben danach. Melsbach-Neuwies [3]1985.
Kushner, Harold S.: Wenn guten Menschen Böses widerfährt. München 1983.
Lair, Jess: I Ain't Much, Baby, But I'm All I've Got. Greenwich, Conn., 1978.
Landorf, Joyce: Irregular People. Waco, TX 1982.
Lappé, Francis Moore: Diet for a Small Planet. New York 1971.
Leonard, Jonathan N./Hofer, J. L., und Nathan Pritikin: Live Longer Now: The First One Hundred Years of Your Life. New York 1974.
LeShan, Lawrence: Psychotherapie gegen den Krebs. Über die Be-

deutung emotionaler Faktoren bei der Entstehung und Heilung von Krebs. Stuttgart [2]1986.
ders.: How to Meditate. Boston 1974.
Lewis, Howard, und Lewis, Martha E.: Psychosomatics: How Your Emotions Can Damage Your Health. New York 1972.
Lingerman, Hal: Bewußt hören. Musik zum Heilen, Entspannen, Träumen, Aktivieren und Therapieren – für den täglichen Gebrauch. Haldenwang 1984.
Locke, Steven, und Mady Hornig-Rohan: Mind and Immunity. New York 1983.
Matarazzo, J. D., u. a. (Hrsg.): Behavioral Health. New York 1984.
Monroe, Robert: Journeys Out of the Body. New York 1971.
Moody, Raymond A.: Lachen und Leiden. Über die heilende Kraft des Humors. Hamburg 1979.
Müller, Robert: Most of All, They Taught Me Happiness. New York 1978.
Nouwen, Henri J.: Geheilt durch seine Wunden. Wege zu menschlicher Seelsorge. Freiburg 1987.
ders.: Ich hörte auf die Stille. Sieben Monate im Trappistenkloster. Freiburg 1985.
ders.: Out of Solitude. Ind. 1974.
Ornstein, Robert E.: The Psychology of Consciousness. New York [2]1977.
Oyle, Irving: The Healing Mind. New York 1975.
ders.: Time, Space and the Mind. Berkeley 1976.
Pelletier, Kenneth R.: Mind as Healer, Mind as Slayer. New York 1977.
ders.: Unser Wissen vom Bewußtsein. Eine Verbindung westlicher Forschung und östlicher Weisheit. München 1982.
Progoff, Ira: The Well and the Cathedral. New York [2]1981.
ders.: At a Journal Workshop: The Basic Text and Guide for Using the Intensive Journal. New York 1981.
Ritchie, George G., und Sherrill, Elizabeth: Rückkehr von morgen. Marburg 1980.
Rush, Anne K.: Getting Clear. Frauen finden zu sich. Ein Handbuch mit therapeutischen Übungen. München 1977.
Samuels, Mike, und Samuels, Nancy: Seeing with the Mind's Eye. New York 1975.
Satir, Virginia M.: Peoplemaking. Palo Alto, Ca., 1972.
Schucman, Helen: A Course in Miracles. Tiburon, Ca., 1976.
Schutz, William: Profound Simplicity. New York 1979.
Selye, Hans: Stress – mein Leben. Erinnerungen eines Forschers. Frankfurt 1984.

Shealy, C. Norman: The Pain Game. Berkeley 1976.
Simonton, O. Carl/Simonton, Stephanie M., und Creighton, James: Wieder gesund werden. Eine Anleitung zur Aktivierung der Selbstheilungskräfte für Krebspatienten und ihre Angehörigen. Hamburg 1982.
Solschenizyn, Alexander: Die Krebsstation. Reinbek 1971.
Sveinson, Kelly: Learning to Live with Cancer. New York 1977
Tache, J., u. a. (Hrsg.): Cancer, Stress and Death. New York 1979.
Totman, Richard: Social Causes of Illness. New York 1979.
Ward, Milton: The Brilliant Function of Pain. New York o. J.

»Ein einzigartiges Dokument.«
Die Zeit

In drei Kladden, auf mehr als 700 Seiten, hat Helene Holzman gleich nach dem Krieg aufgeschrieben, was sie zwischen 1941 und 1944 im litauischen Kaunas, einem der finstersten Orte des Holocaust, erlitten hat. Im Juni 1941 verschwindet ihr jüdischer Ehemann für immer. Kurz darauf wird ihre Tochter Marie verhaftet und erschossen. Da schwört sich Helene Holzman mit der Kraft der Verzweiflung: Ihre zweite Tochter Margarete wird sie retten – und mit ihr so viele Gefährdete wie nur möglich.

»Als authentische Chronik, aber auch als tief berührendes individuelles Zeugnis steht das Buch neben den Tagebüchern von Anne Frank und Victor Klemperer.«
Aus der Laudatio zur Verleihung des Geschwister-Scholl-Preises.

Reinhard Kaiser / Margarete Holzman (Hg.)
»Dies Kind soll leben«

List Taschenbuch